PEN SANDO EM LÍNGUAS

PENSANDO EM LÍNGUAS

JAMES K. A. SMITH

CONTRIBUIÇÕES PENTECOSTAIS
PARA A FILOSOFIA CRISTÃ

Título original: *Thinking in Tongues*
Copyright © 2010 por James K. A. Smith
Edição original por Wm. B. Eerdmans Publishing Co. Todos os direitos reservados.
Copyright da tradução © Vida Melhor Editora LTDA., 2021.

As citações bíblicas são da *Nova Versão Internacional* (NVI), da Biblica, Inc., a menos que seja especificada outra versão da Bíblia Sagrada.

Os pontos de vista desta obra são de responsabilidade de seus autores e colaboradores diretos, não refletindo necessariamente a posição da Thomas Nelson Brasil, da HarperCollins Christian Publishing ou de sua equipe editorial.

Publisher	*Samuel Coto*
Editores	*André Lodos Tangerino e Bruna Gomes*
Tradução	*Maurício Bezerra*
Copidesque	*Hugo Reis*
Revisão	*Davi Freitas e Jean Xavier*
Diagramação	*Sonia Peticov*
Capa	*Rafael Brum*

DADOS INTERNACIONAIS DE CATALOGAÇÃO NA PUBLICAÇÃO (CIP)
(Benitez Catalogação Ass. Editorial, Campo Grande/MS)

S647p
    Smith, James K. A.
    Pensando em línguas: contribuição pentecostal para a filosofia cristã / James K. A. Smith; tradução de Maurício Bezerra. — 1.ed. — Rio de Janeiro: Thomas Nelson Brasil; Renova, 2020.
    224 p.; 15,5 x 23 cm.

    Tradução de *Thiking in tongues*
    Bibliografia.
    ISBN 978-65-56891-56-9

    1. Carismático. 2. Crescimento espiritual. 3. Filosofia. 4. Pentecostal. 5. Vida cristã. I. Bezerra, Maurício. II. Título.

                             CDD: 269.4
11-2020/44   CDU 2-38

Índice para catálogo sistemático:
1. Pentecostalismo: Cristianismo
2. Crescimento espiritual: Vida cristã

Aline Graziele Benitez — Bibliotecária — CRB-1/3129

Thomas Nelson Brasil é uma marca licenciada à Vida Melhor Editora LTDA.
Todos os direitos reservados à Vida Melhor Editora LTDA.
Rua da Quitanda, 86, sala 218 — Centro
Rio de Janeiro — RJ — CEP 20091-005
Tel.: (21) 3175-1030
www.thomasnelson.com.br

Para o Rev. Charles Smartwood,
Patrick e Dorothy St. Pierre,
e aos irmãos da igreja Tabernáculo
Pentecostal Betel em Stratford, Ontario,
por nos receber no Pentecostes;

para o Rev. Ron Billings,
David e Stephanie Burton,
e aos nossos irmãos e irmãs da
Cornerstone Christian Fellowship,
em Abington, Pensilvânia,
por nos incentivar a seguir com essa Festa;

e para Amos Yong,
companheiro de jornada, guia sábio
e amigo fiel a cada passo.

SUMÁRIO

Agradecimentos	9
Introdução: O que Atenas tem a ver com a Rua Azusa?	13

1. PENSANDO EM LÍNGUAS
Conselho para os filósofos pentecostais

Uma reflexão preliminar sobre o porquê de uma filosofia pentecostal	35
A pauta de Plantinga para a filosofia cristã	40
Uma pauta para a filosofia pentecostal	44

1. PENSANDO EM LÍNGUAS — 33

2. CULTO AO DEUS DE NOVIDADES
Elementos de uma cosmovisão pentecostal

2. CULTO AO DEUS DE NOVIDADES — 52

O culto pentecostal: um relato inicial	52
Coragem hermenêutica e pentecostalismo não apologético	58
Elementos de uma cosmovisão pentecostal	69
Um convite a ver o mundo de outra maneira	89

3. EM REGASTE DA EXPERIÊNCIA NARRATIVA
Uma epistemologia pentecostal

3. EM REGASTE DA EXPERIÊNCIA NARRATIVA — 90

Introdução: "Eu senti de Deus"	90
O pentecostalismo como contramodernidade	93
"Conte a bênção": uma epistemologia narrativa pentecostal	108

O mover do Espírito Santo: o saber afetivo	119
Imaginando o mundo de uma nova maneira: uma estética pentecostal	131

4. QUEBRANDO PARADIGMAS PARA REENCANTAR O MUNDO — 138

A ciência, o Espírito Santo e uma ontologia pentecostal

Pentecostalismo, modernidade e o mundo em desencanto	138
Naturalismo de quem? Qual sobrenaturalismo?	142
Uma intervenção da ontologia pentecostal no diálogo entre a ciência e a teologia	154
A natureza como encantada pelo Espírito Santo	160

5. A FÉ QUE LEVANTA A MÃO E VAI À FRENTE — 163

Uma crítica pentecostal à filosofia da religião

Limites do "renascimento" na filosofia da religião	165
Os fantasmas cartesianos: um racionalismo persistente na filosofia da religião	168
Contra o teísmo minimalista: o diálogo entre a filosofia pentecostal e o teísmo canônico	173
Desdobramentos filosóficos	181

6. REPENSANDO OS LIMITES DA FALA — 183

Uma contribuição pentecostal para a filosofia da linguagem

Resistindo (e produzindo) conceitos: as línguas e a filosofia da linguagem	186
A política do falar em línguas: uma linguagem de resistência	212

Epílogo: contribuições pentecostais para a filosofia cristã	217
Índice de nomes	219
Índice de assuntos	221

AGRADECIMENTOS

QUANDO TENTEI EXPLICAR ESTE LIVRO para um amigo que não era cristão, logo percebi que o enredo dele parecia ter saído de uma farsa de David Lodge. A própria ideia de um "filósofo pentecostal" possui todas as características excêntricas e pitorescas de um filme de Wes Anderson ou de um romance de Dave Eggers (com uma trama mais ou menos assim: "Quando um designer de moda judeu fica encarregado de uma fazenda de criação de porcos em Pender, no Nebraska..."). Fica bem fácil imaginar um Bill Murray marcado pela idade, ou mesmo um Jason Schwartzman ingênuo, no papel principal.

Entretanto, contei com o apoio de um ótimo círculo de amigos e colegas que proporcionou a estrutura lógica necessária para que este projeto fizesse sentido e (como eu queria) isso impediu que ele acabasse se limitando a uma sátira grotesca. Acima de tudo, eles me deram respaldo, incentivo e oportunidades para que este livro se tornasse uma realidade. Trago bem marcada na memória a minha troca de correspondências com Ron Kydd, o primeiro estudioso pentecostal com quem entrei em contato. Sua carta teve uma importância inimaginável. No momento em que comecei a me imaginar como filósofo pentecostal, a equipe que chamava de "a turma de Cleveland" me trouxe muita inspiração: Chris Thomas, Steve Land e Rickie Moore, os editores pioneiros do *Journal of Pentecostal Theology*. Foi só depois de muito tempo que fui edificado de forma mais direta pelas conversas na Sociedade de Estudos Pentecostais, onde, de algum modo, Don Dayton, Dale Irvin, Ralph Del Colle e Frank Macchia sempre acabavam visitando o quarto de hotel que dividia com Amos Yong. Essas conversas, que se estendiam até altas horas, constituíram oportunidades de ouro para mim.

A primeira vez que tive a ideia deste livro foi quando Blaine Charrette me convidou para ministrar nas Conferências Pentecostais na Northwest University em 2006. Encontrei a mesma cortesia e hospitalidade com Jack Wisemore e toda a equipe dessa universidade, pelas quais agradeço imensamente. Del Ratzsch, o meu colega no Calvin College, muito gentilmente me cedeu sua biblioteca pessoal de livros, folhetos e jornais sobre o pentecostalismo, que agora fazem parte da "Biblioteca Pentecostal Del Ratzsch" no meu escritório. Agradeço por esse presente, e sou ainda mais grato pelo seu incentivo. Dean Zimmerman contribuiu com sugestões críticas e construtivas a um dos primeiros rascunhos do livro (e nenhuma falha que permaneceu é culpa dele). O auxílio de Ryan Weberling fez com que a obra começasse a assumir uma aparência de livro e me deu uma grande ajuda no sumário.

A minha pesquisa no quinto capítulo foi financiada por uma doação da John Templeton Foundation e, com uma bolsa de pesquisa de verão do Calvin College, possibilitou o término dessa obra. Agradeço a John Pott e todo o pessoal da Eerdmans pela sua paciência e por dar o passo arriscado de lançar este pequeno manifesto pentecostal.

Por fim, dou graças ao doce Espírito Santo, que me direcionou aos amigos e às comunidades para as quais dedico este livro. O pastor Charlie Swartwood continua sendo o meu querido herói e amigo, e acompanha nossa família há um bom tempo. Patrick e Dorothy St. Pierre têm apoiado e orado pela nossa vida há bastante tempo, e mal sabem eles o quanto isso é importante para mim. Além disso, o Tabernáculo Pentecostal Betel sempre será "a nossa igreja". Porém, também temos nossa dívida de gratidão com os irmãos da Cornerstone Christian Fellowship que nos receberam no tempo que passamos na Filadélfia. A imagem do pastor Ron Billings sempre me vem à mente como referência de pastor generoso, e Dave e Stephanie Burton sempre serão nossa família no Espírito. Não é de admirar que as marcas de Amos Yong estejam por todo este livro, pois sua amizade marcou profundamente minha própria imaginação pentecostal. Já é um prazer ter um bom projeto pela frente, mas executá-lo contando com a companhia de um amigo como o Amos é uma alegria indescritível.

Trechos do primeiro capítulo foram inicialmente publicados na forma do artigo "Advice to Pentecostal Philosophers" (Conselho para os filósofos pentecostais), no *Journal of Pentecostal Theology* 11, n.º 2 (2003): p. 235-247. O quarto capítulo incorpora a minha tese "Is the Universe Open for Surprise? Pentecostal Ontology and the Spirit of Naturalism" (Será que o universo está aberto a novidades? A ontologia pentecostal e o espírito do naturalismo), em *Zygon: Journal of Religion and Science 43* (2008): p. 879-896. O conteúdo do quinto capítulo é adaptado do artigo "Philosophy of Religion Takes Practice: Liturgy as Source and Method in Philosophy of Religion" em *Contemporary Practice and Method in the Philosophy of Religion: New Essays* (Novas teses sobre a prática contemporânea e o método na filosofia da religião), ed. David Cheetham e Rolfe King (London: Continuum, 2008), p. 133-147, e "Epistemology for the Rest of Us: Hints of a Paradigm Shift in Abraham's *Crossing the Threshold*", *Philosophia Christi 10 (2008)*: p. 353-361. Além disso, uma versão anterior do sexto capítulo foi publicada como "Tongues as Resistant Discourse: A Philosophical Perspective", em *Speaking in Tongues: Multi-Disciplinary Perspectives* (Falando em línguas: perspectivas multidisciplinares), ed. Mark Cartledge (Carlisle, U.K: Paternoster, 2006) p. 81-110. Agradeço aos editores e a suas respectivas editoras pela permissão para incluir esse material neste livro.

INTRODUÇÃO

O QUE ATENAS TEM A VER COM A RUA AZUSA?

OS PAINÉIS DE CARVALHO que enfeitavam as paredes do McGill Faculty Club brilhavam com honra e prestígio; a sala parecia simbolizar a influência global e a herança famosa dessa instituição. O local estava agitado com os especialistas e os universitários em clima de celebração, tentando não falar alto em suas conversas, mas com lampejos de entusiasmo aqui e ali, vestidos de jaquetas escuras, calças cáqui e uma quantidade de gravatas-borboleta que achei um tanto exagerada. Como essa era a minha primeira experiência com a elite das faculdades canadenses, eu me senti como um antropólogo desbravador em seu primeiro contato com um mundo "exótico". Havia sido uma longa caminhada de oitocentos quilômetros rumo ao leste desde o Tabernáculo Pentecostal Betel, situado no subúrbio de Stratford, em Ontario, mas que dava a impressão de estar a um mundo de distância. Meu incômodo, combinado a um toque de emoção, vinha de toda essa distância cultural — como se a viagem da igrejinha do interior até essa aclamada universidade tivesse esticado um elástico a ponto de quase estalar para liberar tanta tensão.

Tive a honra de estar lá graças à hospitalidade da Sociedade Teológica Canadense (CTS). Ela patrocinava todo ano um concurso de teses e o ganhador tinha a viagem e a hospedagem pagas para

14 PENSANDO EM LÍNGUAS

apresentar a tese vencedora na reunião anual. Em 1994, ela me deu a oportunidade de participar da minha primeira reunião da CTS em Calgary, na província de Alberta; nessa ocasião, estava na McGill por ter ganhado esse concurso pela segunda vez consecutiva.[1] O mundo acadêmico mais restrito do Canadá proporciona uma vida profissional que mais parece uma família bem próxima, com um clima que favorece a amizade e o coleguismo, fazendo com que o banquete anual da CTS seja um evento animado e encantador que incentiva uma boa conversa. Foi nesse banquete que recebi meu prêmio, e, quando voltei à mesa, um teólogo de renome no Canadá que estava sentado ao meu lado me deu a honra de começar uma conversa. Ele me perguntou onde eu estava estudando, quem era o meu orientador e em o que estava trabalhando no momento. O rumo dessa conversa foi mudando pouco a pouco para perguntas sobre minha profissão de fé e sobre minha tradição ecle-siástica. Já que eu estava estudando no Instituto de Estudos Cristãos em Toronto, meu interlocutor naturalmente perguntou: "E então? Você segue a tradição reformada holandesa?" Minha resposta foi: "Não, eu sou pentecostal".

É incrível como se pode armazenar tanta emoção e tanta expres-sividade em uma fração de segundo. Percebi no momento exato que tinha falado algo errado, mas, mesmo enquanto dizia aquela última palavra, o meu companheiro de conversa abriu uma expressão pedante e assustada. Não lembro se naquela hora ele tossiu ou se engasgou com o jantar, ou se esse detalhe é fruto de algum capricho da memória, de uma manifestação simbólica que caracteriza essa reação, que, na verdade, foi bem mais sutil. Em todo caso, o bom professor não conse-guiu disfarçar o seu espanto e a sua perplexidade. Ele ainda perguntou: "Quer dizer que você veio de uma família pentecostal?".

---

[1] Uma versão dessa tese de 1994 foi lançada posteriormente como James K. A. Smith, "How to Avoid Not Speaking: Attestations", em *Knowing Other-wise: Philosophy on the Threshold of Spirituality,* ed. James H. Olthuis, Perspectives in Continental Philosophy Series (Bronx, NY: Fordham University Press, 1997), p. 217-234; a tese de 1995 que foi apresentada na Universidade McGill posteriormente foi publicada como Smith, "Fire from Heaven: The Hermeneutics of Heresy", *Journal of TAK* 20 (1996): p. 13-31.

Com certeza, essa era uma estratégia para aliviar sua dissonância cognitiva, como se ele dissesse a si mesmo: "Não dá para acreditar que um estudante de graduação em teologia filosófica que trabalha com os textos de Heidegger, Derrida e Moltmann possa *ser* pentecostal. Acho que ele quer dizer que já *foi* pentecostal alguma vez na vida".

"Não foi isso que eu quis dizer", respondi. "Todo domingo eu vou ao culto em uma igreja pentecostal. Eu até prego um pouco!"

Quando viu que sua estratégia para resolver sua dissonância cognitiva não deu certo, ele se limitou a trocar algumas gentilezas formais e pediu licença para se retirar. Enquanto refletia naquela mesa sobre o que tinha acabado de acontecer, senti-me ainda mais distante do Tabernáculo Pentecostal Betel. Entretanto, foi essa experiência que me serviu de inspiração para escrever este livro.

Não quero, no entanto, que o leitor ache que tem em mão um estudo de apologética pentecostal. Não é minha intenção elaborar uma defesa dos estudos pentecostais de nível superior ou quem sabe propor a ideia escandalosa de que os pentecostais podem ser pensadores — embora este livro, que constitui uma espécie de apologética performativa, refute possivelmente os preconceitos daqueles que teimam em classificar a "filosofia pentecostal" como uma ideia inconcebível.[2] Tenho que reconhecer que parto da premissa de que, de algum modo, estou escrevendo de forma indireta para responder a esse teólogo com quem conversei no McGill Faculty Club. Ele sempre esteve comigo durante a minha carreira com aquele olhar surpreso e ao mesmo tempo perplexo, aquele desprezo velado, aquela incredulidade dissimulada que descarta até mesmo a possibilidade da existência de um universitário pentecostal. No entanto, acho que o simples fato de existir uma literatura teológica e acadêmica pentecostal cada vez maior já constitui uma "defesa" suficiente, e que as notas de rodapé por todo o livro

---

[2]Já fiz um trabalho com um teor "apologético" como esse em James K. A. Smith, "Scandalizing Theology: A Pentecostal Response to Noll's *Scandal"*, *Pneuma: Journal of the Society for Pentecostal Studies 19 (1997)*: p. 225-238 e, mais recentemente, em "Thinking in Tongues: The Past and Future of Pentecostal Theology", *First Things,* abril de 2008, p. 27-31.

16 PENSANDO EM LÍNGUAS

já servem como uma boa amostra dessa atividade acadêmica caso persista alguma suspeita, cumprindo um ótimo papel informativo aos especialistas que ainda não tiveram contato com esses estudos pentecostais de nível superior.[3] Portanto, não é o meu foco principal provar que os pentecostais são tão inteligentes quanto os evangélicos tradicionais ou os católicos; nem mesmo, de forma mais específica, que os pentecostais possuem a mesma capacidade de fazer teologia que os evangélicos tradicionais, católicos e reformados.[4]

Em vez de tratar-se de uma defesa apologética da teologia pentecostal, o propósito deste livro é uma exposição tácita dos elementos que constituem uma filosofia distintamente pentecostal. Adiante, no primeiro capítulo, aplicar-me-ei a essa tarefa nos termos que Alvin Plantinga descreve como a "integridade" de uma filosofia cristã. Nesses moldes, já houve apelos veementes a favor de uma teologia pentecostal definida e "de raiz". Por exemplo, D. Lyle Dabney diagnosticou

---

[3]Aqueles que não conhecem os estudos pentecostais de nível superior constatarão que se desenvolveu um amplo debate nos últimos quarenta anos, começando com a fundação da Sociedade de Estudos Pentecostais, que hoje até conta com "projetos" nos estudos bíblicos, na teologia, na história, no ecumenismo, em missões, na teologia prática, na interface entre a religião e a cultura, e (desde 2002) na filosofia. Várias sociedades parecidas surgiram na Ásia, na Europa, na África e na América Latina, e existe uma comissão dedicada a movimentos pentecostais e carismáticos dentro da Academia Americana da Religião. Esses estudos são publicados em uma rede internacional de periódicos acadêmicos, incluindo o *Pneuma: Journal of the Society for Pentecostal Studies,* o *Journal of Pentecostal Theology,* o *Asian Journal of Pentecostal Studies,* the *Journal of the European Pentecostal Theological Association, Australasian Pentecostal Studies,* entre outros. Os cursos de doutorado em estudos pentecostais podem ser encontrados na Universidade de Birmingham, na Universidade Livre de Amsterdã e na Regent University School of Divinity.
[4]Infelizmente, essa parece ser a motivação de Rick M. Nañez, *Full Gospel, Fractured Minds? A Call to Use God's Gift of Intellect* (Grand Rapids: Zondervan, 2005), que parece lamentar que os pentecostais não sejam evangélicos nos moldes de Mark Noll. Embora cultive um grande respeito por Noll e pelo grupo de estudiosos evangélicos dos quais ele é decano, minha proposta nesta obra não é simplesmente que os estudos pentecostais se constituam os estudos tradicionais com um apêndice pneumatológico, mas que haja uma "genialidade" especial que faz parte da espiritualidade pentecostal que deve se expressar em uma filosofia distinta e integral. Como Terry Cross afirma de forma útil e criativa, os pentecostais não se limitam a ser um "tempero" para o prato principal evangélico". Veja Cross, "The Rich Feast of Theology: Can Pentecostals Bring the Main Course or Only the Relish?" *Journal of Pentecostal Theology* 16 (2000): p. 27-47.

INTRODUÇÃO **17**

"o problema e o potencial da teologia pentecostal" como algo semelhante ao desafio de Davi com a armadura de Saul (1Samuel 17):

> O problema reside no fato de que os teólogos pentecostais envolvidos
> no diálogo [católico-pentecostal] estão obviamente atrelados a uma
> série de premissas culturais e teológicas que praticamente os impedem
> de exercer seu papel teológico diante da tarefa que se lhes impõe: eles,
> como Davi no tempo antigo, estão se vestindo com a "armadura de Saul".
> Mas a promessa brilha por meio desse diálogo em lampejos rápidos e
> encantadores, sugerindo algo que ainda está fora do nosso alcance: a
> possibilidade de que os teólogos pentecostais possam se desfazer do
> peso morto da "força" e do "poder" dessa armadura e descobrir sua
> própria voz teológica mediante uma teologia verdadeira do Espírito
> Santo: um Pentecostes teológico de verdade.[5]

Tomando emprestadas as palavras de Gustavo Gutiérrez, essa é
uma tentativa de mostrar que podemos "beber das nossas próprias
fontes".[6] Minha inspiração vem destas duas convicções: a primeira é
que existe uma "genialidade" implícita dentro da espiritualidade pentecostal que, quando é exposta, presta um apostolado singular à igreja
em geral e pode fazer contribuições especiais para os estudos acadêmicos cristãos de forma mais ampla; a segunda, que é consequência
da primeira, é que não é certo nem autêntico que os pentecostais se

---

[5]Veja especialmente as páginas 116–117 do artigo de D. Lyle Dabney, "Saul's Armor:
The Problem and Promise of Pentecostal Theology Today", *Pneuma: Journal of the
Society for Pentecostal Studies* 23 (2001): p. 115-146. Para um manifesto metodológico
semelhante, leia Kenneth J. Archer, "A Pentecostal Way of Doing Theology: Method
and Manner", *International Journal of Systematic Theology* (2007): p. 1-14. Mais tarde
teremos que retornar às questões relacionadas à catolicidade — indagando como uma
teologia de teor distintamente pentecostal se relaciona com a teologia cristã de um
modo mais geral; ou, em outras palavras, como essa visão de "filosofia pentecostal" pode
evitar o sectarismo.
[6]Gustavo Gutiérrez, *We Drink from Our Own Wells: The Spiritual Journey of a People*
(Maryknoll, NY: Orbis, 1984). Para uma abordagem mais clara e direta da obra de
Gutiérrez a partir de uma perspectiva pentecostal, veja Eldin Villafañe, *The Liberating
Spirit: Toward an Hispanic American Pentecostal Social Ethic* (Grand Rapids: Eerdmans,
1993), especialmente a partir da página 165.

limitem a adotar "respostas prontas" nos estudos teológicos e filosóficos atuais. Embora acredite que a sabedoria importante surge do diálogo, e o reconhecimento de dívidas inevitáveis, eu também creio que os pentecostais podem e devem refletir a respeito dos efeitos da espiritualidade pentecostal no que se refere ao modo como pensamos sobre Deus, sobre nós mesmos e sobre o mundo, até mesmo dentro da disciplina da filosofia. Resumindo, não é o meu objetivo incentivar os pentecostais a beber das fontes da filosofia cristã mais genérica para se tornarem pensadores mais "maduros";[7] pelo contrário, o meu objetivo é traçar diretrizes para formular uma filosofia distintamente pentecostal e explicar o que essa filosofia tem a oferecer a um debate mais amplo.

Nesse ínterim, vale a pena dar um aviso e uma explicação: o que se quer dizer com "pentecostal" nesse projeto de formulação de uma "filosofia pentecostal"? A título de explicação, precisamos observar antes alguns aspectos da história dos movimentos pentecostais e carismáticos por todo o século XX. A origem do pentecostalismo geralmente é atribuída ao avivamento da rua Azusa de 1906 a 1913 — embora se trate de avivamentos parecidos, porém independentes que aconteceram antes e depois deste em várias partes do mundo.[8] Com raízes

---

[7] O tema da "maturidade" parece surgir em várias discussões sobre a teologia pentecostal e os estudos pentecostais de nível superior. A hipótese mais recente é que o pentecostalismo é imaturo e infantil em si mesmo, uma forma emocional de cristianismo que precisa "crescer" e se tornar racional — que parece equivaler a adotar os paradigmas que governam as outras tradições cristãs, geralmente a evangélica tradicional. Proporei mais adiante que o pensamento pentecostal pode passar por um processo de "maturação" sem ter que se tornar algo que ele não é.

[8] Esta é a uma constatação importante feita por Allan Anderson, *Spreading Fires: The Missionary Nature of Early Pentecostalism* (Maryknoll, NY: Orbis, 2007), p. 4: "O pentecostalismo não consiste em um movimento que teve um início definido nos Estados Unidos ou em outro país, ou um movimento que é baseado em alguma doutrina em particular — trata-se de um movimento, ou mesmo de uma série de movimentos, que levou muitos anos e surgiu como resultado de vários acontecimentos formativos diferentes. Tanto naquela época quanto na atualidade, o pentecostalismo constitui um fenômeno polinuclear e diversificado". Cornelis van der Laan relata uma história com uma exortação parecida: "Quando a assembleia pentecostal de Amsterdã comemorou, em 1981, seu 75º aniversário, um missionário norte-americano recordou como a mensagem pentecostal surgiu nos Estados Unidos e, a partir de lá, chegou à Europa. O próximo

profundas na tradição wesleyana de santidade e na espiritualidade africana, o avivamento da rua Azusa deu origem ao que veio a ser descrito como pentecostalismo "clássico", associado a denominações como a Assembleia de Deus, a Igreja de Deus em Cristo e a Igreja de Deus (de Cleveland, no Tennessee).[9] O pentecostalismo "clássico" também era caracterizado geralmente por um destaque especial ao falar em línguas como "evidência inicial do batismo no Espírito Santo". Adotando teologias de "segunda bênção" a partir de sua herança wesleyana, que destacavam uma experiência de graça e santificação subsequente e distinta da salvação, a teologia pentecostal "clássica" identificava isso como o batismo no Espírito Santo "evidenciado" pelo falar em línguas — se bem que eles também destacavam a manifestação contínua de *todos* os dons do Espírito Santo, e toda essa energia do Espírito era direcionada para a capacitação missionária.[10]

Nas décadas de 1960 e de 1970, os fenômenos e as experiências de aparência pentecostal começaram a ser vistos em denominações maiores e mais tradicionais. Isso foi classificado como "renovação carismática" e representou um derramamento da espiritualidade pentecostal sobre as comunidades convencionais, e incluiu a Renovação

---

palestrante foi Emmanuel Schuurman, o pioneiro pentecostal holandês mais antigo vivo à época. O velho guerreiro corrigiu seu colega norte-americano afirmando que o Pentecostes não veio dos Estados Unidos, mas do céu". Cornelis van der Laan, *Sectarian against His Will: Gerrit Roelof Polman and the Birth of Pentecostalism in the Netherlands* (Metuchen, NJ: Scarecrow Press, 1991), p. 1.

[9]Para o contexto teológico, veja os estudos clássicos de Donald W. Dayton, *Raízes Teológicas do Pentecostalismo* (Natal, RN: Ed. Carisma, 2018), e Walter J. Hollenweger, "De Azusa Street ao fenômeno de Toronto: raízes históricas do movimento pentecostal". *Revista Concilium n. 265/3, p. 8, 1996*. Sobre a rua Azusa e a sua repercussão, veja Grant Wacker, *Heaven Below: Early Pentecostals and American Culture* (Cambridge, MA: Harvard University Press, 2001), e Cecil M. Robeck, *The Azusa Street Mission and Revival: The Birth of the Global Pentecostal Movement* (Nashville: Nelson, 2006), embora se deva levar em conta a preocupação de Anderson quanto ao "azusacentrismo". Para um relato clássico do surgimento de uma denominação "clássica", a Assembleia de Deus, veja Edith L. Blumhofer, *Restoring the Faith: The Assemblies of God, Pentecostalism, and American Culture* (Urbana: University of Illinois Press, 1993).

[10]Robert P. Menzies, *Empowered for Witness: The Spirit in Luke-Acts* (Sheffield: Sheffield Academic Press, 1991), e Frank D. Macchia, *Baptized in the Spirit: A Global Pentecostal Theology* (Grand Rapids: Zondervan, 2006), p. 75-85.

Carismática Católica (que começou em Duquesne), bem como os movimentos de renovação nas tradições anglicanas, luteranas e presbiterianas.[11] Apesar do fato de que as práticas e a espiritualidade pentecostais possuíam algumas semelhanças, em especial o destaque para a imprevisibilidade do Espírito e até para a continuidade da operação dos dons de "milagres", o movimento carismático não adotou a ideia inicial do pentecostalismo clássico da "evidência inicial". Por isso, o pentecostalismo de raiz geralmente é uma referência ao pentecostalismo clássico; e a palavra "carismático" identifica as tradições e os teólogos que também destacam o papel central dos dons do Espírito Santo, mas dentro das estruturas litúrgicas e teológicas existentes. Esses foram seguidos pelo que geralmente é chamado de "terceira onda", ou movimento "neopentecostal", associado com Peter Wagner. Isso se refere ao crescimento de igrejas carismáticas que não possuem uma denominação definida, como o Movimento Vineyard. Do mesmo modo que a renovação carismática, os carismáticos da terceira onda não têm como destaque a evidência inicial, nem mesmo se identificam com as denominações ou as comunhões tradicionais (como a Igreja Católica ou a Comunhão Anglicana).

Apesar de existirem diferenças importantes entre os pentecostais clássicos, os carismáticos e os que fazem parte da "terceira onda", também existem semelhanças relevantes entre esses movimentos, especialmente com relação à centralidade do Espírito Santo, aos dons espirituais e à manifestação da espiritualidade pentecostal/carismática. Assim, alguns indivíduos, como Douglas Jacobsen, adotaram a nomenclatura do pentecostalismo "com pê minúsculo" como uma maneira de celebrar a diversidade das teologias pentecostais e carismáticas, enquanto reconhecem ao mesmo tempo as semelhanças familiares importantes e a sensibilidade comum entre elas.[12] De fato, o

---

[11]Para uma sinopse, leia Peter D. Hocken, "Charismatic Movement", em *The New International Dictionary of Pentecostal and Charismatic Movements,* ed. Stanley Burgess (Grand Rapids: Zondervan, 2002), p. 477-519. Veja também Michael P. Hamilton, ed., *The Charismatic Movement* (Grand Rapids: Eerdmans, 1975).

[12]Veja Douglas Jacobsen, *Thinking in the Spirit: Theologies of the Early Pentecostal Movement* (Bloomington: Indiana University Press, 2003), p. 8-12.

INTRODUÇÃO **21**

movimento carismático constitui um fator fundamental no desenvolvimento do diálogo ecumênico. Os pentecostais protestantes e os carismáticos católicos concluíram que a experiência em comum constituía um ponto de partida importante para diálogos honestos e abertos sobre o que tinham em comum e sobre suas diferenças.[13]

Sendo assim, não quero me referir ao termo "pentecostal" utilizando uma definição clássica ou denominacional, mas, no lugar disso, escrevo sobre uma compreensão da fé cristã que admite a operação contínua do Espírito Santo de modo radical. Por causa disso, uso a palavra "pentecostal" em um sentido mais antigo e generoso, que na atualidade incluiria as tradições "carismáticas" (a ponto de até eu mesmo me identificar como carismático e não como pentecostal). Entretanto, já que a definição pentecostal/carismática é tão complicada, a partir de agora usarei o termo "pentecostalismo" para me referir à "renovação" mais ampla ou às tradições pentecostais e carismáticas.[14] Logo, ao defender uma filosofia pentecostal, uso a palavra "pentecostal" em um sentido aglutinador, indicando um conjunto de práticas e intuições teológicas comuns mantidas por pentecostais, carismáticos e seguidores da "terceira onda". Minha expectativa é que os carismáticos católicos e anglicanos possam enxergar ou identificar suas próprias práticas como partes integrantes daquilo que chamo de filosofia "pentecostal".

Reconheço que precisamos esclarecer o que de fato constitui a constelação de práticas espirituais e intuições teológicas em comum que classifico como "pentecostais", tanto que essa será a tarefa do

---

[13]Veja Kilian McDonnell, "Improbable Conversations: The International Classical Pentecostal/Roman Catholic Dialogue", *Pneuma: The Journal of the Society for Pentecostal Studies* 17 (1995): p. 163-88.

[14]Nesse sentido, utilizei a palavra "pentecostal" de um modo semelhante ao que Mark Cartledge quis dizer com o termo "carismático" em *Encountering the Spirit: The Charismatic Tradition* (Maryknoll, NY: Orbis, 2006), p. 18, passim. Cartledge reserva as palavras "pentecostal" e "pentecostalismo" para algumas denominações específicas. Tomei a decisão de não adotar o termo "carismático" porque a gama lexical desse termo é ampla demais, a ponto de a expressão "filosofia carismática" passar mais a ideia de uma filosofia "entusiasta"; por causa disso, acho que "filosofia pentecostal" constitui uma descrição mais exata.

22 PENSANDO EM LÍNGUAS

primeiro e do segundo capítulos. Por enquanto, somente quero dizer que *não* definirei a palavra "pentecostal" *de maneira teológica*; ou melhor, não quero centralizar nem definir as características do pentecostalismo com um conjunto de doutrinas. Em vez disso, explicarei com detalhes os elementos que constituem o que descreverei como uma "cosmovisão" pentecostal ou, segundo a conceituação de Charles Taylor, um "imaginário social" pentecostal, com o intuito de honrar a natureza do convívio pentecostal como *espiritualidade*, um conjunto integrado de práticas e disciplinas que "transmitem" de forma implícita uma visão de mundo ou um imaginário social.[15] Minha proposta é que uma das tarefas da filosofia pentecostal é articular a cosmovisão que está implícita na espiritualidade pentecostal. Por outro lado, sugiro também que uma filosofia só pode ser verdadeiramente pentecostal enquanto for baseada e motivada pelas intuições próprias da espiritualidade pentecostal.[16]

Mesmo esperando que esse projeto seja útil para filósofos, teólogos e estudiosos pentecostais, meu interesse principal é articular uma filosofia pentecostal de modo a ampliar a discussão, para que ela não se restrinja às esferas do cristianismo pentecostal e carismático. Não tenho a mínima pretensão de articular uma filosofia pentecostal

---

[15]Cf. o último capítulo do livro *The Pentecostals* de Hollenweger: "Practice as a Theological Statement", p. 497-511. Mais recentemente, Steven J. Land buscou celebrar o pentecostalismo como uma *espiritualidade* e ver essa espiritualidade e as suas práticas *como* teologia (veja Land, *Pentecostal Spirituality: A Passion for the Kingdom*, Journal of Pentecostal Theology Supplement 1 [Sheffield: Sheffield Academic Press, 1993], p. 15-57). Cartledge também descreve a espiritualidade "carismática" como algo que se assemelha a uma 'cosmovisão'" (*Encountering the Spirit*, p. 27).

[16]Tenho que admitir que a perspectiva de uma filosofia distintamente pentecostal pressupõe e está baseada em projetos mais amplos que aventaram a possibilidade de uma filosofia *cristã*. Só tenho como propor essa ideia um tanto ousada da filosofia pentecostal porque filósofos como Alvin Plantinga, Nicholas Wolterstorff, Eleonore Stump e C. Stephen Evans já montaram a base para articular e defender a estrutura da filosofia cristã de forma mais geral. Quanto a isso, devo também observar que, na sua maior parte, o renascimento de uma "filosofia cristã" tem acarretado um renascimento que tem se limitado à filosofia "teísta". Já que aspectos mais específicos de uma filosofia distintamente cristã ainda têm muito a se desenvolver, a noção ainda mais específica de uma filosofia *pentecostal* assume um tom bem mais ousado. (Gostaria de agradecer a Del Ratzsch pela conversa que me ajudou bastante sobre esse assunto).

INTRODUÇÃO **23**

sectária e que se limite somente a eles; muito pelo contrário, estou interessado em trazer uma contribuição pentecostal para a filosofia cristã como um todo. Minha convicção é que existem elementos de uma cosmovisão pentecostal que fazem parte daquilo que é definido como "cristianismo puro e simples"; isto é, não vejo esses aspectos da espiritualidade pentecostal como periféricos ou como adendos à fé cristã. O Pentecostes faz parte do DNA da Igreja santa, católica e apostólica. Já que a renovação pentecostal e carismática fez com que a igreja se lembrasse de sua herança pentecostal, a espiritualidade pentecostal constitui uma espiritualidade católica. Além disso, creio que existem aspectos da espiritualidade e da prática pentecostais que ampliam e desafiam de um modo singular as nossas estruturas filosóficas preestabelecidas. Nesse aspecto, encaro o projeto inovador de uma filosofia pentecostal como algo comparável ao projeto filosófico que veio a ser descrito como "epistemologia reformada".[17] A epistemologia reformada, que se baseia nas intuições teológicas de João Calvino e da tradição reformada, articulou uma estrutura epistemológica cuja influência não se limitou aos filósofos que atuam dentro das estruturas confessionais; em outras palavras, embora a motivação para essa revolução epistemológica tenha se baseado abertamente na particularidade da tradição reformada, esse modelo foi articulado *para* um público bem mais amplo. Além disso, dada a ampla receptividade desse projeto, é possível deduzir que essa tradição em especial tenha algo a oferecer para a comunidade filosófica e para os estudos acadêmicos cristãos de forma mais ampla. Minha esperança é que a articulação de uma filosofia pentecostal possa exercer uma influência igualmente ampla, que venha a proporcionar novas ideias e

---

[17]Para ler sobre a epistemologia reformada, veja Alvin Plantinga e Nicholas Wolterstorff, eds., *Faith and Rationality: Reason and Belief and God* (Notre Dame, IN: University of Notre Dame Press, 1983), e Kelly James Clark, *Return to Reason: A Critique of Enlightenment Evidentialism, and a Defense of Reason and Belief in God* (Grand Rapids: Eerdmans, 1990). Não é minha intenção sugerir a confluência de intuições entre a filosofia pentecostal e a epistemologia reformada, embora seja possível observar o papel importante do Espírito Santo no capítulo 8 do livro de Plantinga *Crença cristã avalizada* (São Paulo: Vida Nova, 2018).

PENSANDO EM LÍNGUAS

estruturas para as pessoas que se encontram fora do ambiente pentecostal ou carismático. No entanto, trata-se de um primeiro aviso, que mais parece uma proposta (possivelmente indecente) que se ocupa mais de traçar as diretrizes desse projeto do que de executá-lo. Espero que ela seja recebida como um incentivo para que outros se envolvam nesse projeto.

Como podemos nos engajar nessa tarefa? Antes de nos envolvermos no projeto em questão, permitam-me observar três procedimentos metodológicos, que serão seguidos por todo o livro. No primeiro, conforme já sugeri e passarei a explicar no segundo capítulo, meu objetivo é revelar a intuição subjacente à espiritualidade e ao culto pentecostal; em outras palavras, uma das tarefas de uma filosofia pentecostal é articular uma cosmovisão que está latente na prática pentecostal.[18] Devido ao fato de o pentecostalismo se tratar primeiramente de uma *espiritualidade* — o que Land descreve como uma "integração de crenças e práticas com os sentimentos que são despertados e ganham expressão por essas crenças"[19] —, a cosmovisão pentecostal não consiste em um sistema de doutrinas ou dogmas. Em vez disso, as intuições teológicas e filosóficas latentes e implícitas são introduzidas e postas em ação em rituais e práticas pentecostais.[20] Ao falar da "filosofia pentecostal", não quero intelectualizar o pentecostalismo; minha tarefa não é revelar a sua essência proposicional. Em lugar disso, tenho o interesse de observar atentamente e "ler" a espiritualidade pentecostal a fim de discernir a "compreensão" do mundo que

---

[18]No segundo capítulo, diferenciarei essa tarefa da *teologia* pentecostal, embora o meu foco não esteja em definir fronteiras mais rigorosas entre as duas.

[19]Land, *Pentecostal Spirituality*, p. 13. Cartledge descreve a espiritualidade carismática como uma estrutura de narrativa, símbolos e práxis (*Encountering the Spirit*, p. 28-30).

[20]Tenho que admitir que os pentecostais clássicos não se sentirão muito à vontade com palavras como "rituais", mas, para consultar uma análise da espiritualidade pentecostal sob o prisma dos seus rituais, a partir de uma perspectiva pentecostal, veja Daniel Albrecht, *Rites in the Spirit: A Ritual Approach to Pentecostal/Charismatic Spirituality* (Sheffield: Sheffield Academic Press, 1999). Para uma análise da espiritualidade da Renovação Carismática Católica, veja Thomas J. Csordas, *Corpo/significado/cura* (Porto Alegre: Editora UFRGS, 2008), e Csordas, *Language, Charisma, and Creativity: The Ritual Life of a Religious Movement* (Berkeley: University of California Press, 1997).

INTRODUÇÃO **25**

se manifesta em suas práticas.[21] Com certeza, isso dá a entender que quem melhor aproveitará e compreenderá esse projeto será a pessoa que tem alguma noção das práticas que constituem a experiência religiosa de convívio que é a espiritualidade pentecostal. Não me cabe a ilusão de achar que posso apresentar ou resumir o pentecostalismo fazendo uma lista de afirmações doutrinárias ou de propostas dogmáticas. Antes de mais nada, o pentecostalismo não se resume a uma tradição doutrinária ou intelectual; ele consiste em uma constelação afetiva de práticas e de "rituais" integrados. Tomando emprestadas as palavras de Wittgenstein, poderíamos dizer que a espiritualidade pentecostal é "uma forma de vida".[22] Logo, ao articular as intuições implícitas nessa espiritualidade, examino práticas, não textos, embora, por questões de espaço, não seja possível trazer descrições etnográficas com uma maior riqueza de detalhes. As pessoas que não estão acostumadas com a espiritualidade pentecostal encontrarão descrições úteis na explosão da literatura das ciências sociais sobre o pentecostalismo e de outros campos etnográficos.[23]

Em segundo lugar, trabalharei filosoficamente com a espiritualidade e com a prática pentecostais como um *caso limite*. O caráter alternativo — que se pode também chamar de "liminaridade"[24] — da

---

[21]No capítulo 2, ficará bem claro que tenho uma dívida de gratidão com Charles Taylor e Robert Brandom pela maneira com a qual formulou o projeto.

[22]Ludwig Wittgenstein, *Investigações filosóficas* (São Paulo: Ed. Vozes, 2014), §23. Portanto, talvez eu esteja trazendo um relato "cultural linguístico" da espiritualidade pentecostal apesar de tal relato parecer ser um exemplo fundamental do que George Lindbeck descreveria como uma estrutura religiosa "experiencial-expressiva" (Lindbeck, *The Nature of Doctrine: Religion and Theology in a Postliberal Age* [Philadelphia: Westminster, 1984], p. 16).

[23]Quanto a esse aspecto, consulte a obra de Csordas, mencionada em uma nota anterior, e Donald Miller, *Global Pentecostalism: The New Face of Christian Social Engagement* (Berkeley: University of California Press, 2007), que também inclui um DVD de adoração e de ministério pentecostal.

[24]Conforme é empregado por Victor Turner, *The Ritual Process: Structure and Anti-Structure* (Ithaca, NY: Cornell University Press, 1977). Para uma explicação dessa noção relacionada ao pentecostalismo, veja Albrecht, *Rites in the Spirit;* Craig Scandrett-Leatherman, "Can Social Scientists Dance? Participating in Science, Spirit, and Social Reconstruction as an Anthropologist and Afropentecostal", em *Science and the Spirit: A Pentecostal Engagement with the Sciences,* ed. James K. A. Smith e Amos

26 PENSANDO EM LÍNGUAS

espiritualidade pentecostal *vis-à-vis* as práticas dominantes da tradição cristã faz com que ela exerça uma espécie de provocação teórica.[25] Por exemplo, conforme explicarei no sexto capítulo, a prática pentecostal da glossolalia ("falar em línguas") apresenta um caso singular e um desafio aos paradigmas ensinados pela filosofia da linguagem. O fenômeno não se enquadra nos modelos teóricos existentes e desafia as estruturas dominantes e estabelecidas do pensamento sobre a linguagem. Pelo fato de constituir uma prática tão alternativa, e, justamente por esse motivo, desconhecida pela maioria das pessoas, a realidade da glossolalia é raramente detectada (se é que isso acontece) pelo radar teórico dos filósofos da linguagem, ou até mesmo dos filósofos cristãos. No entanto, quero demonstrar que o processo de confrontar a filosofia da linguagem com a realidade vivenciada da glossolalia é algo produtivo no sentido filosófico, desde que nos leve a questionar nossa acomodação às categorias com as quais estamos acostumados filosoficamente.[26] Acredito que o mesmo acontece com toda uma gama de questões filosóficas na metafísica, na epistemologia e na filosofia da religião. As nossas categorias filosóficas são calibradas para um leque determinado de fenômenos e de experiências; quando encontramos fenômenos que não se encontram nesse leque, essa experiência supera e contesta essas categorias e estruturas, forçando-nos a reequipar e reconfigurar nossas suposições, categorias

---

Yong (Bloomington: Indiana University Press, 2010); e Margaret Poloma, "Glossolalia, Liminality, and Empowered Kingdom Building: A Sociological Perspective", em *Speaking in Tongues: Multi-Disciplinary Perspectives,* ed. Mark Cartledge (Milton Keynes, U.K.: Paternoster, 2006), p. 169-173.

[25]Quem sabe o caráter alternativo da espiritualidade pentecostal seja visto de forma mais intensa na tradição de manipulação de serpentes nos Apalaches, que leva a sério o epílogo do Evangelho de Marcos: "Estes sinais acompanharão os que crerem: em meu nome expulsarão demônios; falarão novas línguas; pegarão em serpentes; e, se beberem algum veneno mortal, não lhes fará mal nenhum; imporão as mãos sobre os doentes, e estes ficarão curados" (Marcos 16:17-18). Para uma análise abrangente, veja Ralph W. Hood, Jr., e W. Paul Williamson, *Them That Believe: The Power and Meaning of the Christian Serpent-Handling Tradition* (Berkeley: University of California Press, 2008).

[26]Acho que esse diálogo também beneficia ambas as partes, contanto que esse confronto com a filosofia da linguagem se torne uma oportunidade para que os pentecostais façam uma reflexão crítica sobre sua experiência, bem como sobre as estruturas institucionais onde essa prática está inserida.

INTRODUÇÃO **27**

e metodologias.[27] Por exemplo, uma concepção racionalista demais sobre os seres humanos e sobre a natureza da crença desses seres não estará preparada para avaliar a natureza de uma espiritualidade que envolve mais os aspectos corporificados e emocionais da experiência (conforme a minha sugestão no quinto capítulo, acho que é exatamente isso que acontece com os paradigmas que prevalecem na filosofia da religião). Nesse caso, um encontro com a espiritualidade pentecostal denunciará de forma bem clara a estreiteza de visão e a insuficiência dos paradigmas atuais. De forma mais ampla, afirmarei que, quando as "intuições" (uso essa palavra de forma livre) que estão implícitas na espiritualidade pentecostal e na experiência do culto pentecostal são reveladas, apresentam desafios à experiência acumulada e ao *status quo*.[28] Portanto, longe de constituir um recanto agitado de anti-intelectualismo emotivo, a espiritualidade pentecostal pode ser um estímulo para a *crítica* filosófica.

Combinando outro método com esse destaque da espiritualidade pentecostal como uma prática vivenciada, este livro seguirá uma terceira estratégia: a função agregadora do testemunho, do depoimento e da narrativa. Ainda lembro que, na primeira vez que li o *Journal of Pentecostal Theology*, meus olhos se fixaram no editorial que estava bem no início e que descrevia o testemunho como "a poesia da experiência pentecostal".[29] Isso se identifica bastante com minha própria experiência do culto e da espiritualidade pentecostais, nos quais o testemunho exerce um papel fundamental no formato da adoração coletiva e na história da identidade individual em Cristo. No culto do Tabernáculo Pentecostal Betel, o pastor Swartwood sempre dava opor-

---

[27]Podem-se observar desafios semelhantes aos relatos sociocientíficos sobre a espiritualidade pentecostal. Veja Hood e a definição que Williamson faz do problema com a "psicologia empirista e analítica" e a sua proposta de abordagem hermenêutica e fenomenológica em *Them That Believe*, apêndice 3, p. 247-256.

[28]No final do sexto capítulo, analisarei esta "liminaridade" da experiência pentecostal como uma modalidade do que David Bromley descreve como "chanfradura espiritual" em Bromley, "On Spiritual Edgework: The Logic of Extreme Ritual Performances", *Journal for the Scientific Study of Religion* 46 (2007): p. 287-303.

[29]Steven J. Land, Rick D. Moore e John Christopher Thomas, "Editorial", *Journal of Pentecostal Theology* 1 (1992): p. 5.

28 PENSANDO EM LÍNGUAS

tunidade para as "visões de Deus", um momento reservado para que os irmãos contassem a história da obra de Deus em sua vida, para compartilhar testemunhos das surpresas do Espírito Santo na semana anterior, para louvar e glorificar a Deus pela cura ou pela volta de um filho pródigo, para reconhecer o amor e a compaixão de um Deus que sabe quantos fios de cabelo existem na nossa cabeça e que sabe que precisávamos de dinheiro para pagar o aluguel na sexta-feira. O testemunho é fundamental para a espiritualidade pentecostal porque compreende o sentido dinâmico de que Deus opera e está presente em nosso mundo e em nossa experiência pessoal, enquanto também destaca o *caráter narrativo* da espiritualidade pentecostal.[30] Isso também concorda com o que Hollenweger classifica como "caráter oral" da espiritualidade pentecostal. Como ele comenta de forma sarcástica: "os pobres pentecostais são pessoas orais, desprovidas de raciocínio abstrato, que são mestres da narrativa. Sua religião parece mais com aquela dos discípulos da Igreja Primitiva que com a religião ensinada em nossas escolas e universidades".[31] Além disso, existe algo *irredutível* sobre essa modalidade de testemunho: ele não pode ser reduzido a um poço de onde se pode extrair princípios filosóficos, nem pode ser simplesmente traduzido em dogmas teológicos.[32]

---

[30]Abordarei a dinâmica da narrativa pentecostal posteriormente no terceiro capítulo. Para uma reflexão filosófica sobre a importância da narrativa, veja Kelly James Clark, "Story-Shaped Lives in *Big Fish*", em *Faith, Film, and Philosophy,* ed. R. Douglas Geivett e James S. Spiegel (Downers Grove, IL: InterVarsity, 2007), p. 37-51.

[31]Walter Hollenweger, "The Pentecostal Elites and the Pentecostal Poor: A Missed Dialogue?" em *Charismatic Christianity as a Global Culture,* ed. Karla Poewe (Columbia: University of South Carolina Press, 1994), p. 213.

[32]Este é o peso da obra de Kenneth Archer sobre a narrativa como a "hermenêutica" central da espiritualidade pentecostal e, por tabela, da teologia pentecostal. Veja Kenneth J. Archer, "Pentecostal Story: The Hermeneutical Filter for the Making of Meaning", *Pneuma: Journal of the Society for Pentecostal Studies* 26 (2004): p. 36-59. Logo, ele lança um apelo posterior contra o abandono dessas intuições narrativas por parte dos teólogos pentecostais ao elaborar suas teorias, alertando que, mesmo que sua tarefa seja "explicar" a narrativa, é importante respeitar *seu* caráter irredutível. Em resumo, precisamos de uma metodologia teológica pentecostal que se identifique com o caráter narrativo da espiritualidade pentecostal. Portanto, Archer adverte: "Em sua explicação, os pentecostais podem optar por modalidades epistemológicas modernas que são essencialmente hostis às práticas pentecostais de contação de histórias e de

INTRODUÇÃO   **29**

Por causa disso, pode-se sugerir que a *memória* é o gênero teológico pentecostal por excelência, ou, no mínimo, que algo como o testemunho é parte integrante até mesmo da teoria pentecostal, ainda que ele não se trate propriamente de algo "acadêmico".[33] Na verdade, ele não passa de um gesto performático que a prática da elaboração teórica pentecostal utiliza para evidenciar um aspecto que faz parte dessa espiritualidade: de um modo oposto ao ideal iluminista do "sábio" impessoal, imparcial e abstrato, o pentecostalismo valoriza o sábio afetivo e afirmativo que "sente de Deus" *por causa de* sua história, e que, *por estar inserido* em uma narrativa, pode falar sobre seu relacionamento com Deus. É por isso que admiro que teólogos pentecostais como Amos Yong e Frank Macchia tenham fugido ao protocolo acadêmico e adotado a centralidade do testemunho na elaboração pentecostal de suas teorias, vendo essas narrativas como elementos fundamentais para o trabalho teológico.[34] De modo parecido, encaro os testemunhos e as narrativas incluídas neste capítulo como parte integrante da sensibilidade que caracteriza a filosofia pentecostal.

---

testemunho". (Archer, "A Pentecostal Way", p. 6). Estou tentando levar essa advertência em consideração ao criar uma filosofia pentecostal.

[33]Quanto a isso, acho que uma filosofia pentecostal vem ao encontro da crítica à metodologia filosófica que tem sido articulada pelas filósofas feministas em defesa da importância da narrativa e de levar a sério o nosso "ponto de vista". Em sua crítica ao *status quo* metodológico, essas críticas femininas dão margem à autobiografia e ao testemunho narrativo. Para análises relacionadas ao assunto, veja Lorraine Code, *What Can She Know? Feminist Theory and the Construction of Knowledge* (Ithaca, NY: Cornell University Press, 1991); Hilde Lindemann Nelson, *Damaged Identities, Narrative Repair* (Ithaca, NY: Cornell University Press, 2001); Susan Sherwin, "Philosophical Methodology and Feminist Methodology: Are They Compatible?" em *Feminist Perspectives: Philosophical Essays on Method and Morals*, ed. Lorraine Code et al. (Toronto: University of Toronto Press, 1988); e, de modo mais cativante, Christine Overall, "Writing What Comes Naturally?" *Hypatia* 23 (2008): p. 227-235.

[34]Em Amos Yong, *Discerning the Spirit(s): A Pentecostal-Charismatic Contribution to Christian Theology of Religions* (Sheffield: Sheffield Academic Press, 2000), e Yong, Theology and Down Syndrome: Reimagining Disability in Late Modernity (Waco, TX: Baylor University Press, 2007), com cada capítulo se iniciando com um testemunho narrativo. De modo parecido, o livro de Macchia Baptized in the Spirit se inicia com testemunho e intercala testemunhos em todo o texto.

Meu objetivo ao utilizar esses três procedimentos metodológicos é articular e deixar bem claras as intuições filosóficas que caracterizam a espiritualidade e a prática pentecostais, tendo em vista um retrato de uma "filosofia distintamente pentecostal". O primeiro capítulo, que segue o padrão do "Conselho aos filósofos cristãos", de Alvin Plantinga, é uma espécie de manifesto que defende os méritos da filosofia pentecostal, formando a base da sua articulação do segundo ao quarto capítulo. No segundo capítulo, explico os elementos da "cosmovisão" pentecostal e depois analiso as implicações filosóficas dela na área da epistemologia (terceiro capítulo) e ontologia (quarto capítulo). O quarto capítulo também funciona como uma espécie de transição, assumindo uma "defesa" mais específica do engajamento filosófico a partir de uma perspectiva pentecostal: a saber, as questões sobre o naturalismo em relação à ciência. Passo a apresentar mais dois "estudos de caso", que têm o propósito de funcionar como exemplos de uma filosofia pentecostal propriamente dita na prática, enquanto também abordo questões fundamentais da espiritualidade pentecostal. O quinto capítulo afirma que a própria natureza do culto, da prática e da espiritualidade pentecostais apresenta um desafio liminar aos paradigmas que prevalecem na filosofia da religião, que são preparados principalmente para as religiões mais intelectualistas do protestantismo mais convencional. Defenderei algo semelhante a uma revolução na metodologia da filosofia da religião como o único modo de honrar de forma adequada a realidade vivenciada pela experiência pentecostal. O sexto capítulo reflete sobre uma das marcas da identidade pentecostal — a glossolalia, ou o "falar em línguas" — como um desafio liminar aos paradigmas dominantes na filosofia da linguagem, sugerindo, ao mesmo tempo, que, por trás do falar em línguas, existe uma crítica sociopolítica do *status quo*. Para concluir, ele sugere que a filosofia da linguagem e a ética se entrelaçam de maneiras importantes e que essa intuição está contida na experiência pentecostal.

Assim sendo, não quero criar tanta expectativa para um livro tão pequeno. Ele não tem a pretensão de esgotar o assunto, nem mesmo de ter uma abrangência tão grande assim. Foi escrito com o intuito de ser um manifesto e uma síntese, tendo um caráter preparatório em dois sentidos. Por um lado, meu foco é articular um apelo (um tanto escandaloso) por uma filosofia distintamente pentecostal que não sirva somente para quem pertence a esse movimento. Pelo contrário, a aposta é que essa filosofia tenha uma contribuição singular a prestar ao debate mais amplo dentro da filosofia cristã e, igualmente, tenha muito a oferecer, podendo ser acolhida por pessoas que não se identifiquem necessariamente com as tradições pentecostais ou carismáticas. Por outro lado, minha proposta é traçar o panorama e os elementos que compõem essa filosofia, com a esperança de exemplificar um procedimento filosófico, enquanto estabeleço uma pauta que passe a ser um ponto de partida para outros pesquisadores. Os estudos apresentados nesta obra pretendem abrir trilhas em um território inexplorado, um relato pioneiro de reconhecimento preliminar, sem dar um parecer definitivo sobre o assunto. Confesso que em alguns momentos tenho medo de que esse "esboço", ou "contorno", acabe tomando a forma de um esqueleto das formas principais. Porém, ainda que isso aconteça, se ele já conseguir funcionar como um esboço no sentido antigo — como os contornos iniciais de uma pintura artística ou de um tapete artesanal —, então o trabalho de escrever este pequeno manifesto terá valido a pena. Edward Burne-Jones e William Morris, que confeccionavam tapeçarias e elaboravam vitrais antes da época de Rafael, faziam centenas de "esboços" como esses, os quais, posteriormente, eram executados por uma equipe de artesãos, concedendo aos traços esquematizados em forma de anjos as cores suntuosas e múltiplas das narrativas dos vitrais. Minha esperança para este "esboço" da filosofia pentecostal é que os outros artesãos possam colaborar comigo para acrescentar as cores necessárias.

CAPÍTULO **1**

PENSANDO EM LÍNGUAS

CONSELHO PARA OS FILÓSOFOS PENTECOSTAIS

Para começar, tenho uma confissão a fazer: o início da elaboração da minha visão da filosofia pentecostal é culpa dos calvinistas. Na verdade, o subtítulo deste capítulo é uma referência sutil ao meu primeiro ano de faculdade: o leitor nem pode imaginar a alegria com a qual abri uma carta da Universidade de Notre Dame enquanto estava sentado na capela! Algumas semanas antes, tive a ousadia de enviar uma carta pessoal a Alvin Plantinga, um dos principais expoentes da filosofia da religião, que naquela época tinha acabado de ser escolhido para a cadeira de filosofia John A. O'Brien nessa universidade e é um dos principais responsáveis pela renovação da filosofia tanto em Notre Dame quanto na disciplina como um todo. Isso foi em 1983, um pouco antes de ter lido o discurso que ele fez no dia da sua posse, o qual depois foi publicado com o título "Conselho para os filósofos cristãos".[1]

---

[1]Alvin Plantinga, "Conselho aos filósofos cristãos", disponível em: <http://www.cristaos-naciencia.org.br/content/uploads/Conselho-aos-Filósofos-Cristãos-Alvin-Plantinga.pdf, acesso em julho de 2020. Deve-se observar que este discurso também aparece no volume inaugural de *Faith and Philosophy*, o periódico da Sociedade de Filósofos Cristãos que alcançou a liderança em sua área e constitui um modelo importante para os estudos

O manifesto de Plantinga foi meu momento *tolle lege*,[2] o meu chamado à vocação. Ao ouvir o que acreditava ser o chamado de Deus para eu me tornar um filósofo cristão, mediante a minha leitura simultânea de livros de outros autores calvinistas, como *Dogmatic Theology* (Teologia dogmática), de W. G. T. Shedd, e a trilogia de Francis Schaeffer, comecei a pensar em matricular-me no curso de filosofia e apelei a uma autoridade bem óbvia: o professor Plantinga na Universidade de Notre Dame. A carta que recebi consistia na sua resposta amável, que me encorajou em minha busca. Embora meu treinamento tenha acontecido em outra universidade católica — além de ter seguido uma tradição filosófica diferente —, tenho o prazer de expressar neste capítulo, que traça as linhas gerais da visão de uma filosofia distintamente pentecostal, uma dívida de gratidão pela visão influente de Plantinga em defesa de uma filosofia totalmente cristã e por ter incentivado pessoalmente um então aspirante a filósofo cristão.

O "Conselho" de Plantinga rapidamente se transformou em uma espécie de manifesto para um movimento de filósofos cristãos formado em grande parte por evangélicos tradicionais,[3] um apelo para que eles façam uso de uma "coragem cristã" e "demonstrem mais fé, mais confiança no Senhor" em sua elaboração de uma filosofia cristã "integral". Ele exorta: "Nós devemos vestir toda a armadura de Deus" (p. 3). Quero fazer um apelo parecido à comunidade acadêmica pentecostal para ter a mesma coragem, quem sabe "a ousadia no Espírito Santo", na elaboração de uma filosofia pentecostal plena e distinta. Farei isso seguindo primeiramente a proposta de Plantinga para a

---

cristãos de nível superior. De algum modo, motivou o surgimento de sociedades mais específicas, como a Sociedade Filosófica Evangélica (que publica o *Philosophia Christi*), a Sociedade Filosófica Wesleyana e o Grupo de Interesse Filosófico da Sociedade de Estudos Pentecostais. (Uma versão inicial deste capítulo foi apresentada no primeiro ano desta sociedade que mencionei por último).

[2] *Confissões de Santo Agostinho*, trad. L. Mammi (São Paulo: Penguin/Cia das Letras, 2017), 8.12.28.

[3] No entanto, o renascimento na filosofia cristã gerado por Plantinga, Nicholas Wolterstorff, Bill Alston e pela Sociedade de Filósofos Cristãos também contribuiu para uma renovação nos círculos filosóficos católicos e na Associação Filosófica Católica Americana (cf. a obra de Linda Zagzebski, John Zeis, John Haldane etc.).

filosofia cristã, depois refletirei sobre como uma filosofia pentecostal deve ser desenvolvida a partir dessa pauta.

UMA REFLEXÃO PRELIMINAR SOBRE O PORQUÊ DE UMA FILOSOFIA PENTECOSTAL

Antes de me dedicar a essa tarefa, é necessário responder a algumas perguntas. Já posso antecipar — por experiência própria — várias reações imediatas e vários questionamentos à noção de uma "filosofia pentecostal". A primeira delas vem da parte dos meus irmãos e irmãs nas comunidades pentecostais e carismáticas que, citando Colossenses 2:8, expressam sua preocupação com relação à filosofia propriamente dita e temem que uma "filosofia pentecostal" seja uma espécie de "meditação transcendental pentecostal". No entanto, já que não estou me dirigindo a essas pessoas no momento, só comentarei um aspecto pertinente: a preocupação de Paulo na carta aos cristãos de Colossos não era com a filosofia como um todo, mas com uma filosofia específica que estava prejudicando a fé cristã e se baseava "na tradição dos homens" em vez de recorrer à revelação. Paulo falava "de filosofias" com referência a uma escola filosófica específica da qual os cristãos colossenses tinham conhecimento. Isso fica claro pelo modo como ele caracteriza essa filosofia: ela se fundamentava "nas tradições humanas e nos princípios elementares deste mundo, *e não em Cristo*" (Colossenses 2:8, realce do autor). Esse aposto final aventa a possível existência de uma filosofia que *seria* fundamentada "em Cristo".[4] Além disso, o próprio Paulo utiliza o raciocínio filosófico na sua proclamação do evangelho (por exemplo, Atos 17), e outros escritores, especialmente na tradição joanina, recorrem a conceitos filosóficos (como o *logos*) para comunicar a fé cristã.

A segunda série de questionamentos poderia ser proposta por especialistas que pertencem à comunidade pentecostal; ela

---

[4]Para um comentário útil sobre o texto grego, veja F. F. Bruce, *The Epistles to the Colossians, to Philemon, and to the Ephesians,* New International Commentary on the New Testament (Grand Rapids: Eerdmans, 1984), p. 97-99.

36 PENSANDO EM LÍNGUAS

apresenta dois aspectos: Em primeiro lugar, será que precisamos mesmo de uma filosofia? Será que as questões que essa filosofia persegue já não recebem a devida atenção dos nossos teólogos? Será que o desenvolvimento de uma filosofia pentecostal não corre o risco de invadir o terreno da teologia pentecostal? Em segundo lugar, no caso de precisarmos de uma filosofia, será que uma filosofia cristã já não estaria de bom tamanho? Não acaba sendo mais prático simplesmente adotar as conclusões de outros filósofos cristãos e dos evangélicos tradicionais?

Para se responder ao primeiro aspecto dessa preocupação, é importante fazer diferença entre a tarefa da filosofia e a tarefa da teologia e explicar as diferenças entre as suas "áreas" respectivas de investigação. Primeiramente, é preciso distinguir por um lado o lugar da "religião" (ou a "espiritualidade") e, por outro, o lugar da teologia e da filosofia: tanto a teologia quanto a filosofia equivalem a modos reflexivos de segunda ordem sobre a fé ou a religião que vivenciamos, que indicam nossos valores pré-teóricos e fundamentais implícitos e incorporados às práticas e disciplinas dessa fé.[5] Como a definição de Wittgenstein sugere, a teologia é parecida com a gramática, enquanto a religião e a espiritualidade — as práticas de fé vivenciadas — são parecidas com "falar um idioma".[6] A gramática é uma articulação de segunda ordem sobre as normas e as regras que estão implícitas quando quem é fluente fala esse idioma, e é possível ser fluente sem necessariamente saber muito de gramática. A pessoa pode agir com uma compreensão competente, mas implícita, dessas normas e regras. De modo parecido, a teologia e a filosofia são articulações daquilo que

---

[5] Eu explico tal diferença detalhadamente em James K. A. Smith, *Introducing Radical Orthodoxy: Mapping a Post-secular Theology* (Grand Rapids: Baker Academic, 2004), p. 166-179. De acordo com suas definições, o que chamo neste livro de "teologia" seria de acordo com o verbete "theology$_2$". Quanto a isso, concordo plenamente com a afirmação de Kenneth Archer de que "o culto é o nosso [se referindo aos pentecostais] meio principal de se fazer teologia" (Kenneth J. Archer, "A Pentecostal Way of Doing Theology: Method and Manner", *International Journal of Systematic Theology* [2007]: p. 9). É por isso que descrevi o culto na acepção "theology$_1$" em *Introducing Radical Orthodoxy*.

[6] Ludwig Wittgenstein, *Investigações filosóficas*, 10ª ed., (Petrópolis: Ed. Vozes, 2014), §373: "(Teologia como gramática)".

está implícito na religião e na espiritualidade (que são entendidas como uma constelação de práticas e rituais que expressam a fé). A teologia e a filosofia, como modos teóricos de reflexão, surgem da fé pré-teórica. Sendo assim, a espiritualidade ou a "religião" pentecostal a princípio não têm a ver com uma "teologia" (que é teórica), mas, de forma mais básica, são uma espécie de "cosmovisão" (que é pré-teórica). Então, essa cosmovisão pentecostal — a constelação de práticas e crenças que constituem a espiritualidade pentecostal — deve reforçar *tanto* a teologia pentecostal *quanto* a filosofia pentecostal. O que diferencia a teologia da filosofia não é a *base* da sua fé (como se a filosofia fosse neutra ou autônoma)[7], mas a sua *área* ou o seu *tema*. A teologia pode ser descrita como uma "ciência especial" que investiga e explica nosso ser-para-Deus e a revelação que Deus faz de si mesmo nas Escrituras. A teologia, como tal, deve ser feita na igreja, pela igreja e para a igreja;[8] além disso, deve ser sempre uma teologia *bíblica*, enraizada na revelação que investigue a narrativa das Escrituras e os dogmas da igreja, que surgem a partir delas (*loci* clássicos como a encarnação, o pecado, a graça e a esperança escatológica). Por outro lado, a filosofia, sempre baseada na fé (pentecostal), investiga as questões fundamentais da ontologia e da epistemologia: a natureza da realidade e do conhecimento.[9] Enquanto o teólogo

---

[7]Para a minha crítica dessa noção de uma filosofia "autônoma e neutra" que funciona com base em uma "razão humana pura e sem nenhuma influência exterior" (contando inclusive com uma crítica da versão de Plantinga), veja James K. A. Smith, "The Art of Christian Atheism: Faith and Philosophy in Early Heidegger", *Faith and Philosophy* 14 (1997): p. 71-81.

[8]Um dos elementos louváveis do "Conselho" de Plantinga é lembrar-nos de que os filósofos cristãos também realizam seu trabalho por amor à igreja. Isso é reforçado por Merold Westphal em seu artigo "Taking Plantinga Seriously", *Faith and Philosophy* 16 (1999): p. 173-181, no qual ele faz um apelo aos filósofos cristãos para que eles "preencham a lacuna entre a metafísica e a espiritualidade" e elaborem "uma maneira diferente de se fazer metafísica, onde a reflexão metafísica cresça [...] diretamente das práticas da oração e da ação pública" (p. 181). Embora a obra de Plantinga sirva como um modelo inspirador, gostaria de recomendar a obra de Westphal sobre a filosofia cristã como outro recurso importante e outro exemplo de filosofia cristã integral.

[9]Trago um relato mais detalhado da relação entre a teologia e a filosofia no meu artigo "Scandalizing Theology: A Pentecostal Response to Noll's *Scandal*", *Pneuma: Journal of the Society for Pentecostal Studies* 19 (1997): p. 225-238.

38 PENSANDO EM LÍNGUAS

pergunta como podemos conhecer a Deus, o filósofo pergunta como podemos conhecer. Esta última pergunta não é neutra, nem resposta alguma a ela será religiosamente neutra. Portanto, não é o caso de o filósofo ser "objetivo" e "racional", enquanto o teólogo não passa de alguém tendencioso e comprometido com alguma tradição. Nossa reflexão filosófica sempre se baseia também em compromissos com a fé pré-teórica, contudo, o filósofo formula questões que são mais *formais*. Por causa disso, o filósofo possui uma formação metodológica diferente (com um foco específico na argumentação e na análise) e conta com parceiros de debate diferentes no passar do tempo.[10] Embora esses aspectos da filosofia sejam subordinados à história, eles indicam necessariamente que a filosofia pertence atualmente a um universo de discurso diferente da teologia.

Existe mais um complicador nessa relação entre fé, filosofia e teologia: historicamente, a filosofia em geral fornece os conceitos básicos (*Grundbegriffe*) que a teologia emprega.[11] Assim, a teologia precisa manter uma atitude crítica com relação à "carga filosófica" subjacente aos conceitos que ela utiliza. Já que nenhuma filosofia é religiosamente neutra, o teólogo cristão precisa ter uma noção crítica dos postulados *religiosos* que estão por trás dos conceitos e das estruturas filosóficas. De forma ideal, a teologia deve se basear em uma filosofia totalmente *cristã*, que deve ser inspirada por uma espiritualidade ou uma "cosmovisão" cristã. De um modo parecido, porém mais específico, a teologia pentecostal tem como compromisso

---

[10]Estou deixando de abordar diferenças importantes de orientação metodológica dentro da própria "filosofia" (p. ex., da diferença entre a filosofia "analítica" e a filosofia "continental"). Em alguns aspectos, a distinção entre a teologia e a filosofia pode ser tão confusa (ou difícil de definir) quanto a diferença entre a filosofia analítica e a filosofia continental. Essas duas distinções são daquelas que quase todos podem perceber, mas quase ninguém consegue explicar bem.

[11]Para uma análise mais profunda sobre essa questão, veja Martin Heidegger, *Phänomenologie und Theologie* (Frankfurt: Klostermann, 1970)/"Phenomenology and Theology", trad. de James G. Hart and John C.Maraldo, em *Pathmarks*, ed. William McNeill (Cambridge, 1998), p. 39-62. Para uma discussão mais ampla sobre a compreensão que Heidegger possuía a respeito da teologia, veja o terceiro capítulo do meu livro *Speech and Theology: Language and the Logic of Incarnation*, Radical Orthodoxy Series (New York: Routledge, 2002).

ético utilizar conceitos básicos criados em uma filosofia *pentecostal*.[12] Igualmente, do mesmo modo que uma teologia pentecostal integral não pode cultivar uma subserviência às estruturas teológicas evangélicas tradicionais (de acordo com o aviso de Archer e de Dabney já mencionado), a filosofia pentecostal deve ser elaborada de maneira integral a partir dos recursos e das intuições implícitas que fazem parte do culto e da espiritualidade pentecostal.[13] Quanto a isso, da mesma maneira que a teologia pentecostal deve ter o máximo cuidado ao adaptar modelos teológicos prontos, que venham, por exemplo, da teologia evangélica tradicional, a filosofia pentecostal deve também manifestar uma suspeita profética com relação aos paradigmas dominantes da filosofia cristã e das suas variantes tradicionais.[14] A missão

---

[12]Para uma análise útil sobre a relação entre a teologia e a filosofia conforme é apresentada neste capítulo, veja Herman Dooyeweerd, *In the Twilight of Western Thought: Studies in the Pretended Autonomy of Philosophical Thought*, Collected Works B4, ed. James K. A. Smith (Lewiston, NY: Edwin Mellen Press, 1999), p. 91-106.

[13]Este sentimento expressa o que vejo como a "escola de Cleveland" na teologia pentecostal. Na minha visão, as questões que levanto aqui correm paralelamente com a questão mais ampla histórica e teologicamente sobre como se dá a relação entre o pentecostalismo e as escolas tradicionais (ou, para citar um caso mais específico, como se vê a inclusão de uma denominação como a Assembleia de Deus na Associação Nacional de Evangélicos [NAE]. Uma escola de pensamento (que chamarei de escola de Springfield) vê o pentecostalismo praticamente como uma igreja reformada tradicional com um destaque especial na pneumatologia. Essa escola encara a assimilação dos pentecostais dentro da NAE de forma mais geral como uma boa notícia que combina com a natureza "evangélica" do pentecostalismo. A partir do momento em que os pentecostais foram absorvidos dessa maneira para as denominações mais "convencionais", Cheryl Bridges Johns observa que "todos os que se levantam contra a comunidade evangélica passaram a ser inimigos do movimento pentecostal. As batalhas evangélicas passaram a ser também batalhas pentecostais" (Johns, "The Adolescence of Pentecostalism: In Search of a Legitimate Sectarian Identity", *Pneuma: Journal of the Society for Pentecostal Studies* 17 [1995]: p. 7). No entanto, existe outra escola de pensamento, que classifico como "escola de Cleveland", já que percebo que o seu epicentro nevrálgico se localiza no Church of God Theological Seminary em Cleveland, no Tennessee, embora alguém possa afirmar que essa percepção vem de um destaque percebido na obra de Walter Hollenweger (veja Johns, p. 4, n. 4). De acordo com a escola de Cleveland, a assimilação dos pentecostais no contexto das igrejas evangélicas tradicionais representa uma venda de sua primogenitura e uma sabotagem com relação às características próprias da espiritualidade pentecostal. Embora não seja, por assim dizer, um membro de carteirinha, meu projeto nesta obra se identifica profundamente com a escola de Cleveland.

[14]Acho que é possível perceber este tipo de "síntese" na obra de J. P. Moreland (veja seu livro *O triângulo do Reino* [São Paulo: Ed. Vida, 2011]). Embora eu ache louvável

deste livro é traçar as linhas gerais de uma possível filosofia "integralmente" pentecostal.

A terceira preocupação com relação à própria ideia de uma "filosofia pentecostal", que carrega um tom de ceticismo, pode vir da comunidade mais ampla de filósofos cristãos, que, depois de se refazerem da surpresa inicial (quem sabe acompanhada de algumas risadas), ficarão receosos a respeito da parcela de contribuição que os pentecostais podem dar para o enriquecimento do debate filosófico.[15] Será que começarão a fazer apelo no final das reuniões da Sociedade de Filósofos Cristãos, ou mesmo os artigos passarão a ser entregues em línguas estranhas? É claro que essas perguntas não passam de estereótipos, mas são adequadas para passar a ideia de que a comunidade filosófica cristã em geral só entra em contato com o culto pentecostal de forma indireta e preconceituosa, e ainda não está a par das suas características que têm o potencial de fazer a diferença dentro da comunidade filosófica. Um dos propósitos deste "esboço" da filosofia pentecostal é indicar essas características distintamente pentecostais, que têm o poder de revolucionar a reflexão epistemológica e ontológica. Nesse processo, espero definir a tarefa dos capítulos seguintes, bem como estabelecer uma pauta para uma geração emergente de filósofos pentecostais.

A PAUTA DE PLANTINGA PARA A FILOSOFIA CRISTÃ

O modelo para o desenvolvimento de uma filosofia distintamente pentecostal pode ser encontrado no "Conselho" de Plantinga para aqueles que estão elaborando uma filosofia cristã. Nesse artigo

---

o entusiasmo recente de Moreland pelo sobrenatural e o seu abandono do cessacionismo, não acredito que ele tenha permitido que sua renovação carismática o tenha influenciado para deixar os modelos racionalistas de "conhecimento" que ele recebeu dos evangélicos tradicionais. Resumindo, sugiro que para Moreland faltou repensar suas escolhas epistemológicas e ontológicas para levar sua abertura ao poder do Espírito Santo até as últimas consequências.

[15]Com certeza, haveria uma reação ainda mais incrédula da comunidade filosófica em geral, que frequentemente é cética com relação à filosofia cristã e cujas críticas aumentariam quando deparassem com a proposta de uma filosofia pentecostal. Minha resposta à comunidade filosófica mais ampla seguiria o mesmo raciocínio da apologia de Plantinga e não precisa ser abordada neste capítulo.

pioneiro, Plantinga destaca três temas principais de forma sistemática: (1) um movimento apologético defendendo as "prerrogativas" que os filósofos cristãos possuem de desenvolver sua teoria a partir do seu próprio compromisso cristão; (2) um apelo parecido no sentido de que os filósofos cristãos demonstrem mais "autonomia" diante da filosofia estabelecida e mais "integridade" ou "integralidade" em seu modo de filosofar (p. 2); e (3) a necessidade que a filosofia cristã possui de manifestar mais coragem e mais autoestima. Passarei a explicar cada um deles antes de refletir sobre as suas consequências para o desenvolvimento de uma filosofia distintamente pentecostal.

Em primeiro lugar, o discurso de Plantinga é dominado por aquilo que ele poderia descrever, de acordo com Mary Ann Glendon, como "discurso em defesa do direito". Nesse contexto, em resposta ao dogma do *status quo* filosófico (secular e antiteísta) a respeito da "objetividade" ou da "neutralidade" da filosofia, Plantinga dá margem à viabilidade da filosofia cristã, indicando que mesmo esses filósofos supostamente "seculares" partem de pautas e de postulados pré-filosóficos fundamentais (p. 4-5). Portanto, já que a tese da neutralidade da filosofia convencional não passa de um mito, e os filósofos "seculares" têm "direito" de ter seus pressupostos pré-filosóficos, então, segundo as mesmas regras, não se pode negar aos filósofos cristãos o seu "direito" correspondente (um direito "epistêmico" [p. 6])[16] de filosofar a partir de suas premissas pré-filosóficas cristãs. Plantinga age nesse contexto como uma espécie de ativista dos direitos civis a favor dos filósofos cristãos, de pé sobre os degraus do Lincoln Memorial (ou, na verdade, à sombra da cúpula dourada e do mural *Touchdown Jesus*)[17]. Ele não exige nenhum direito "exclusivo" para os filósofos cristãos, mas sim direitos *iguais* no que diz respeito à função dos pressupostos pré-filosóficos no

---

[16]Isto se relaciona à obra posterior de Plantinga que diz respeito ao conceito de "aval". Veja sua trilogia da Oxford University Press: *Warrant: The Current Debate* (1993), *Warrant and Proper Function* (1993) e *Crença cristã avalizada* (São Paulo: Ed. Vida Nova, 2018). Uma versão mais ampla dessa espécie de argumento pode ser encontrada em George Marsden, *The Outrageous Idea of Christian Scholarship* (New York: Oxford University Press, 1998).

[17]O discurso "Conselho" de Plantinga foi feito originalmente em Notre Dame.

42 PENSANDO EM LÍNGUAS

exercício da filosofia. Se W. V. O. Quine pode partir de suas próprias premissas filosóficas, então "o filósofo cristão tem um direito perfeito sobre o ponto de vista e hipóteses pré-filosóficas que ele leva para o trabalho filosófico" (p. 4).

No entanto, embora este seja um elemento apologético persistente no seu artigo, é interessante notar que seu propósito é exatamente isentar os filósofos cristãos da obrigação que eles impunham a si mesmos de *limitar* sua atividade à apologética. Depois de afirmar que "a comunidade filosófica cristã começa apropriadamente, na filosofia, daquilo que ela acredita", Plantinga observa que "isso significa que a comunidade filosófica cristã não precisa dedicar todos seus esforços à tentativa de refutar alegações opostas e/ou defender as suas próprias" (p. 9).

Assim, ao resumir os "direitos" dos filósofos cristãos de partir de suas próprias premissas cristãs, Plantinga passa para o segundo destaque principal do seu "Conselho": a necessidade que a comunidade filosófica cristã possui de demonstrar mais independência e *autonomia* em relação à classe dos filósofos em geral (que é dominada por premissas antitéticas à fé cristã). Com isso, ele indica que a pauta de investigação do filósofo cristão não deve ser determinada pelas tendências da filosofia convencional, mas sim pelas questões que surgem na comunidade cristã e pela sua fé. Ele destaca: "Meu apelo é para que o filósofo cristão, a comunidade filosófica cristã, demonstre, primeiro, mais independência e autonomia: não precisamos trabalhar somente em projetos de pesquisa que desfrutam de popularidade geral; temos nossas próprias questões para reflexão" (p. 9).[18] Observe que essa agenda alternativa procede do fato de que o filósofo cristão serve à comunidade cristã, a igreja: "O filósofo cristão, de fato, tem uma responsabilidade para com o mundo filosófico, mas sua responsabilidade fundamental é com a

---

[18]À luz disso, fiquei impressionado com o testemunho de John Christopher Thomas, no prefácio do seu artigo *The Devil, Disease, and Deliverance: Origins of Illness in New Testament Thought*, Journal of Pentecostal Theology Supplement 13 (Sheffield: Sheffield Academic Press, 1998), p. 7, no qual ele compartilhou que prepara seus projetos de pesquisa por meio da *oração*.

comunidade cristã, e finalmente com Deus" (p. 7). Entretanto, Plantinga também adverte que isso *não* quer dizer que os cristãos devem se afastar da comunidade filosófica global, formando uma espécie de gueto cristão: "Nem estou sugerindo que o filósofo cristão deveria se retrair em isolamento, tendo pouco a ver com os filósofos não teístas... Os filósofos cristãos devem estar intimamente envolvidos na vida profissional da comunidade filosófica tanto por causa do que podem aprender como por causa daquilo com o que podem contribuir". (p. 10). Em outras palavras, uma das responsabilidades do filósofo cristão será de agir como *testemunha* para a comunidade filosófica mais ampla, porém sem se restringir somente ao sentido evangelístico. Em vez disso, essa obra filosófica testifica da sabedoria da criação e revela as estruturas dessa criação tão boa. De fato, essa obra dá testemunho dessa bondade pelo engajamento na tarefa cultural de filosofar. Isso leva ao que Merold Westphal descreve como a "tese dos dois chapéus": o filósofo cristão possui dois públicos (a igreja e a comunidade acadêmica) e até mesmo dois compromissos (primeiro com a igreja e depois com essa comunidade, baseada na noção de "integridade" que será discutida algumas linhas adiante).[19] Como tal, também temos duas vocações: servir à comunidade cristã e também ser testemunha diante da comunidade de estudos de nível superior.

Como resultado, os filósofos cristãos manifestarão mais autonomia, estabelecendo uma pauta que surge de suas próprias regras de fé e do seu serviço a suas próprias (e distintas) comunidades de fé. Isso exige o que Plantinga chama de "integridade" ou de "integralidade": a nossa filosofia e a nossa atividade filosófica devem partir dos nossos valores cristãos, não de premissas estabelecidas pelas convenções filosóficas antiteístas. Ele alerta: "O filósofo cristão que só dá atenção para o mundo filosófico em geral, que se vê como alguém que pertence primeiramente a *esse* mundo, corre um risco duplo. Ele pode negligenciar uma parte essencial da sua tarefa como filósofo cristão; e ele pode se encontrar adotando princípios e procedimentos que não se

---

[19]Westphal, "Taking Plantinga Seriously", p. 174-75.

encaixam bem na sua crença como cristão" (p. 8). Embora possamos demonstrar autonomia escolhendo questões filosóficas que só dizem respeito à comunidade cristã, também temos que pensar sobre essas questões de um modo que não adote sem querer estruturas que são alheias ou até mesmo antitéticas com relação aos nossos padrões cristãos. Para adotar essa postura autônoma, o filósofo cristão, como participante da comunidade filosófica cristã, precisará cultivar a reflexão e considerar de forma crítica o que de fato são esses "valores cristãos fundamentais" e quais são as suas implicações. A partir daí, ele ou ela estarão em posição de avaliar as tendências da comunidade filosófica com um raciocínio mais crítico. Por causa disso, o filósofo cristão que demonstra essa integridade "pode ter que descartar pressupostos que estão em voga atualmente na atividade filosófica — ele pode ter que rejeitar hipóteses amplamente aceitas com relação ao início e aos procedimentos dessa empreitada" (p. 4).

Essa é a razão pela qual Plantinga também afirma que o desenvolvimento de uma filosofia cristã integral e autônoma exigirá uma ousadia cristã ou uma "autoconfiança cristã" (p. 3). A integridade e a autonomia de uma filosofia cristã demandarão que os filósofos cristãos apresentem "menos acomodação aos ventos de doutrina dominantes e mais autoconfiança cristã". (p. 5). Ele pergunta: "Por que, então, deveríamos nos intimidar pelo que o resto do mundo filosófico acha que é plausível ou implausível?" (p. 10). A própria obra de Plantinga atesta essa coragem.

UMA PAUTA PARA A FILOSOFIA PENTECOSTAL

O apelo veemente de Plantinga a favor de uma filosofia cristã fornece um modelo para o desenvolvimento de uma filosofia distintamente pentecostal.[20] Minha única crítica importante a ele, que foi expressa

---

[20]Como foi observado anteriormente, não quero dar a entender por filosofia "pentecostal" algum tipo de filosofia oficial "denominacional", mas, em vez disso, uma filosofia que parte dos valores pentecostais ou carismáticos. Em "Conselho", Plantinga emprega somente o termo amplo "cristã" (e a palavra "teísta", que é mais ampla ainda). Em outro momento, Plantinga fala sobre uma "epistemologia distintamente reformada".

PENSANDO EM LÍNGUAS **45**

em outra obra, é uma identificação barata da "filosofia cristã" com uma filosofia simplesmente "teísta" (veja, p. ex. p. 2, 8, 10, 12). Acho que isso compromete a distinção da filosofia cristã, partindo da simples afirmação da "existência de Deus" (p. 6), mas que passa por cima de um relacionamento com o Deus trino que revelou a si mesmo — *de modo único* — em Cristo, e, mais especificamente, Deus em Cristo ao entregar a si mesmo na cruz. Portanto, a base da filosofia cristã tem que ser necessariamente encarnacional e cruciforme, sem se limitar ao teísmo, mas se comprometendo a afirmar a revelação da encarnação, no escândalo da cruz e na confissão da ressurreição. Além disso, é justamente esse ponto de partida encarnacional que deve ser o fator que diferencia a filosofia cristã daquela que é simplesmente "teísta". No entanto, sempre tendo em vista essa ressalva, colocarei em linhas gerais como a pauta de Plantinga pode ser adaptada de forma mais específica para o desenvolvimento de uma filosofia pentecostal.

Em primeiro lugar, não devemos nos limitar a reconhecer o nosso "direito" de não apenas filosofar partindo de nossos valores cristãos pré-filosóficos mais amplos, mas também temos que partir de nossos pressupostos distintamente *pentecostais*; na verdade, seria até difícil — e desaconselhável — separar esses dois conjuntos. Contudo, isso levanta a questão sobre quais seriam exatamente esses "valores pentecostais fundamentais" e como eles seriam diferentes daqueles que são caros à comunidade cristã ou evangélica mais ampla. Conforme sugerirei no segundo capítulo, acho que essa constelação de valores tem que ser reconhecida como portadora de atributos implícitos dentro das *práticas* da espiritualidade pentecostal. Por isso, em vez de identificar algumas doutrinas ou dogmas principais, explicarei passo a passo os valores pré-filosóficos latentes dentro da espiritualidade pentecostal. A forma articulada dos pressupostos implícitos será descrita como uma "cosmovisão" pentecostal ou, seguindo Charles Taylor, um "imaginário

---

Portanto, parece-me que o projeto mais específico de uma filosofia "pentecostal" não sai dessa pauta para uma filosofia cristã. De fato, podemos refletir se alguma filosofia poderia ser pura e simplesmente "cristã". Será que ela não terá que ser necessariamente "reformada", ou "wesleyana", ou "católica" etc.?

social" pentecostal.[21] Independentemente de considerar-se uma congregação pequena fazendo uma reunião de avivamento nos Apalaches, ou pentecostais nigerianos cultuando no Brooklyn, ou católicos carismáticos concentrados na oração nas Filipinas, ou anglicanos indianos dando testemunho de milagres em Bangalore, minha aposta é que existem cinco aspectos de uma cosmovisão pentecostal que são comuns a toda essa gama de contextos globais e de tradições denominacionais.[22]

1. Uma postura de **abertura radical para Deus**, e, em especial, para deixar Deus fazer algo diferente ou novo.[23] Usando termos emprestados do discurso continental, podemos descrever isso como uma abertura fundamental à alteridade.[24] Mais tradicionalmente, podemos simplesmente a descrever como uma abertura às operações contínuas (e, às vezes, surpreendentes) do Espírito Santo na igreja e no mundo, especialmente o ministério contínuo do Espírito, incluindo a continuidade da revelação, da profecia e da centralidade da capacitação carismática com dons espirituais na comunidade eclesiástica.

---

[21]Muito semelhante à descrição que Donald Dayton faz da *gestalt* da teologia pentecostal primitiva (Dayton, *Raízes Teológicas do Pentecostalismo* [Natal, RN: Ed. Carisma, 2018]). No entanto, o relato de Dayton ainda está focado de modo restrito em aspectos doutrinários e teológicos do pentecostalismo. Voltaremos a essas questões no segundo capítulo.
[22]Articulei pela primeira vez algo parecido com este resumo de uma cosmovisão pentecostal em James K. A. Smith, "What Hath Cambridge to Do with Azusa Street? Radical Ortodoxy and Pentecostal Theology in Conversation", *Pneuma: Journal of the Society for Pentecostal Studies 25 (2003): p. 97-114*. Fiz algumas pequenas revisões desde aquela época.
[23]Conforme explicarei no segundo capítulo, considero que o ponto central da narrativa de Atos 2 consiste na coragem e na disposição de Pedro de reconhecer a operação do Espírito Santo nesses fenômenos "estranhos" e de declarar que se trata de uma ação de Deus. Ao declarar "isso é o que...". (Atos 2:16), ele revela uma atitude de abertura a um agir inesperado de Deus. Reconheço que haverá algum conflito irônico entre essa leitura do dia de Pentecostes como abertura para Deus fazer algo "novo" e o primitivismo pentecostal que encara a si mesmo como um resgate das práticas espirituais do século I. (Esse primitivismo parece ser próprio dos pentecostais clássicos e dos carismáticos da terceira onda, mas não dos católicos nem dos carismáticos das denominações tradicionais).
[24]Na fenomenologia ética de Emmanuel Levinas, estar aberto ao Outro é exatamente se manter aberto à *novidade*, a algo *novo*.

PENSANDO EM LÍNGUAS **47**

2. Uma **teologia "encantada" da criação e da cultura**, que enxerga a criação material como "impregnada" pela presença de Deus, mas também por outros espíritos (inclusive por demônios e por "principados e potestades"), com expectativas vinculadas tanto com relação aos milagres quanto com relação à batalha espiritual.

3. Uma **valorização não dualista do aspecto corporificado e material** que se expressa no destaque à cura divina (e quem sabe também nos evangelhos da "prosperidade").[25]

4. Por causa do destaque ao papel da experiência, e contrastando com uma teologia evangélica racionalista, a teologia pentecostal está baseada em uma **epistemologia afetiva e narrativa**.

5. Uma **orientação escatológica voltada para missões e para a justiça**, sendo ambas expressas em termos de capacitação, com uma "opção preferencial pelos marginalizados".

Deixarei a exegese completa dessa cosmovisão para o segundo capítulo, e eu ficaria muito feliz em ver essa articulação da cosmovisão pentecostal sendo questionada, revisada e complementada; na verdade, a tarefa de identificar e refletir sobre os valores filosóficos pentecostais deve fazer parte da pauta de uma filosofia pentecostal. De qualquer modo, acredito que, se nos envolvermos na reflexão, seremos capazes de ver, e posteriormente demonstrar, que esses pressupostos distintamente pentecostais têm repercussões importantes sobre as perguntas filosóficas clássicas. Além disso, seguindo a pauta de Plantinga, estamos exercendo nosso "direito" de analisar essas questões a partir desses valores pré-filosóficos. Por exemplo (só para citar alguns deles), na epistemologia, o destaque pentecostal à experiência e à afetividade seria a base para uma crítica dos racionalismos dominantes (especialmente nos círculos filosóficos e

---

[25]Como se tornará claro mais adiante, quero dar a entender como "não dualista" um modelo ontológico que não trata a materialidade como algo ruim. A espiritualidade pentecostal possui a clara característica de dualidade entre entidades materiais e imateriais ("espirituais"), essas últimas incluindo anjos e demônios). Geralmente reservei a palavra "dualismo" para posturas que não somente fazem essa diferenciação, mas também desvalorizam ou denigrem o mundo material.

teológicos evangélicos tradicionais)[26] e apresenta a base para novas conclusões na fenomenologia e na nossa forma de explicar o conhecimento. Igualmente, já que o depoimento, ou o testemunho, é um aspecto central da experiência pentecostal, é de se esperar que os filósofos pentecostais lidem com questões epistemológicas que girem em torno do testemunho com uma urgência e um interesse especiais.[27] Na ontologia, a crença pentecostal em um universo *continuamente* "aberto", comprovada pela crença central nos milagres e na atividade contínua de Deus no mundo, deve causar um impacto fundamental sobre o modo como construímos a nossa metafísica. Além disso, as crenças pentecostais na natureza holística do evangelho, curando tanto a alma quanto o corpo, devem contribuir para uma antropologia filosófica especial e com uma teoria sobre a natureza do ser humano. O conteúdo do quarto ao sexto capítulo tem a proposta de executar esse tipo de projeto.

Outro fator é que os pentecostais (ou, pelo menos, os filósofos com uma sensibilidade pentecostal) podem abordar a história da filosofia com um conjunto diferente de valores e questões, que podem encarar as figuras históricas e os textos de forma diferente. Estou me referindo às leituras especiais e às novas ideias que podem surgir de uma abordagem pentecostal da obra de Pascal ou de Agostinho, por

---

[26]Mais uma vez acho que cabe citar o projeto de J. P. Moreland como um exemplo interessante. Sugiro que, embora ele tenha chegado a adotar algo parecido com uma cosmovisão pentecostal, ele não refletiu como os aspectos dessa espiritualidade podem transformar os valores aos quais ele aderiu durante sua obra antes de se tornar carismático.

[27]Esta linha de pesquisa faria bem em recorrer a Paul Ricoeur, "The Hermeneutics of Testimony", em *Essays on Biblical Interpretation,* ed. Lewis S. Mudge (Philadelphia: Fortress, 1980), p. 119-154. Ricoeur começa perguntando (e respondendo) uma questão importante para a espiritualidade pentecostal: "Que tipo de filosofia cria algum problema para o testemunho?" Eu respondo: uma filosofia para qual a questão do absoluto é uma questão adequada, uma filosofia que busca conjugar uma experiência do absoluto com a ideia do absoluto" (p. 119). As questões epistemológicas (e políticas) relacionadas ao "testemunho" poderiam também facilitar um engajamento filosófico pentecostal na história da filosofia (p. ex. com Hume, para quem a questão do testemunho está no núcleo de sua crítica dos milagres). Além disso, essa linha de investigação se constituiria outro ponto de contato com os estudos feministas de nível superior, especialmente com a obra de Julia Kristeva. Para uma análise importante, veja Kelly Oliver, *Witnessing: Beyond Recognition* (Minneapolis: University of Minnesota Press, 2001).

exemplo — um processo pelo qual essas afinidades podem abrir novas trilhas interpretativas, as quais podem ser instrutivas para a comunidade filosófica como um todo.[28] Penso também que a pesquisa pentecostal na área da história da filosofia levantaria questões interessantes sobre o "cânone" filosófico, contanto que os pentecostais estejam preparados para encontrar recursos em fontes mais alternativas desse ramo da história ou pelo menos se disponham a dar a atenção devida a figuras importantes cujas obras não são tão lidas atualmente.[29] Na verdade, parece-me que uma história pentecostal da filosofia trabalharia de forma marginal, por assim dizer, dando expressão a discursos que foram ignorados ou silenciados pela tradição dominante (e racionalista) ocidental.[30] É por esse motivo que, quando defendo o desenvolvimento de uma filosofia pentecostal, também me posiciono a favor de uma *história* da filosofia pentecostal, não de uma forma exaustiva ou abrangente (buscando tomar o lugar da história da filosofia "convencional"), mas sim na forma de uma contribuição especial prestada pelos pesquisadores pentecostais de nível superior.[31]

Em segundo lugar, de acordo com a pauta de Plantinga para a filosofia cristã em geral, os filósofos pentecostais precisarão demonstrar

---

[28]Considere, por exemplo, a abordagem de Amos Yong da versão especial que Charles Sanders Peirce faz do pragmatismo em Yong, Spirit-Word-Community: Theological Hermeneutics in Trinitarian Perspective (Aldershot: Ashgate, 2002), p. 151-165.

[29]Por exemplo, se existem influências importantes do pietismo alemão sobre o pentecostalismo (veja Frank D. Macchia, *Spirituality and Social Liberation: The Message of the Blumhardts in the Light of Wuerttemberg Pietism* [Metuchen, NJ: Scarecrow Press, 1993]), então os pentecostais devem se interessar pelas vozes da contramodernidade na obra de Hamann e Jacobi, ou, considerando a epistemologia da afetividade implícita na espiritualidade pentecostal, devemos esperar que os pentecostais se engajem em uma tradição agostiniana alternativa na epistemologia que passe por Pascal e chegue a Heidegger. (Cf., por exemplo, James R. Peters, *The Logic of the Heart: Augustine, Pascal, and the Rationality of Faith* [Grand Rapids: Baker Academic, 2009].)

[30]Acredito que uma história pentecostal da filosofia tenha alguma simpatia com o método de investigação histórica de Foucault que participa em uma "insurreição de conhecimentos subjugados". Veja Foucault, "Two Lectures", em *Critique and Power: Recasting the Foucault/Habermas Debate,* ed. Michael Kelly (Cambridge, MA: MIT Press, 1994), p. 17-46.

[31]Considere, por exemplo, o papel que a epistemologia reformada desempenhou para resgatar a importância de Thomas Reid para a epistemologia contemporânea. Veja Nicholas Wolterstorff, *Thomas Reid and the Story of Epistemology* (Cambridge: Cambridge University Press, 2004).

autonomia e integridade, envolvendo-se nas questões filosóficas e numa pauta de pesquisas que parte de seus valores pentecostais e das comunidades pentecostais das quais eles fazem parte. Assim, eles não somente demonstrarão essa autonomia diante da filosofia convencional mais ampla, mas também até mesmo diante da comunidade cristã ou evangélica tradicional. Por exemplo, poderíamos esperar que os filósofos pentecostais se envolvam na questão clássica dos milagres de modo que coloquem o tema não somente como uma questão de possibilidade histórica,[32] mas também no que diz respeito à sua possibilidade contemporânea, contemplando sua crença na obra milagrosa contínua do Espírito Santo na igreja ou mesmo reflexões pentecostais sobre a filosofia da linguagem e sobre a possibilidade da fala de Deus se manifestar de forma especial, considerando a prática fundamental da glossolalia. Nossa "curiosidade" filosófica deve surgir de nossos valores pentecostais — e temos que estar bem conscientes do risco sempre presente de adotar valores e métodos filosóficos que são classificados como cristãos, porém são contrários a nossas crenças pentecostais. Uma das preocupações de Plantinga era o número de cristãos que eram treinados na filosofia, mas que nunca foram treinados para *integrar* sua fé à sua filosofia; do mesmo modo, queremos evitar que os pentecostais desenvolvam uma filosofia que se ache desconectada de sua fé distintamente pentecostal. Desse modo, manifestaremos uma "integridade" como filósofos pentecostais que integram os projetos e métodos às próprias crenças e práticas.

Por fim, levando em conta o fato de que estamos dentro dos nossos "direitos epistêmicos" de seguir nossa agenda própria, temos que demonstrar confiança e ousadia — uma "ousadia no Espírito Santo" — no desenvolvimento e na busca dessa pauta filosófica. De fato, se a filosofia pentecostal deve ser baseada na prática da espiritualidade pentecostal (e não somente trabalhando com as ideias da teologia pentecostal), então essa filosofia deve ser buscada dentro de uma

---

[32]Como se vê, por exemplo, em Norman Geisler, *Miracles and the Modern Mind* (Grand Rapids: Baker, 1992).

trama de práticas de culto que a sustente e que instile nelas uma cosmovisão pentecostal. A obra do filósofo pentecostal não é uma operação compartimentalizada, meramente acadêmica, executada com base em "temas" carismáticos. Em vez disso, evitando um pietismo anti-intelectual, temos que pedir graça, ou quem sabe uma "unção", para desempenhar essa tarefa com a coragem que se encontra na humildade e na dependência de Deus. Precisamos orar como Paulo, para que não nos vejamos obrigados "a agir com audácia, tal como penso que ousarei fazer, para com alguns que acham que procedemos segundo os padrões humanos" (2Coríntios 10:2). Ele continua: "Pois, embora vivamos como homens, não lutamos segundo os padrões humanos. As armas com as quais lutamos não são humanas; pelo contrário, são poderosas em Deus para destruir fortalezas. Destruímos argumentos e toda pretensão que se levanta contra o conhecimento de Deus, e levamos cativo todo pensamento, para torná-lo obediente a Cristo" (2Coríntios 10:3-5). A missão e a tarefa do filósofo pentecostal devem se basear nas práticas de sua espiritualidade, sem nenhum falso pudor apologético. Isso é só para dizer que uma filosofia pentecostal não é simplesmente uma questão temática, mas envolve método e engajamento. No momento em que os fenômenos pentecostais são reificados e retirados da "forma de vida" que constitui a espiritualidade pentecostal, passaremos a criar uma filosofia que deixa de ser pentecostal em um sentido integral ou radical, possuindo a forma dessa espiritualidade, mas negando-lhe o poder.[33]

---

[33]Essa não deve se tornar uma forma de isolar a experiência pentecostal da análise crítica. No entanto, qualquer que seja a crítica, ela tem que honrar também a natureza específica da espiritualidade pentecostal como uma espiritualidade propriamente dita, e não simplesmente castigá-la por não se tratar de uma forma de piedade que é mais "intelectual" ou "evangélica". Em linhas gerais, não estou me envolvendo neste livro em uma defesa apologética da espiritualidade pentecostal.

CAPÍTULO **2**

CULTO AO DEUS DE NOVIDADES

ELEMENTOS DE UMA COSMOVISÃO PENTECOSTAL

O CULTO PENTECOSTAL: UM RELATO INICIAL

O sol brilha sobre as casas de estuque e os shoppings enquanto descemos a Avenida Inglewood em direção à zona norte de Hawthorne, na Califórnia. Essa área, que tinha sido depredada pelos protestos de Los Angeles de 1992, voltou a ter a mediocridade que lhe era peculiar: um bairro de casas térreas intercaladas com lojas de empréstimos e restaurantes de comida rápida. Passamos pelas ruínas de um shopping abandonado havia muito tempo a caminho de um centro comercial nada atraente onde fica a *Ressurrection Life Assembly*.

O pequeno estacionamento já estava lotado, por isso só acabamos achando lugar em uma rua paralela. Vimos outras pessoas chegando a pé pela calçada do conjunto habitacional vizinho, enquanto não deixávamos de notar o fluxo de pessoas que já estavam saindo do salão alugado como templo, porque o culto em espanhol havia terminado poucos minutos antes. Confesso que foi curioso ver os pais que estavam saindo da igreja saudarem seus filhos que acabavam de chegar para participar do culto em inglês.

A calçada e o estacionamento estavam cheios de gente rindo e conversando. As criancinhas corriam pelo estacionamento sem se importar com os carros que passavam, se escondendo na barra da saia da mãe ou atrás dos latões de lixo, rindo sem parar. A atmosfera era alegre e tranquila, aliada à seriedade espiritual que se percebe nas várias conversas animadas e interessadas, com a exceção de alguns rostos preocupados e uma roda de pessoas impondo as mãos sobre uma jovem mãe. Ninguém parecia ter muita pressa para entrar, embora a música já se fizesse ouvir por entre as grandes janelas de vidro do salão, que estavam debaixo de uma faixa temporária de vinil que proclamava que a igreja *Resurrection Life* se reunia ali. Ao nos encaminharmos para a porta, as pessoas nos saudavam sorrindo e acenavam com a cabeça. Quando abrimos a porta de vidro, a música nos envolveu e a batida do baixo e da bateria começou a nos socar o peito.

Depois que saímos do sol brilhante e os nossos olhos se acostumaram com a luz fluorescente da parte interna, passamos a observar o templo — o "santuário". O teto azulejado de três metros de altura parecia estar caindo sobre o grupo e comprimindo o som da banda para que não fosse muito longe. Com quase oito metros de largura, o local de adoração era estreito e comprido, tendo ao fundo uma espécie de escada para o porão. As paredes estavam cobertas com um arco--íris de bandeiras (que descobrimos depois que representavam os países de origem dos membros da igreja). O que costumava ser um balcão de caixa passou a ser usado como uma recepção, e uma anciã afrodescendente nos recebeu com um carinho e uma atenção de mãe e nos cumprimentou com um soquinho hospitaleiro. Recebemos um livreto fotocopiado em preto e branco com as informações para os visitantes e fomos convidados para nos acomodarmos no santuário. No entanto, antes de chegarmos às cadeiras, uma mulher se ajoelhou para se apresentar para nossos filhos. Ela perguntou o nome deles e os convidou para ficarem com as outras crianças na "igreja infantil" no porão depois de o louvor terminar. Ela prometeu alguns doces para driblar a ansiedade de estar em um lugar desconhecido.

Voltamos para o salão principal para achar lugares entre as cadeiras dobráveis alinhadas em duas seções separadas por um corredor central. Havia umas cem cadeiras disponíveis, e ninguém estava sentado ainda, se bem que as pessoas já estavam reunidas por entre as fileiras. Em vez disso, ouvia-se uma equipe musical na frente tocando uma trilha sonora para suas conversas. Várias pessoas aguardavam próximas às cadeiras para nos dar as boas-vindas à igreja, e acabamos encontrando várias cadeiras nas últimas fileiras, na hora exata que a mudança do tipo de música orientou os irmãos para que entrassem e fossem para os seus lugares, mesmo que fosse para passar um tempo em pé junto a eles. Em vez disso, um líder de louvor, um rapaz latino-americano, aproximou-se do microfone. Ele começou imediatamente a orar e a congregação se uniu a ele com a postura adequada: uns com os olhos fechados, outros com as mãos estendidas ou levantando os braços, e outros tantos se balançando, enquanto ainda outros faziam uma oração silenciosa e o líder de louvor invocava o "Rei dos Céus". Ele fazia a seguinte oração: "Rei dos Céus, nós nos reunimos para te adorar, para exaltar o teu nome, te louvamos e te damos glória! Estamos ansiosos para a tua vinda! Maranata! É isso aí! Ora, vem, Senhor Jesus! Mas, enquanto o Senhor não vem, queremos ter um encontro contigo neste lugar. Pai celestial, derrama o teu Espírito Santo para que os nossos olhos e o nosso coração se abram para sentir a tua presença, Jesus..." Enquanto ele orava, alguns o acompanhavam com gritos de "Amém!" e "Amém, Jesus!" Uma moça com várias crianças que a seguravam pela barra da sua calça começou a chorar, mas, praticamente no mesmo instante, uma mulher de meia-idade caminhou em sua direção e a abraçou, começando a orar silenciosamente com fervor, levantando a mão para o céu, estendendo a mão em alguns momentos em súplica, e em outros momentos fechando a mão como que socando o ar. Enquanto cantavam o refrão do primeiro louvor, as mulheres se abraçaram e a jovem sentiu a presença de Deus.

Desde o início do culto, ninguém, com a exceção de um casal de idosos, tinha se sentado durante os 45 minutos do louvor cantado e apenas um breve intervalo para mais uma oração feita pelo líder de louvor, que envolveu toda a congregação, de modo que praticamente todos, ao mesmo tempo, começaram a fazer orações de louvor e exaltação, muitos de forma melodiosa como que em um contracanto, alguns cantando em línguas. Contudo, longe de se tornar o barulho que muitos imaginam, a oração se revestiu de um caráter sinfônico e praticamente surreal. Tudo isso levou a um momento mais calmo, com uma adoração cantada mais meditativa, que parecia ter um caráter

CULTO AO DEUS DE NOVIDADES **55**

introspectivo, enquanto a congregação parecia se recolher um pouco mais em reflexão. Algumas pessoas se ajoelhavam balançando da terra ao céu várias vezes em súplica; outras deixavam a inibição de lado e se jogavam ao chão, enquanto ainda outras continuavam de pé com as mãos estendidas, como que pedindo que o céu descesse. Algumas crianças observavam seus pais de forma curiosa mas quieta; estavam admiradas, mas não se espantavam nem um pouco com as lágrimas que escorriam pelo rosto do pai delas.

A letra do cântico terminou em calmaria, mas o tecladista continuou tocando com seu piano elétrico enquanto o pastor, um jovem bem forte, com tatuagens no pescoço e na mão esquerda e usando um terno meio apertado, dirigiu-se à frente do santuário, que não tinha púlpito nem degrau para o elevar, convidou as pessoas a se sentarem e começou a orar. De início, ele intercedeu pelos membros da igreja que tinham sido acometidos por enfermidades, que estavam desempregados ou com problemas financeiros, por aqueles que estavam afastados, mas também orou pela rede de escolas públicas e para que a violência recente entre as gangues na comunidade se acalmasse. Continuou orando contra a obra do diabo e contra todas as suas ameaças, para que o nome de Jesus lhes desse vitória sobre o maligno e para que o Espírito de Deus os capacitasse a resistir aos ardis de Satanás. Ele terminou agradecendo pelas ofertas que seriam recolhidas em seguida. Ao término dessa oração, o louvor começou a tocar mais alto, e a congregação se levantou outra vez, motivando-nos para fazer a mesma coisa. Cantamos músicas de adoração e agradecimento, enquanto os diáconos se colocavam à frente da igreja com cestas. Durante o louvor, as pessoas iam à frente de forma espontânea para levar sua oferta.

Fomos nos sentando novamente, enquanto o pastor voltou com a Bíblia na mão e nos convidou a ler (na Bíblia que costumamos trazer de casa!) Marcos 9. Observamos que esta foi a primeira vez que se leu a Palavra, mas achamos que a cadência e o ritmo das orações estavam tão impregnados dela que nem sentimos tanta falta da leitura em si. A mensagem destacou o chamado para o discipulado, que consiste em carregar a cruz e seguir a Cristo. O pregador passeava por toda a frente do santuário, chegando a andar até o meio dele pela passagem que divide as fileiras de cadeiras — chamando os "irmãos" pelo nome, às vezes rindo com eles, às vezes chorando e quase sempre falando alto. A pregação foi mais estética do que didática, mais uma exortação do que uma leitura, e usou metáforas e exemplos que vinham principalmente do ambiente de trabalho e do futebol. Como geralmente temos a impressão (às vezes equivocada) de que boa parte das pessoas que cultuam conosco passam por lutas diárias que não sabemos, nos surpreendeu um pouco o fato de que o pregador parecia colocar um peso ainda maior, exortando-as a carregar a cruz, porém nossas expectativas de classe média acabaram sendo frustradas no momento em que o pastor deu início à parte principal do culto: o apelo.

Enquanto ele nos conduzia a uma oração final de confissão, a equipe de louvor começou a tocar um leve fundo musical. Então o pastor voltou a falar: "Estou sentindo que o Espírito de Deus está fazendo uma obra aqui, nesta manhã. Muitos aqui em nosso meio precisam voltar a carregar a cruz porque a trocaram pelos prazeres e confortos dessa vida. O Espírito Santo nos convida a crucificar de novo as nossas paixões, os nossos prazeres e o nosso egoísmo. Ele pede para você vir aqui à frente com um coração quebrantado e contrito — e receber a *cura*! Receba a *restauração*! Receba uma nova *esperança*!".

Uma pequena pausa do pastor para respirar foi a oportunidade para que uma voz disparasse no meio das cadeiras: "Assim diz o Senhor!" Uma senhora de meia-idade tomou coragem para trazer uma palavra profética, uma espécie de encorajamento da parte de Deus para sua congregação àquele lugar e àquela hora. A cadência e a linguagem têm sua origem no cânone das Escrituras. Em vez de trazer algum conhecimento oculto ou "exclusivo", trata-se de uma palavra profética por ser direcionada de forma específica. Ela começa dizendo: "Eu sou Jeová Rafá! Eu sou o Senhor que vos sara! Sou eu quem posso restituir o que os gafanhotos devoraram! Só eu posso transformar o mal em bem! Eu quero livrar tua vida do abismo! Por que resistes tu ao meu convite? Por que estás mergulhado na tristeza? Lança fora essas coisas que te embaraçam tão facilmente! Vinde a mim, todos vós que estais cansados e sobrecarregados! Eis que estou em vosso meio para vos fazer descansar!". Sua voz recai no silêncio, e a mensagem é recebida de modo sóbrio e feliz. O pastor recita em voz baixa: "Aleluia...

aleluia... aleluia... obrigado Senhor!", enquanto os brados de "Amém" e de "Glória a Deus!" ressoam em todas as direções do santuário, com os suspiros e os clamores das pessoas com lágrimas nos olhos.

O pastor explica que aquela palavra profética veio do Senhor, diretamente aos irmãos da *Resurrection Life*, convocando-os. Quase imediatamente, as pessoas deixaram seus lugares e foram à frente. As cadeiras da frente foram recolhidas sem cerimônia para dar espaço àqueles que tinham ido à frente para orar. Essas pessoas foram acompanhadas de perto por outras da congregação, que impuseram as mãos sobre seus ombros e sua cabeça. Um jovem casal se aproximou acanhadamente, de mãos dadas, e foi cercado por um senhor de idade, um casal mais maduro e outro casal jovem como eles que impuseram as mãos levemente sobre seus ombros. A mulher mais nova perguntou qual era o pedido de oração, e os ombros do marido que tinha ido à frente começaram a arquear enquanto ele passava a soluçar de tanto chorar. A esposa o abraçou bem apertado, e todos os "guerreiros de oração" se juntaram em um carinhoso abraço coletivo. Um após outro começam a fazer orações, algumas vezes silenciosamente, outras falando em línguas, outras clamando por redenção, restauração, perdão e cura. O convite foi de quebrantamento, mas o final foi de cura.

O pastor caminhava em espírito de oração entre os grupos de pessoas ajoelhadas para orarem e serem "ministradas" por outras pessoas, desviando com cuidado para não esbarrar na perna de ninguém nem tropeçar nas pessoas estendidas no chão. Ele deu atenção a cada grupo e participou do seu clamor, dando um leve toque em cada pessoa. Uma pessoa de mais idade conseguiu alcançar o pastor e sussurrou alguma coisa em seu ouvido. O pastor ouviu com atenção e depois explicou à congregação que estava orando: "O Jack recebeu uma palavra de conhecimento pelo Espírito Santo e o Senhor pediu que ele passasse para a igreja", disse ao dar o microfone para ele, que logo começou: "O Espírito Santo me disse que tem uma mulher aqui que está sofrendo como Sarai sofreu! Você não consegue ter filhos, já passou por muitos problemas para ficar grávida. Você e o seu marido estão sofrendo em silêncio por causa disso. Sua família nem sabe disso, mas o Senhor conhece o seu sofrimento; ele sabe que vocês têm chorado no oculto e no escondido. Ele ouviu suas orações! Existe cura nas suas asas! Ele quer dar para vocês uma nova esperança e um futuro. Ele quer fazer com você do mesmo modo que fez com Ana". Ouvi um soluço alto de choro atrás de mim por causa dessa palavra, como se estivesse dando vazão a uma tristeza acumulada por vários meses. A mulher quase foi ao chão, mas o seu marido a segurou e a levou à frente para que orassem por ela, enquanto a congregação espontaneamente deu uma salva de palmas, como gesto de oração esperançosa. A senhora que nos recebeu como uma mãe à porta do santuário foi ao encontro dela e impôs as mãos com cuidado sobre o seu ventre, intercedendo com fervor, reivindicando a promessa da palavra profética vinda de Deus.

Um olhar ao redor daquele lugar captava o que parecia ser uma cena caótica com vários tipos de atividade acontecendo em todas as partes do salão. As fileiras calmas e ordeiras de cadeiras se encontravam naquele momento todas espalhadas, como se um redemoinho tivesse passado por ali, se é que não passou. Enquanto essa "peleja" em oração continuava, o pastor avisou rapidamente às pessoas que ainda estavam nos seus lugares que o Espírito Santo ainda tinha algo a fazer naquela manhã, mas, se quiséssemos ficar, a igreja serviria um almoço americano logo após o culto.

CORAGEM HERMENÊUTICA E PENTECOSTALISMO NÃO APOLOGÉTICO

Em meio ao ambiente caótico que deve ter sido a festa do dia de Pentecostes narrada em Atos 2, eu cultivo uma admiração especial por Pedro, e esse meu interesse por Pedro vem diretamente do meu trabalho como especialista e estudioso no âmbito do nível superior; de fato, vejo Pedro como uma pessoa exemplar e como modelo de algumas virtudes que eu, como acadêmico — e especialmente como acadêmico *pentecostal* — devo imitar. As duas virtudes que quero destacar estão inseridas no contexto de Atos 2:14-16: "Então Pedro levantou-se com os Onze e, em alta voz, dirigiu-se à multidão: 'Homens da Judeia e todos os que vivem em Jerusalém, deixem-me explicar-lhes isto! Ouçam com atenção: estes homens não estão bêbados, como vocês supõem. Ainda são nove horas da manhã! Pelo contrário, isto é o que foi predito pelo profeta Joel'". Nessa narrativa introdutória da proclamação pentecostal de Pedro, o que eu vejo como exemplar é o que podemos descrever como a *coragem hermenêutica* ou a ousadia interpretativa do apóstolo. Pode-se observar essa ousadia no versículo 14. Pedro assumiu uma posição: "levantou-se", e assim se destacou da multidão; e ele fez isso bem na frente de muitas pessoas que demonstravam uma atitude zombeteira (v. 13) e depreciativa em relação a ele e a seus companheiros ("Acaso não são galileus todos estes homens que estão falando?" [v. 7]). Mas, então, observe com que propósito ele demonstra tanta coragem. O que Pedro fez ao assumir essa posição? Ele trouxe uma *interpretação*. Em outras palavras, ele reuniu a coragem suficiente para articular uma interpretação dos acontecimentos ao seu redor, um modo de ver o mundo em que eles se encontram. Quando Pedro levantou sua voz, ele trouxe uma explicação, um relato dos fenômenos que estavam se desenrolando ali. Sua interpretação corajosa na verdade tratou de uma *contrainterpretação*. Os escarnecedores já tinham levantado uma hipótese: esses fenômenos (falar em outras línguas) seriam atribuídos à embriaguez. No entanto, Pedro apresentou outra interpretação com ousadia. Com certeza, tratou-se de uma explicação bizarra e surpreendente, o que só fez aumentar a coragem necessária para assumir essa posição interpretativa. Sua argumentação se baseou no versículo 16: "isto é o que..."[1]; em outras palavras, o que estavam vendo era, na verdade, o cumprimento de uma promessa proclamada por Joel, que chegaria um dia quando o Espírito de Deus seria derramado de forma tão abundante e com tanta extravagância, que acabaria eliminando todas as distinções de classe e de gênero. Esse Espírito seria derramado tanto sobre os homens como sobre as mulheres, sobre jovens e idosos, com abundância e indiscriminadamente. Isso apontaria para a inauguração de uma nova economia de fartura, em contraste com a administração

---

[1]Essa frase curta, carregada de pronomes, foi o título de um folheto famoso da evangelista pentecostal Aimée Semple MacPherson: *This Is That: Personal Experiences, Sermons, and Writings* (Los Angeles: Echo Park Evangelistic Association, 1923). Leia um trecho dele em Douglas Jacobsen, ed., *A Reader in Pentecostal Theology: Voices from the First Generation* (Bloomington: Indiana University Press, 2006), p. 185-196.

austera da antiga ordem. Simbolizaria os últimos dias, quer dizer, um novo dia, e Pedro proclamou que o dia era *hoje*.

Além disso, já percebemos no Pentecostes algo que viemos a associar com a pós-modernidade: um conflito de interpretações.[2] A complexidade do mundo e dos acontecimentos nos leva a perguntar: "Que significa isto?" (v. 12),[3] e tudo que podemos trazer para responder são interpretações. Os zombadores trouxeram sua própria versão dos fenômenos (a "teoria do vinho"), Pedro trouxe com coragem uma alternativa (a "teoria do Espírito Santo"), e a proclamação dessa interpretação não garantiu que as outras pessoas enxergassem o mundo dessa maneira (nem todos "aceitaram a mensagem" [v. 41]).[4] Ainda assim, a interpretação que Pedro trouxera revolucionou o modo pelo qual muitos veem o mundo. Desse modo, o que marcou o dia de Pentecostes foi a coragem interpretativa de Pedro, que traz uma nova estrutura hermenêutica. Podemos dizer que o próprio Pentecostes já é a hermenêutica.[5] Além disso, essa postura hermenêutica é o que define a espiritualidade pentecostal que funciona como nada menos que uma interpretação revolucionária do mundo proclamada de forma não

---

[2]Para uma análise clássica, veja Paul Ricœur, *The Conflict of Interpretations: Essays in Hermeneutics*, ed. Don Ihde (Evanston, IL: Northwestern University Press, 1974). O fato de que existe uma pluralidade de interpretações presentes nessa situação — um estado de coisas que parece inegável — não quer dizer que todas as interpretações sejam iguais, ou que Pedro só está propondo "mais uma" interpretação. Pedro encara sua interpretação como a interpretação correta e verdadeira (e eu concordo com ele). Reconhecer a natureza hermenêutica da afirmativa de Pedro não a reduz a uma proposta de *verdade*. Para uma análise importante sobre as questões hermenêuticas dessa passagem, veja James K. A. Smith, *The Fall of Interpretation: Philosophical Foundations for a Creational Hermeneutic* (Downers Grove, IL: InterVarsity, 2000), especialmente as páginas 159-184.

[3]De modo semelhante a *This Is That* de Aimee Semple McPherson, uma obra Pentecostal clássica sobre a questão das línguas levou o título dessa questão posterior: Carl Brumback, *Que quer isto dizer? Uma resposta pentecostal a uma pergunta pentecostal* (Rio de Janeiro: Livros Evangélicos, 1960).

[4]O conflito de interpretações podia constituir um prisma útil por meio do qual se pode ler a narrativa de Atos, uma série de episódios nos quais os fenômenos são explicados de modo diferente — a qual recebe uma "reação" de respostas diferentes (p. ex. no Areópago [At 17:32]; Festo em Atos 25).

[5]Quanto à espiritualidade carismática *como* (e não apenas "contendo") uma hermenêutica especial, veja Mark Cartledge, *Encountering the Spirit: The Charismatic Tradition* (Maryknoll, NY: Orbis, 2006), p. 125-131.

CULTO AO DEUS DE NOVIDADES **61**

apologética como uma contrainterpretação do mundo, que contraria as interpretações dominantes ("teorias do vinho")[6] do nosso mundo e os acontecimentos que se desenrolam dentro dele.

Com base no relato que Walter Brueggemann fez da "hermenêutica sectária legítima" de Israel, Cheryl Bridges Johns capta bem essa natureza hermenêutica do pentecostalismo. Em sua leitura de 2Reis 18—19 (o cerco assírio de Jerusalém no reino de Ezequias), Brueggemann observa dois universos de discurso diferentes em ação nessa narrativa: a narrativa do império "sobre os muros" e aquele contra a linguagem de Israel "por trás dos muros". "As duas conversas interpretam a realidade. Sobre o muro, o império enxerga a realidade usando a pauta do seu sistema. Em sua proclamação, nenhum profeta fala e Javé fica em silêncio. A proclamação por trás do muro constrói a realidade com base na afirmação anterior decisiva de aliança com Javé. Nesse caso, temos a voz do profeta, e a voz imperial se cala. Só se fala hebraico, que é o idioma da aliança".[7] Cada uma delas funciona como uma hermenêutica, "uma proposta de ler a realidade por um determinado prisma". No entanto, a visão de Israel constitui uma "contrapercepção da realidade" que desafia a hegemonia da hermenêutica imperial dominante.[8] "Ela serve como base para ordenar a comunidade de tal maneira, que coloca uma distância entre ela e a ordem dominante".[9] Com base nesse precedente hebreu, Johns faz um apelo para que os pentecostais sigam rumo à maturidade, adotando a legitimidade de uma hermenêutica sectária, exortando os pentecostais desse modo para apresentar o tipo de coragem hermenêutica que vemos na pregação de Pedro no dia de Pentecostes: "Eles devem ter a coragem de fazer a pergunta: 'Onde estão os sectários verdadeiros?' Ao levantar essa questão, faz-se um desafio ao paradigma

---

[6]De fato, podemos dizer que a teoria do vinho de Atos 2:13 foi o primeiro relato naturalista sobre os fenômenos religiosos — um proto-Daniel Dennett.

[7]Cheryl Bridges Johns, "The Adolescence of Pentecostalism: In Search of a Legitimate Sectarian Identity", *Pneuma: Journal of the Society for Pentecostal Studies* 17 (1995): p. 3-17; na página 12, ela apresenta um resumo de Walter Brueggemann, "The Legitimacy of a Sectarian Hermeneutic", *Horizons in Biblical Theology* 7 (1985): p. 1-42.

[8]Um dos méritos do argumento de Brueggemann é demonstrar que a hermenêutica imperial possui o mesmo caráter sectário (Brueggemann, "Legitimacy", p. 22).

[9]Johns, "Adolescence", p. 13.

62 PENSANDO EM LÍNGUAS

científico antigo que supunha que havia a possibilidade de uma hermenêutica não sectária, desinteressada e imparcial. Nesse processo, os pentecostais poderiam se sentir livres para trazer à academia cristã sua própria proposta criativa para colocar ordem na casa do cristianismo sem carregar consigo nenhum sentimento de vergonha".[10]

A espiritualidade pentecostal é uma interpretação do mundo, uma compreensão implícita que constitui uma "perspectiva" das coisas, e essa visão do mundo possui uma mensagem relevante não somente para os degraus do templo em Jerusalém (At 2), mas também para o Areópago de Atenas (At 17). Uma das ideias que defendo neste livro é que a espiritualidade pentecostal não é importante e necessária somente para a edificação "religiosa", mas também que uma "cosmovisão pentecostal" possui algo singular, poderoso e viável para dizer ao mundo acadêmico exatamente porque o fato de ter uma perspectiva sobre o nosso estar-no-mundo constitui algo inerente à prática pentecostal. A espiritualidade pentecostal não é uma maneira compartimentalizada de ser "religioso"; as práticas da espiritualidade pentecostal carregam consigo uma compreensão do mundo que transcende todo e qualquer rótulo sagrado ou secular.[11] Assim, quero propor uma interpretação da fé pentecostal que não envolve somente *falar* em línguas, mas também, para ampliar a metáfora, *pensar* em línguas.[12] O pentecostalismo não apresenta somente uma forma diferente de adoração, mas também um modo diferente de *pensar*, por isso não existe apenas uma espiritualidade integrada à prática pentecostal,

---

[10]Johns, "Adolescence", p. 16-17. Pode-se sugerir que o projeto de Plantinga também questiona a distinção entre sectário e não sectário. A filosofia cristã é legítima exatamente porque toda filosofia é, em algum sentido, "sectária".

[11]Edith Blumhofer resume a experiência pioneira pentecostal como uma experiência da "presença de Deus" que "inundou o presente com um significado cósmico, trazendo soluções tangíveis para todos os problemas urgentes; reuniu uma comunidade de cristãos com um mesmo pensamento; e deu um sentido, uma certeza e um senso missionário até mesmo para a existência mais humilde". Edith L. Blumhofer, *"Pentecost in My Soul": Explorations in the Meaning of Pentecostal Experience in the Early Assemblies of God* (Springfield, MO: Gospel Publishing House, 1989), p. 16.

[12]Como será esclarecido logo mais, eu também estou ampliando o sentido da palavra "pensar" com essa metáfora que já foi ampliada anteriormente. Cf. Stathis Gourgouris, *Does Literature Think?* (Stanford, CA: Stanford University Press, 2003).

CULTO AO DEUS DE NOVIDADES **63**

mas também algo parecido com uma "cosmovisão". Se existe, conforme sugeri no primeiro capítulo, algo como uma "filosofia pentecostal", então precisamos discernir o teor das premissas pré-filosóficas que constituem essa constelação de valores pentecostais. Para apreciar as implicações abrangentes disso, gostaria de não limitar esse conceito a uma "teologia" pentecostal[13] — a não ser que estejamos falando do nexo das práticas que fazem parte da espiritualidade pentecostal (cuja descrição comportaria uma "teologia implícita", ou quem sabe uma "teologia popular").[14] Contudo, geralmente a "teologia" é associada com aspectos mais limitados e proposicionais da fé, como as doutrinas, o dogma e a reflexão teórica. De acordo com Steve Land, quero destacar que o aspecto definidor do pentecostalismo (e o que existe em comum por todo o leque de tradições pentecostais e carismáticas) é a *espiritualidade*. Descrevê-lo como espiritualidade não é se limitar ao emocionalismo barato; esse seria o caso somente se adotássemos

---

[13]No entanto, Douglas Jacobsen com certeza é feliz em seu destaque, que é contrário ao mito popular de que os pentecostais são emocionalistas destituídos de qualquer teologia, porque na verdade a teologia é essencial à prática pentecostal. Como ele resume: "Não há sombra de dúvida de que a afetividade espiritual é extremamente importante dentro do pentecostalismo, mas esse destaque para a fé experiencial não exige uma redução do intelecto ou uma rejeição da teologia. Na verdade, pode-se afirmar que, sem a teologia, o pentecostalismo não existiria. Não é necessariamente a originalidade de suas experiências que os destaca, mas sim o modo pelo qual essas experiências são classificadas e definidas teologicamente" (Jacobsen, na introdução de *Reader in Pentecostal Theology*, p. 5).
[14]Por causa disso, a obra *Reader in Pentecostal Theology*, de Jacobsen, recorre principalmente às pregações. É possível afirmar que, nesse sentido, a teologia pentecostal é litúrgica por excelência. A antologia de Jacobsen da teologia pentecostal primitiva passa a ideia dessa matriz querigmática. Trata-se de uma teologia forjada no púlpito e na oração, no calor do avivamento e na ebulição das reuniões de acampamento. Pode-se dizer que se constitui em uma doutrina que leva a marca de suas origens litúrgicas (os pentecostais costumam ser um pouco resistentes à ideia de "liturgia", mas isso está mudando). Encontramos nessa antologia uma coleção de teólogos pastores que, embora não tivessem o endosso das escolas acadêmicas alemãs, mesmo assim estavam envolvidos em reflexões teológicas sérias sobre a obra do Espírito Santo. São as pessoas de fora do movimento pentecostal que impingem essas caricaturas e essas falsas dicotomias sobre as tradições pentecostais e carismáticas. Apesar de a teologia pentecostal não ter postulado as *categorias* da teologia acadêmica, ela não pode por esse motivo ser qualificada como ateológica ou anti-intelectual (embora tenhamos que reconhecer que o anti-intelectualismo que é tão comum no pensamento norte-americano em geral também tenha se manifestado dentro do pentecostalismo).

a dicotomia moderna entre "razão" e "emoção".[15] Land dá a entender a espiritualidade como "a integração entre crenças e práticas mediante a afetividade que é evocada e expressa por meio delas".[16] Portanto, essa espiritualidade possui a sua própria modalidade de saber, o que Land descreve como "saber afetivo".[17] No ambiente do culto pentecostal (conforme foi descrito no relato inicial deste capítulo), percebemos um arcabouço de práticas integradas (que podemos classificar como "litúrgicas"), que "carregam" dentro de si um entendimento tácito, uma espécie de saber latente. Não são somente as "crenças" que estão implícitas nessas práticas, mas também um saber afetivo e não articulado, que, quando é articulado, passa a ser descrito como "cosmovisão" pentecostal. No entanto, deve-se observar que não se exige que alguém seja capaz de articulá-la para absorver essa compreensão; pelo contrário, esse saber afetivo pode ser absorvido de modo transformador, moldando nossas paixões e disposições, mesmo que não possuamos a habilidade teórica de articular o que "sabemos". Embora o cristão pentecostal não seja capaz de elucidar esse entendimento tácito em teologemas, mesmo assim ele está certo quando destaca: "eu sinto de Deus". Esse é um conhecimento, um "saber afetivo", que se encontra em um registro anterior à articulação proposicional.

Uma filosofia pentecostal se baseará e se alimentará de uma espiritualidade pentecostal, mas isso só é possível porque, dentro da esfera

---

[15]Como Land comenta com propriedade, "em uma época pós-moderna, quem sabe se pode superar a dicotomia entre razão e emoção, que tem caracterizado boa parte da historiografia americana, e assim possam ser delineadas categorias novas e mais holísticas e integradoras. Os pentecostais, talvez de uma forma maior do que qualquer outro grupo, vieram a reconhecer os perigos do emocionalismo cego no princípio do seu movimento" (Steven J. Land, *Pentecostal Spirituality: A Passion for the Kingdom*, Journal of Pentecostal Theology Supplement 1 [Sheffield: Sheffield Academic Press, 1993], p. 122-123). A reflexão sobre as emoções seria outra linha de pesquisa importante para a filosofia pentecostal. Essa trajetória teria um bom início com a obra do filósofo cristão Robert C. Roberts, *Emotions: An Essay in Aid of Moral Psychology* (Cambridge: Cambridge University Press, 2003), mas também encontrará um interlocutor importante no pensamento feminista. Veja, por exemplo, Alison Jagger, "Amor e conhecimento: a emoção na epistemologia feminista", em *Gênero, corpo e conhecimento,* ed. Alison Jagger e Susan Bordo (Rio de Janeiro: Record: Rosa dos Ventos, 1997), p. 157-185.

[16]Land, *Pentecostal Spirituality*, p. 13.

[17]Land, *Pentecostal Spirituality*, p. 133.

da espiritualidade pentecostal, existe um entendimento tácito e exclusivo do mundo. Quero dar a entender que, em vez de descrever esse entendimento tácito como "teologia" pentecostal, devemos descrevê-lo como "cosmovisão" pentecostal.[18] Ao me referir a isso como cosmovisão, não é o meu propósito sugerir que isso consista em um sistema de doutrinas (do modo que o termo às vezes é empregado); em vez disso, a cosmovisão constitui uma orientação passional que governa o modo pelo qual a pessoa vê, habita e se envolve no mundo.[19] Por causa disso, ao resumir os elementos de uma cosmovisão pentecostal, gostaria de trabalhar com uma definição de "cosmovisões" que foi proposta por James Olthuis: "Uma cosmovisão (ou visão de vida) é uma estrutura ou um sistema de crenças fundamentais pelo qual vemos o mundo e a nossa missão e futuro dentro dele".[20] Observe os seguintes elementos dentro dessa explicação sobre a cosmovisão:

1. É uma *estrutura* de crenças fundamentais: a cosmovisão tem uma matriz ou uma estrutura pela qual "damos sentido" ao nosso mundo; uma série de "dobradiças" que articulam nossos pensamentos e nossas ações.
2. É uma estrutura de *crenças* fundamentais: como "crenças finais", as cosmovisões possuem um caráter fundamentalmente *religioso*, moldando os valores básicos das pessoas e das comunidades. É nesse sentido que Abraham Kuyper descreve a vida como um todo como *religiosa* em algum sentido fundamental, até mesmo para um ateu naturalista.

---

[18]Cartledge também utiliza essa palavra para chegar a parte da "essência" da espiritualidade carismática; ele observa para os pentecostais e carismáticos: "Sente-se a presença de Deus na pregação da Palavra, na comunidade da igreja quando as pessoas cultivam a comunhão, e em muitos eventos dentro da vida da igreja que adora e testifica porque o Espírito Santo tem a capacidade e na realidade 'aviva' todas as coisas dentro do reino de Deus. As maneiras pelas quais todas essas características podem ser localizadas dentro de uma estrutura são semelhantes a uma 'cosmovisão' e proporcionam uma série de 'prismas' pelos quais se pode ver o mundo e por meio dos quais a realidade faz sentido" (*Encountering the Spirit*, p. 27).

[19]Eu desenvolvo tais temas com mais detalhes em James K. A. Smith, *Desejando o reino: culto, cosmovisão e formação cultural* (São Paulo: Vida Nova, 2018).

[20]James H. Olthuis, "On Worldviews", *Christian Scholar's Review* 14 (1985): p. 155.

66 PENSANDO EM LÍNGUAS

3. É uma estrutura de crenças *fundamentais*: à luz dessa característica, podemos dizer que essas crenças são *pré-teóricas*. Não se trata geralmente de crenças sobre as quais refletimos conscientemente ou de forma racional; elas consistem nas "crenças de controle"[21] que funcionam de modo subterrâneo. Assim, minha sugestão é que pensemos sobre uma cosmovisão atuando na esfera da *imaginação*, não do pensamento. (Voltaremos a falar sobre isso posteriormente.)

4. Ela propõe uma visão do *mundo*: como tal, as cosmovisões são *abrangentes*, proporcionando uma narrativa de como o universo geral se encaixa. Logo, elas nos ajudam a dar sentido à totalidade da nossa experiência, não somente à nossa experiência "religiosa".

5. A cosmovisão nos diz algo a respeito da nossa *vocação*: portanto, o modo pelo qual entendemos nosso mundo determina como entendemos o nosso papel dentro dele. Ao definir a nossa vocação, as cosmovisões moldam a nossa *identidade* constituindo-se o *telos* de nosso estar-no-mundo. Elas definem o que é importante.

Olthuis destaca que, de certo modo, a cosmovisão traz respostas às perguntas que "escapam à nossa compreensão intelectual": essas respostas são, em última instância, profissões de fé.[22] Em outras palavras, não existe nenhuma perspectiva "secular", se com essa palavra quisermos dar a entender algo neutro e objetivo, como se agisse sem nenhum valor calcado naquilo que se crê.[23] A consequência principal nesse contexto é um nivelamento do campo de atuação: se todos agem com base em uma cosmovisão, e todas as cosmovisões possuem basicamente uma condição confessional, então uma

---

[21]Veja Nicholas Wolterstorff, *Reason within the Bounds of Religion* (Grand Rapids: Eerdmans, 1984).

[22]Para uma análise mais profunda de tal noção sobre a fé, não como uma aceitação de proposições, mas sim como uma confiança pré-teórica e um compromisso, veja James H. Olthuis, "Dooyeweerd on Religion and Faith", em *The Legacy of Herman Dooyeweerd*, ed. C. T. McIntire (Lanham, MD: University Press of America, 1985), p. 21-40.

[23]Eu estudo isto com muito mais detalhes em James K. A. Smith, *Introducing Radical Orthodoxy: Mapping a Post-secular Theology* (Grand Rapids: Baker Academic, 2004).

CULTO AO DEUS DE NOVIDADES **67**

cosmovisão especificamente cristã ou pentecostal possui o mesmo direito de participar do debate que qualquer outra.[24]

Por esse motivo, falar sobre cosmovisão equivale a falar sobre a nossa orientação mais fundamental com relação ao mundo; uma estrutura que funciona até mesmo antes do pensamento; uma orientação passional da nossa imaginação que filtra e explica a nossa experiência do mundo. Ela age de modo inconsciente bem no núcleo da nossa identidade. No entanto, exatamente pelo motivo de que a cosmovisão não consiste somente em um sistema racional ou em um conjunto de crenças cognitivas, podemos também considerar vários termos relacionados como sinônimos aproximados e tentar ouvir isso em nosso uso do termo "cosmovisão". Acho que a noção de "imaginário social" de Charles Taylor e a explicação de Amos Yong sobre a "imaginação pneumatológica" em especial constituem métodos válidos para se identificar aonde quero chegar nesse contexto.

Taylor desenvolve sua noção de "imaginário social" segundo o raciocínio adotado por Heidegger. Em *Ser e tempo*, Heidegger propôs uma diferenciação entre o "saber" (*Wissen*) e o "entendimento" (*Verstehen*), sendo que o "saber" se referia ao tipo de retrato padrão do conhecimento que geralmente adotamos: saber como crença verdadeira justificada que transita com conteúdos objetivados e proposicionais. No entanto, Heidegger distingue esse tipo de saber intelectual e cognitivo de um "entendimento" pré-cognitivo: uma "sintonia" afetiva com o mundo que constitui a matriz para o saber. Desse modo, o "pensar" decorre do "entender".[25] Com base nessa diferenciação entre o saber e o entendimento, Taylor destaca que a ação humana e o saber não estão integrados a princípio nas estruturas de "saber", mas, em vez disso, em "imaginários sociais", que são "bem mais amplos e profundos que [...] os esquemas intelectuais".[26] O imaginário

---

[24]Esta defesa é a tarefa do "Conselho para os filósofos cristãos" de Plantinga e, de forma mais abrangente, do livro *Crença cristã avalizada* (São Paulo: Ed. Vida Nova, 2018).
[25]Para a análise clássica, veja Martin Heidegger, *Ser e tempo* (Petrópolis: Ed. Vozes, 2015), §§31-32. Analiso isto com mais detalhes em *Desejando o reino*, cap. 1.
[26]Charles Taylor, *Modern Social Imaginaries* (Durham, NC: Duke University Press, 2004), p. 23.

social consiste em um entendimento tácito e afetivo do mundo que constitui o "pano de fundo" do nosso ser e fazer: "De fato, é dentro desse entendimento desestruturado e inarticulado de toda a nossa situação que as características especiais do nosso mundo surgem diante de nós com o sentido que possuem".[27] De modo bem parecido com o que já descrevemos com relação à cosmovisão, Taylor destaca a classificação de "imaginário" porque ela capta a essência de que esse entendimento é afetivo, e até mesmo estético. Não se trata somente de um sistema implícito de proposições; ele parece mais com uma história que sabemos de cor. Sendo assim, ela não é "expressa em termos teóricos, mas é transmitida por meio de imagens, narrativas e lendas".[28] Como Taylor destaca, a dimensão onde ocorre essa troca é a imaginação que é "incorporada" às práticas. Esse entendimento não tem a ver com algo que pode ser transferido e absorvido com a troca de proposições; ele é constituído por uma disposição e uma sintonia com o mundo que penetram em nossa imaginação por meio das práticas que a "transmitem". Ainda segundo a explicação de Taylor, esse entendimento está "implícito na prática".[29] O ritual é, por si só, uma modalidade de entendimento. Considerando tudo isso, quando afirmo que a espiritualidade pentecostal possui uma cosmovisão latente dentro de si, podemos dizer que nas práticas do culto pentecostal está inculcado um entendimento pré-cognitivo que constitui um "imaginário social pentecostal".

Isso concorda com a descrição de Amos Yong com relação à "imaginação pentecostal".[30] Isso situa a imaginação no centro orquestral da nossa experiência, recebendo, sintetizando e construindo uma "conexão holísticas entre a mente [...] e o coração: o núcleo humano que coordena o afeto, a vontade e o espírito".[31] Yong prossegue dizendo que,

---

[27]Taylor, *Modern Social Imaginaries*, p. 25.
[28]Taylor, *Modern Social Imaginaries*, p. 23.
[29]Taylor, *Modern Social Imaginaries*, p. 26.
[30]Amos Yong, *Spirit-Word-Community: Theological Hermeneutics in Trinitarian Perspective* (Aldershot: Ashgate, 2002), p. 119-149.
[31]Amos Yong, *Spirit-Word-Community: Theological Hermeneutics in Trinitarian Perspective* (Aldershot: Ashgate, 2002), p. 129.

CULTO AO DEUS DE NOVIDADES **69**

dentro dessa estrutura, "o próprio pensamento constitui uma iniciativa valorativa seletiva, começando com a imaginação e prosseguindo em direção à interpretação, à teoria e à busca de responsabilidade".[32] Assim, a imaginação pneumatológica "norteia tanto o discernimento quanto a participação".[33] Em resumo, a espiritualidade pentecostal é um nexo de práticas que nos posicionam para imaginar o mundo de uma maneira determinada, para "construir" o mundo com base em uma interpretação impregnada pelo Espírito.[34] A práxis da espiritualidade pentecostal traz uma formação de modo afetivo tanto das nossas disposições quanto do nosso entendimento (*Verstehen*). O imaginário social pentecostal exige a prática; ele constitui a própria prática. Em outras palavras, uma cosmovisão pentecostal em primeiro lugar está integrada a uma constelação de práticas espirituais que transmitem um entendimento implícito dentro delas.[35] O culto pentecostal pratica a fé.

ELEMENTOS DE UMA COSMOVISÃO PENTECOSTAL

Estou desenvolvendo o argumento de que o pentecostalismo possui elementos distintivos em sua cosmovisão, os quais apresentam uma

---

[32]Ibidem, p. 131.

[33]Ibidem, p. 149.

[34]Isto combina com a explicação posterior de Yong sobre a relação entre as crenças e as práticas cristãs — e sobre como a doutrina surge das práticas. Veja Amos Yong, *Hospitality and the Other: Pentecost, Christian Practices, and the Neighbor* (Maryknoll, NY: Orbis, 2008), p. 38-64.

[35]Ao definir as coisas dessa maneira, discordo um pouco do relato de Michael Wilkinson sobre a relação entre a teologia pentecostal e a prática pentecostal. Como ele afirma: "Apesar da existência de algumas diferenças imensas entre os pentecostais e os cristãos carismáticos, existe uma narrativa subjacente, uma espiritualidade comum e um conjunto de crenças sobre uma 'ordem social normativa'. Esse conceito de 'como a vida deve ser' deu lugar a um sistema de práticas e instituições sociais que constituem e direcionam a vida social para esses cristãos pentecostais e carismáticos". Veja Michael Wilkinson, "Pentecostalism in Canada: An Introduction", em *Canadian Pentecostalism: Transition and Transformation,* ed. Michael Wilkinson (Montreal and Kingston: McGill-Queen's University Press, 2009), p. 7, citando Christian Smith, *Moral, Believing Animals* (New York: Oxford University Press, 2003). Concordo totalmente que existe uma narrativa e uma espiritualidade em comum que podemos descrever globalmente como "pentecostal", porém, minha divergência é quanto à relação entre as crenças e as práticas. Enquanto Wilkinson entende que as crenças "geram" as práticas, eu sugiro que, em um sentido importante, são as práticas que geram as crenças (articuladas).

70 PENSANDO EM LÍNGUAS

interpretação diferenciada e uma orientação do mundo, que, por sua vez, podem estabelecer o fundamento de uma filosofia distintamente pentecostal. Não quero dar a entender como "cosmovisão pentecostal" que o pentecostalismo tem seu próprio catálogo de verdades preposicionais colocadas em uma vitrine que demonstra de forma dedutiva como pensar sobre o mundo de modo diferente. Em vez disso, proponho que esses elementos de um *entendimento* latente, mas distintivo, do mundo, um "ponto de vista" sobre o mundo que constitui muito mais um imaginário social do que uma estrutura cognitiva, estão implícitos nas práticas consubstanciadas e na espiritualidade do pentecostalismo.[36] Meu objetivo nesta seção é esclarecer o que está impregnado na espiritualidade pentecostal — articular o que for preciso nas práticas do culto pentecostal. Assim, não estamos analisando tanto a doutrina pentecostal, mas sim a prática pentecostal. Na verdade, estou perguntando: que entendimento do mundo está implícito no culto pentecostal descrito no relato inicial deste capítulo? Qual interpretação tácita do mundo entra em ação nas práticas que constituem a espiritualidade pentecostal? Meu objetivo é "ler" essas práticas de modo a discernir o imaginário social que está implícito nelas.[37] Já que articulamos os elementos de uma cosmovisão pentecostal, passaremos a considerar sua contribuição filosófica nos capítulos seguintes.

---

[36]Como foi observado no primeiro capítulo, minha esperança é que o que defino como elementos de uma cosmovisão pentecostal tenham uma validade *global*, isto é, acredito que esses aspectos da espiritualidade pentecostal venham a ser afirmados de modo tácito pelas práticas pentecostais e carismáticas por todo o cristianismo mundial. Nesse sentido, o "pentecostalismo" é uma espécie de "cultura global". Dito isso, também concordo com o aviso de Michael Wilkinson: "Geralmente se pensa que o pentecostalismo é uma cultura global, mas ele possui significados diferentes para pessoas diferentes. Geralmente se afirma que os pentecostais possuem uma cultura comum caracterizada pelo batismo no Espírito Santo e o falar em línguas, a cura divina, os sonhos e as visões e também a profecia. Geralmente se pensa que o pentecostalismo é experiencial, bíblico, igualitário, e possui uma motivação missionária. Embora isso seja verdade, não se pode supor que essas características sejam as mesmas em todas as culturas. De forma específica, essas qualidades culturais do pentecostalismo também se misturam com as culturas locais onde ele está inserido". Wilkinson, "Pentecostalism in Canada", p. 6.

[37]Fiz uma exegese parecida sobre as práticas históricas do culto cristão no quinto capítulo de *Desejando o reino*.

Entretanto, explicarei primeiramente de forma rápida como entendo a relação entre uma cosmovisão distintamente pentecostal e a expressão de uma cosmovisão cristã mais ampla. Quanto a isso, não sou apologético: acho que os elementos principais da espiritualidade pentecostal/carismática representam o modo pelo qual alguém se constitui cristão de forma autêntica. Em outras palavras, penso que o nascimento do corpo de Cristo no dia de Pentecostes representa que a maneira adequada de ser igreja *é* (e, portanto, deve ser) pentecostal. Ser cristão equivale a ser carismático.[38] A maneira própria de viver o cristianismo autêntico, radical e católico é a pentecostal. Desse modo, sugiro que os elementos do que chamo de cosmovisão distintamente pentecostal deveriam ser considerados os elementos de uma cosmovisão cristã universal. No entanto, já que a imaginação cristã mais ampla, e especialmente a evangélica tradicional, foi seduzida por uma premissa cessacionista, na prática uma cosmovisão pentecostal não equivale a uma cosmovisão cristã geral.[39] No entanto, acho que a expressão mais autêntica de discipulado radical é a fé cristã universal e carismática.

Tendo isso em mente, como já resumi no primeiro capítulo, minha sugestão é que possamos identificar cinco elementos de uma cosmovisão distintamente pentecostal:[40]

(1) Uma postura de abertura radical para Deus e, em particular, para uma operação divina nova ou diferente; (2) uma teologia "encantada" da criação e da cultura; (3) um reconhecimento não dualista do aspecto corporificado e material; (4) uma epistemologia afetiva e narrativa; e (5) uma orientação escatológica voltada para missões e para a justiça.

---

[38]É claro que isto não se traduz em nenhum tipo de prioridade para as denominações "pentecostais". Na verdade, afirmo que as denominações pentecostais clássicas comprometem a catolicidade do cristianismo carismático; no entanto, esse não é o meu propósito no momento.

[39]Sobre o cessacionismo e os evangélicos tradicionais, veja Jon Ruthven, *Sobre a cessação dos charismata* (Natal, RN: Ed. Carisma, 2017).

[40]Ou, em outras palavras, existem cinco distinções pentecostais de uma cosmovisão autenticamente cristã. Portanto, não considero esses cinco elementos como definitivos para uma cosmovisão "cristã". Para uma exposição dos elementos de uma cosmovisão cristã implícita no culto cristão de forma mais ampla, veja o capítulo 5 do meu livro *Desejando o reino*.

Com essa formulação, estou tentando articular um "entendimento" implícito na espiritualidade pentecostal em sua forma mais "católica" (isto é, universal). Minha esperança é que os cristãos carismáticos ao redor do mundo encontrem nesses cinco elementos o que consideram ser os aspectos principais de sua espiritualidade, seja na Angola, no Alabama, seja em Zurique ou na Zâmbia.[41]

Abertura radical para Deus

No âmago da espiritualidade pentecostal, conforme indicamos brevemente no relato inicial, existe um sentimento profundo de expectativa e de abertura para que Deus faça algo novo. Uma das razões pelas quais a espiritualidade pentecostal geralmente é associada à espontaneidade é que o culto pentecostal dá lugar para o inusitado. Na verdade, podemos dizer que, para os pentecostais, *espera-se* o inesperado. Não é de admirar que aconteça algo imprevisto. Embora eu não tenha intenção de propor uma ordem de importância nesses elementos de uma cosmovisão pentecostal, estou certo de que esse elemento é um pré-requisito para todos os outros: uma postura de abertura radical para Deus e, em particular, uma abertura para que Deus opere de modo *diferente* ou *novo*. Considero como o ponto principal da narrativa de Atos 2 a coragem e a disposição de Pedro de reconhecer naqueles fenômenos inusitados a operação do Espírito Santo e declarar que era uma obra de Deus. Declarar com as palavras "isto é o que..." (At 2:16) demonstrou que ele estava aberto para uma operação inesperada da parte de Deus. Em outras palavras, o auge da narrativa do dia de Pentecostes não é alcançado nos acontecimentos espetaculares de Atos 2:1-4, mas sim no que acontece depois, em Atos 2:16, quando Pedro, com uma ousadia hermenêutica característica, afirma: "Isto é de Deus!"

Precisamos examinar esse contexto: os discípulos se reuniram em Jerusalém para aguardar o Espírito Santo, que havia sido prometido,

---

[41]Veja Ogbu U. Kalu, "Preserving a Worldview: Pentecostalism in the African Maps of the Universe", *Pneuma: Journal of the Society for Pentecostal Studies 24 (2002):* p. 110-137.

CULTO AO DEUS DE NOVIDADES **73**

conforme o Senhor havia ordenado (At 1:8). Dez dias depois, no domingo, todos estavam juntos e "de repente" muitas coisas estranhas começaram a acontecer: um estrondo como um vento e um fenômeno surpreendente que parecia com o fogo, seguido pela algazarra de 120 pessoas, que começaram a falar em outras línguas. Acho que os discípulos não esperavam por isso! Em outras palavras, esse sinal do Espírito Santo não estava no programa nem mesmo em sonho! Usando as palavras da hermenêutica de Gadamer, isso não estava previsto em seus "horizontes de expectativa".[42] Na verdade, eles provavelmente esperavam que Deus operasse de uma maneira bem diferente, de modo que sua experiência anterior poderia imaginar e antecipar.

No entanto, apesar de todo o acontecimento inusitado e de toda a desordem; apesar de isso não ser o que eles tinham esperado; apesar do fato de que Deus nunca tinha feito isso antes, Pedro se levantou e proclamou com ousadia: "*Isto* é de Deus! É sobre *isto* que os profetas haviam falado! É *isto* que nós estávamos esperando! *Esta* é a operação do Espírito Santo!"[43] Esse reconhecimento exigia uma hermenêutica inédita, que pudesse reagir de forma rápida quando acontece algo inédito, bem como a coragem de fazer essa declaração. Em suma, exigia renunciar as ideias existentes e convencionais e as expectativas sobre a operação de Deus. Essa é a razão pela qual acho que o Pentecostes traz uma mensagem de abertura radical para Deus, especialmente

---

[42]Veja Hans-Georg Gadamer, *Verdade e método* (Petrópolis: Ed. Vozes, 2015). Pode-se também descrever esta abertura a algo surpreendente nos termos do relato de Jacques Derrida da "invenção do outro" em "Psyche: Inventions of the Other", trad. Catherine Porter, em *Reading de Man Reading*, ed. Lindsay Waters e Wlad Godzich (Minneapolis: University of Minnesota Press, 1989), p. 25-65. Temos que reconhecer que esse caso em particular é complicado. Por um lado, a modalidade do derramamento do Espírito Santo não era "esperada" pelos discípulos que estavam reunidos naquele cenáculo. Portanto, ele surgiu de forma surpreendente. Por outro lado, a narrativa e a história do povo de Israel, inclusive a profecia de Joel, capacitaram-no a narrar esse advento surpreendente com palavras de uma importância inigualável. Na verdade, a descida do Espírito Santo teve um efeito retroativo, revitalizando as Escrituras antigas de um novo modo.

[43]Tal ato não tem o propósito de legitimar todas as declarações semelhantes a essas. Com certeza, este aspecto da espiritualidade pentecostal está sujeito a equívocos. Para um relato romanceado desse acontecimento, veja Tim Parks, *Tongues of Flame* (London: Heinemann, 1985).

uma abertura para Deus que transcende os nossos horizontes de expectativa e chega de forma inesperada.[44] Isso aparece várias vezes na narrativa cheia do Espírito Santo do livro de Atos (dando continuidade, em minha opinião, ao advento inesperado da encarnação); por exemplo, quando Deus começa a operar entre os gentios (At 10:9-16). Com certeza, a igreja não "joga seu cérebro fora" (daí a reunião em Atos 11:18; 15), mas estava aberta para que as suas ideias e as suas expectativas sobre Deus fossem transformadas pelo próprio Deus. É essa a abertura que acho que constitui a ideia principal do dia de Pentecostes, o centro da identidade pentecostal e, portanto, a base de uma cosmovisão pentecostal.

Temos de admitir que, no nosso mundo moderno cada vez mais governado pelos naturalismos da tecnologia e do mercado (na verdade, a tecnologia *de* mercado), essa abertura para operações surpreendentes de Deus é descartada com muita facilidade: ela é desprezada pelos esclarecidos secularmente como algo "bitolado", provinciano e primitivo.[45] Na verdade, essa cosmovisão parece constituir um fóssil das sociedades tradicionais, ou uma reação parasita às ameaças da modernidade. Para esses, o pentecostalismo se apega às estruturas de plausibilidade de um mundo mítico, e esses hábitos mentais são classificados na melhor das hipóteses como bizarros, e na pior delas como perigosos. Quando o pentecostalismo não é demonizado como um afastamento retrógrado do progresso, ele é descartado de forma condescendente como uma fé "simples". No entanto, ao descrevê-lo como *cosmovisão*, nós também estamos tentando nivelar um pouco o campo de atuação, o que exigirá (no quarto capítulo) que especifiquemos o modo pelo qual esse naturalismo secular tão convencido, que descarta a "simplicidade" do

---

[44]É claro que uma postura aberta possui seus riscos e perigos. Para uma análise filosófica, veja Richard Kearney, *Strangers, Gods, and Monsters: Interpreting Otherness* (London: Routledge, 2002). Quanto à cautela teológica a respeito da experiência carismática em particular, veja *We Believe in the Holy Spirit: A Report of the Doctrine Commission of the General Synod of the Church of England* (London: Church House Publishing, 1991).

[45]Peter Berger sugere que o mundo secularizado é basicamente um mundo "sem surpresas". Veja Berger, *A Rumour of Angels: Modern Society and the Rediscovery of the Supernatural* (Harmondsworth: Penguin, 1969), p. 30.

CULTO AO DEUS DE NOVIDADES **75**

pentecostalismo, *também* não passa de uma cosmovisão, uma constelação de valores que narra o mundo com base em uma espécie de fé. Com esse nivelamento do campo de atuação, quem sabe possamos também virar a mesa e sugerir que essa fé "simples" possui um tipo de complexidade e encerra uma beleza própria; que as práticas e as estruturas de plausibilidade que sustentam a espiritualidade pentecostal possuem sua própria "lógica"; e que essas estruturas têm uma importância permanente que se prolonga e ainda permanecerá por mais tempo do que esse naturalismo tênue que fascinou a mente e o coração de uma elite secular.

Esse aspecto me faz lembrar de Félicité, a "alma simples" apresentada no livro *Três Contos* de Flaubert: uma personagem cuja sensibilidade podemos descrever como "pentecostal".[46] Concordo que existe alguma ambiguidade na voz narrativa: por um lado, pode ser que Flaubert simbolize o olhar de espanto dessa elite naturalista olhando com desprezo a "felicidade" de uma alma tão simples cuja alegria surge, sem dúvida, de sua ignorância proverbial; por outro lado, seu conto funciona como uma linda celebração de Félicité, um retrato emocionante de alguém que, apesar de sua classe social e das circunstâncias em que vive, em uma vida marcada pela piedade e pela caridade, garantiu uma alegria (uma "felicidade") que seus mestres aristocratas não conseguem entender. Quem sabe a piedade tenha um segredo que escapa aos esclarecidos?[47]

De forma comum a várias personagens de Flaubert, Félicité faz parte da esfera mais pobre da vida provinciana da França. Ela convive em um pedaço do mundo que não fica longe da maioria dos cristãos pentecostais. Em vez de ser definida pela riqueza (que não possuía) ou pelo intelecto (apesar de ter frequentado as aulas de catecismo por conta própria, porque nunca foi à escola), ela é pura afeição. Flaubert

---

[46]Gustave Flaubert, "Um coração simples", em *Três contos* (São Paulo: Cosac & Naify, 2004), p. 9-25.

[47]Jean Morris comenta que, com a "sensação nova de plenitude e unidade" no final do conto, "dissolve-se a carga irônica que o nome Felicidade parecia levar". Morris, "Félicité", em *A Gustave Flaubert Encyclopedia*, ed. Laurence M. Porter (Westport, CT: Greenwood Press, 2001), p. 124.

nos avisa: "Ela tivera, como qualquer outra, sua história de amor".[48] Entretanto, sua história não trata de um conto qualquer de um namoro que vai mal, mas sim de uma vida marcada pela caridade em todos os aspectos. Félicité é moldada pelo seu amor, e esse amor é cultivado por uma espiritualidade sensível, uma fé que não transita na esfera abstrata do dogma e dos conceitos, mas em um tipo de religião com o pé no chão e calcada na materialidade. Ela acordava com o nascer do sol "para não perder a missa" e ia dormir toda noite com "o rosário nas mãos".[49] Ao levar Virginie para o catecismo, é sua imaginação que é despertada pelo imaginário da fé. Trata-se de um vitral de uma história que capta esse coração simples, e, quando o padre começa a explicar a narrativa impressionante da redenção, "Félicité via em sua imaginação" as cenas se desenrolarem. A história da Paixão de Cristo a levou às lágrimas, e a linguagem dos Evangelhos que utiliza carneiros, semeadores, pombas e estábulos a levou para um mundo conhecido, mas que também transforma o modo pelo qual ela convive com o mundo real.[50] "Achava difícil imaginar [a figura do Espírito Santo]... pois ele não era somente um pássaro, mas também um fogo e, outras vezes, um sopro". Isso faz com que Félicité se abra à possibilidade de o ambiente que ela conhece ser encantado por esse Espírito: "É talvez a sua luz que volteia à noite às margens dos pântanos, seu alento que impele as nuvens, sua voz que torna os sinos harmoniosos".[51] Sua devoção não é um desejo gnóstico de fuga ou um desprezo maniqueísta da materialidade; muito pelo contrário, para Félicité, o Espírito e a matéria se misturavam de maneira agitada mas bem natural. Concluo que sua piedade é material: sua devoção encontra sua expressão mais elaborada em seu compromisso zeloso com a festa de Corpus Christi, e também em seu apego trivial às relíquias. Seu quarto, "ao qual admitia poucas pessoas, tinha um ar ao mesmo tempo de capela e de bazar, tantos eram os objetos

---

[48]Flaubert, "Um coração simples", p. 10.

[49]Ibidem, p. 9.

[50]"As sementeiras, as colheitas, os lagares, todas essas coisas familiares de que fala o Evangelho estavam presentes em sua vida; a passagem de Deus tinha-as santificado; e ela amou com mais ternura os cordeiros por amor ao Cordeiro, e as pombas por causa do Espírito Santo". (Flaubert, "Um coração simples", p. 14.)

[51]Flaubert, "Um coração simples", p. 14.

de culto e as coisas heteróclitas que continha"[52]. Nesses dois aspectos, sua veneração demonstra uma fé sacramental que encontra o Espírito Santo na materialidade e por meio dela. Para seu "coração simples", o que se chama de mundo natural é mais do que parece; em outras palavras, essa alma "simples" possui um entendimento do mundo que o torna complexo (de maneira oposta aos naturalismos reducionistas daqueles que desprezam sua simplicidade).

Essa devoção sacramental encontra o seu apogeu quando Félicité finalmente entra em contato com uma imagem que a ajuda na ideia que ela tem do Espírito Santo. Embora ela tenha dificuldade de imaginá-lo, algo (quem sabe alguém) se introduz no seu convívio e muda essa situação. Um aristocrata muda de cidade, deixando a casa que morava com um papagaio, Lulu, do qual Félicité começa a cuidar. Em dado momento, ela enxerga algo diferente: "Na igreja, contemplava sempre o Espírito Santo, e observou que tinha alguma coisa do papagaio. Essa semelhança pareceu-lhe ainda mais manifesta numa imagem de Epinal, representando o batismo de nosso Senhor. Com suas asas de púrpura e seu corpo de esmeralda, era realmente o retrato de Lulu"[53]. Para a religião oficial e doutrinária da elite, a simples sugestão dessa ideia não é somente grotesca, mas também beira o sacrilégio.[54] Entretanto, para Félicité, isso trouxe um novo significado tanto para Lulu quanto para o Espírito Santo: "Os dois se associaram em seu pensamento, o papagaio santificado por essa relação com o Espírito Santo, que se tornava mais

---

[52]Flaubert, "Um coração simples", p. 22. Isso me faz lembrar da avaliação que Jean Luc-Marion faz das expressões "bregas" de devoção associadas à paróquia de São Sulpício, em Paris, onde existe um bazar de artigos religiosos. Como Marion observa, essa "arte sulpiciana prática, mais do que as 'belas artes', a vulgarização da imagem e da transferência da veneração da imagem para o original. Essa *arte povera* acidental garante que cada vez menos se capture a veneração em nome da imagem, protegendo-a desse modo contra qualquer tirania da imagem". Marion, *The Crossing of the Visible,* trad. James K. A. Smith (Stanford, CA: Stanford University Press, 2004), p. 63-64.
[53]Flaubert, "Um coração simples", p. 23.
[54]Mas em uma bela cena de cuidado pastoral próximo ao final da história, quando Félicité quer doar algo para o altar durante a festa de Corpus Christi, é o cura — representativo da "religião oficial" — quem permite que ela coloque o corpo empalhado de Lulu de enfeite. "Não era conveniente, objetaram os vizinhos. Mas o pároco deu a permissão" (Flaubert, "Um coração simples", p. 51). Com isso recordo da hospitalidade mostrada a Lars e a sua companheira artificial (uma boneca sexual) em *Lars and the Real Girl.*

vivo a seus olhos, e inteligível". Essa iluminação mútua aprofunda sua fé e devoção e encontra sua expressão na prática: "E Félicité rezava, fitando a imagem, mas de tanto em tanto se virava de leve para o pássaro".[55] Tal associação direta era um dom tátil para essa alma simples, e essa se torna a deixa para um êxtase que beira a santidade em seus últimos suspiros: "Um vapor de azul subiu pelo quarto de Félicité. Ela avançou as narinas, aspirando-o com uma sensualidade mística; depois, fechou as pálpebras. Seus lábios sorriam. Os movimentos de seu coração diminuíram um a um, cada vez mais vagos, mais suaves, como uma fonte se esgota, como um eco que desaparece; e, quando exalou o último suspiro, ela acreditou ver nos céus entreabertos um papagaio gigantesco, planando acima de sua cabeça".[56]

De modo parecido com as práticas da espiritualidade pentecostal, essa devoção estranha é escandalosa para os ritmos sisudos de um cristianismo sem graça. No entanto, a devoção desajeitada, caótica e até mesmo sensual que caracteriza o pentecostalismo se baseia em uma sacramentalidade simples como a de Félicité, combinada com uma sensação de expectativa encantada e um anseio pela novidade de Deus. Na verdade, Flaubert observa que essa é a mesma expectativa que marca os "corações simples" como o de Félicité. Ele observa: "para almas assim, o sobrenatural é bem simples".[57] É essa expectativa "natural" do suposto sobrenatural que marca a abertura radical do pentecostalismo para a surpresa divina.

É pelo motivo de que a fé pentecostal estabelece uma comunidade caracterizada pela abertura radical a Deus que as comunidades pentecostais destacam o ministério contínuo do Espírito Santo, inclusive as revelações e profecias contínuas, e a centralidade dos dons espirituais na comunidade eclesial.[58] Para concluir, a espiritualidade pentecostal encara o livro de Atos como um retrato de cristianismo "normal" e "normativo". Como Jack Deere explica resumidamente: "O livro de Atos é

---

[55]Flaubert, "Um coração simples", p. 25.
[56]Flaubert, "Um coração simples", p. 55.
[57]Flaubert, "Um coração simples", p. 34.
[58]Veja o retrato de Thomas W. Gillespie do dinamismo da comunidade eclesiástica primitiva, com base nas epístolas de Paulo e no *Didaquê*, em *The First Theologians: A Study in Early Christian Prophecy* (Grand Rapids: Eerdmans, 1994).

CULTO AO DEUS DE NOVIDADES **79**

a *melhor* fonte de que dispomos para saber como deve ser a vida quando o Espírito Santo está presente e operando na igreja. Encontramos nesse livro uma igreja apaixonada por Deus, disposta ao sacrifício — ao ponto do martírio — e que operava milagres".[59] Isso se reflete na prática em uma teologia dinâmica na qual o culto é moldado por uma abertura inabalável ao inusitado e uma expectativa de milagre.[60] Afirma-se que os dons "milagrosos" continuam em ação, e, assim, a espiritualidade pentecostal é moldada por uma atitude básica de receptividade; embora seja fundamental que os dons sejam exercidos, até mesmo o exercício deles consiste em uma questão de receptividade. O dom, para a espiritualidade pentecostal, está presente em todo o culto. Assim, em nosso relato inicial, no âmago do culto pentecostal existe uma "ministração do apelo" que tanto dá lugar para que se ouça a Deus (em profecia, em línguas, em palavras de sabedoria) quanto dá lugar para Deus agir (para curar, convencer do pecado, transformar e envolver o corpo de várias maneiras). O destaque pentecostal para os "sinais e maravilhas", juntamente com as operações contínuas de todos os dons espirituais, parte dessa convicção fundamental: o Espírito de Deus é um espírito de novidade.

---

[59]Jack Deere, *Surpreendido pelo poder do Espírito* (Rio de Janeiro: CPAD, 1995), p. 115-116. Quanto à centralidade de Lucas-Atos para uma identidade narrativa especificamente pentecostal, veja Robert P. Menzies, *Empowered for Witness: The Spirit in Luke-Acts* (Sheffield: Sheffield Academic Press, 1991), especialmente a parte II. Admito que esse resgate da pneumatologia de Lucas, em muitas denominações pentecostais, é acompanhado por um primitivismo eclesiológico e uma tendência a restaurar "o cristianismo do Novo Testamento". No entanto, não vejo esse primitivismo eclesiológico como uma parte integrante da cosmovisão pentecostal, já que as dinâmicas da pneumatologia lucana são claramente afirmadas pelos carismáticos da Igreja Católica e da Igreja Anglicana, cuja sensibilidade eclesiológica seria oposta a qualquer primitivismo ou restauracionismo ingênuo.

[60]Quanto a isso, penso que a teologia pentecostal está em posição de fazer contribuições especiais para os estudos mais amplos. Na verdade, a Renovação Carismática Católica já impactou a eclesiologia na renovação litúrgica dentro da tradição católica. Para evidências dessa afirmação, veja o manifesto que ainda será lançado de Wolfgang Vondey, *Beyond Pentecostalism,* Pentecostal Manifesto Series (Grand Rapids: Eerdmans, ainda a ser lançado). A princípio, o que tenho em mente é um retrato da igreja agindo "no Espírito" — funcionando de modo dinâmico como aquela que acolhe os dons contínuos de Deus e a sua atividade dentro do corpo de Cristo. Para uma análise mais popular, porém mais profunda deste aspecto, veja Deere, *Surpreendido pelo poder do Espírito Santo.* Devo "dar o meu testemunho" de que este livro foi fundamental na minha própria caminhada e na minha formação pentecostal.

Uma teologia "encantada" da criação e da cultura

Além de produzir uma eclesiologia mais dinâmica — a sensação de que o Espírito Santo permanece em ação *na igreja* de forma dinâmica —, existe também uma teologia especial da criação e da cultura implícita na espiritualidade pentecostal.[61] Por toda a cosmovisão pentecostal se encontra o reconhecimento da presença ativa e dinâmica do Espírito Santo, e não somente na igreja, mas também na criação. Não é apenas o Espírito Santo que se faz presente, mas também outros espíritos. Desse modo, é fundamental na interpretação pentecostal do mundo, uma sensação de *"encantamento"*.[62]

Temos observado que a espiritualidade pentecostal está envolta na expectativa de que o Espírito aja *dentro* da ordem criada. Em outras palavras, essa espiritualidade é marcada por um senso profundo da imanência do Espírito Santo. Embora não possa ser articulada como tal, no espírito da oração dos pentecostais se encontra um entendimento ricamente pneumatológico da criação que afirma a presença contínua e a atividade do Espírito Santo no que podemos chamar de camada da criação "doada" ou física ("a natureza"), bem como a operação do Espírito Santo na camada artificial ou humana da criação ("a cultura").[63] Entende-se que o Espírito é a pessoa da Trindade em que a criação vive, se move e preserva a sua existência. Por conseguinte, a natureza, em um sentido, é "sustentada" pelo Espírito Santo na criação, ou podemos dizer que a criação está "carregada" da presença do Espírito

---

[61]Considero que a "cultura" (a obra de "formação" humana que elucida as potencialidades ocultas na criação) faz parte da criação. Essa diferenciação entre "criação" e "cultura" somente tem o propósito de fazer uma distinção entre a "natureza" e a "cultura".

[62]Para uma análise sobre as tentativas mais amplas de fora dos círculos pentecostais de "reencantar" o mundo, veja James K. A. Smith, "Secularity, Globalization, and the Re-enchantment of the World", em *After Modernity? Secularity, Globalization, and the Re-enchantment of the World,* ed. James K. A. Smith (Waco, TX: Baylor University Press, 2008), p. 3-13.

[63]Para uma articulação exatamente dessa teologia pneumatológica da criação, veja Amos Yong, *The Spirit Poured Out on All Flesh: Pentecostalism and the Possibility of Global Theology* (Grand Rapids: Baker Academic, 2005), p. 267-302.

CULTO AO DEUS DE NOVIDADES **81**

Santo.[64] Então, a natureza não se limita ao "natural". Ela é banhada por algo mais; sempre existe algo além daquilo que o olhar naturalista registra.[65] No entanto, a presença do Espírito Santo na criação não se encontra somente na esfera natural. Como Vincent Bacote sugeriu recentemente, uma percepção mais robusta da atuação e da presença do Espírito Santo como cultura se expressa em uma abordagem mais positiva da obra do Espírito Santo na esfera da elaboração da cultura humana, inclusive na esfera da política, do comércio e das artes.[66] Essa sensação de que toda a criação — a natureza e a cultura — está impregnada pela presença do Espírito está implícita nas orações e nas práticas da espiritualidade pentecostal.

Entretanto, existe outro lado nessa sensibilidade ao encantamento do Espírito na criação: a espiritualidade pentecostal também dedica uma atenção profunda ao que podemos descrever como a atmosfera

---

[64]Eu explico isso com maiores detalhes em James K. A. Smith, "The Spirit, Religions, and the World as Sacrament: A Response to Amos Yong's Pneumatological Assist", *Journal of Pentecostal Theology* 15 (2007): p. 251-261.

[65]Harvey Cox, comentando o relato de um cientista de destaque sobre os mistérios da ordem quântica, confessou o seguinte: "Enquanto leio essas palavras, me pareceu bem engraçado que, muito embora muitos cristãos ocidentais, e certamente a maioria dos teólogos acadêmicos, considerariam o cosmos original das igrejas africanas nativas como 'primitivo' ou até mesmo 'supersticioso', a realidade é bem diferente. Nós é que devemos ser antiquados. É provável que a teologia moderna e liberal — do tipo que aprendi na faculdade — tem demonstrado dificuldades extremas de harmonizar a religião com uma cosmovisão supostamente científica, uma abordagem cada vez mais obsoleta a cada dia que passa. De forma paradoxal, a cosmologia tradicional africana, a qual as igrejas nativas da África incorporam com tanta originalidade, pode estar bem mais harmonizada com o 'mundo quântico' do que a teologia ocidental". Cox, *Fire from Heaven: The Rise of Pentecostal Spirituality and the Reshaping of Religion in the Twenty-first Century* (Reading, MA: Addison-Wesley, 1995), p. 257-258. Para um relato científico do "natural" que dá margem à presença do espírito, veja Philip Clayton, *Mind and Emergence: From Quantum to Consciousness* (New York: Oxford University Press, 2004). Voltaremos a abordar essas questões com maiores detalhes no quarto capítulo.

[66]Vincent Bacote, *The Spirit in Public Theology* (Grand Rapids: Baker Academic, 2005), p. 117-148. Isso também inclui (como Bacote observa nas páginas 136-139) sentir a presença do Espírito Santo e a sua operação de um modo mais generalizado em outra esfera da cultura humana identificada como religião — até mesmo nas religiões que não são cristãs. Com certeza, essa ideia se constitui na contribuição principal da obra de Amos Yong. Veja Yong, *Discerning the Spirit(s): A Pentecostal-Charismatic Contribution to Christian Theology of Religions,* Journal of Pentecostal Theology Supplement 20 (Sheffield: Sheffield Academic Press, 2000) e *Beyond the Impasse: Towards a Pneumatological Theology of Religions* (Grand Rapids: Baker Academic, 2003).

82 PENSANDO EM LÍNGUAS

pesada no mundo causada por outros espíritos, e isso também se faz sentir de forma bem real nas orações e nas práticas pentecostais. A práxis pentecostal às vezes é quase que dominada por uma preocupação com relação à batalha espiritual e aos poderes demoníacos, a qual se expressa por meio dos ministérios de libertação. Existe uma sensação profunda de que vários níveis de opressão — desde a enfermidade até a pobreza — consistem em grande parte na operação de forças que não se limitam ao "natural". Assim, o "evangelho pleno" da salvação pentecostal vê o triunfo de Cristo sobre "as potestades", o qual encontra sua expressão no ministério de libertação do Espírito Santo. A oração e o culto constituem uma espécie de batalha "contra os principados, contra as potestades, contra os príncipes do mundo destas trevas, contra as hostes espirituais da iniquidade nas regiões celestes" (Ef 6:12). Apesar de o pentecostalismo norte-americano estar cada vez mais "naturalizado" nesse aspecto, todos os comentaristas concordam que a cosmologia implícita na batalha espiritual é um dos fatores principais da explosão do cristianismo no terceiro mundo, principalmente onde as religiões nativas ou "primitivas" destacam uma cosmologia com um encantamento parecido. Isso tem consequências claras na elaboração de uma ontologia pentecostal, bem como na forma do engajamento pentecostal com as ciências: um diálogo que se reveste de importância cada vez maior, já que tanto o pentecostalismo quanto a ciência representam duas modalidades de globalização bem diferentes.

Um reconhecimento não dualista do aspecto corporificado e material

A crença na cura divina faz parte deste ministério do Espírito Santo.[67] Isso mais uma vez reflete o fato de que o entendimento pentecostal se adéqua perfeitamente ao de Jesus, para quem a mensagem do evangelho

---

[67] Algumas denominações pentecostais clássicas veem a cura divina como um aspecto da obra da expiação efetuada por Cristo. Veja, por exemplo, a *Declaração de fé das Assembleias de Deus* (Rio de Janeiro: CPAD, 2018), cap. XXI. Item 3: "As Escrituras revelam que a cura divina é um dos benefícios da obra expiatória e redentora de Cristo [...] (Is 53.4-5) [...] a cura divina faz parte da provisão que Deus deixou para seus filhos [...] (Mt 15.25,26)". Veja também John Christopher Thomas, *The Devil, Disease, and Deliverance: Origins*

era essencialmente uma mensagem de *libertação* do pecado e dos seus efeitos, inclusive dos efeitos materiais das doenças e das enfermidades, bem como da opressão e da pobreza (Lc 4:18,19). Portanto, libertação e emancipação não se remete apenas a algo "espiritual"; o evangelho não é somente um tônico para almas. Por trás desse reconhecimento existe uma proposta mais ampla, isto é, um sentido de que o evangelho valoriza a pessoa *como um todo*. Em outras palavras, integrado bem à raiz dessa afirmação central de que Deus se importa com o nosso corpo está um reconhecimento radical da bondade da criação que se reflete (ou *deve* se refletir) em uma afirmação da bondade *intrínseca* do corpo e da materialidade. Acho que esse é um dos elementos menos valorizados da cosmovisão pentecostal. Melhor dizendo, esse é um elemento central da prática pentecostal cujas implicações não foram completamente avaliadas pela sua tradição. Na verdade, essa crença central compõe uma indicação de uma desconstrução (potencial) de dualismos fundamentalistas: dualismos que com certa frequência os cristãos pentecostais têm adotado sem uma análise prévia.[68] Por dualismo, quero indicar uma abordagem basicamente maniqueísta (ou platônica) do mundo que vê a realidade material — tanto do corpo quanto dos elementos materiais associados a ele (sexualidade e as artes) — como fundamentalmente ruim ou má, e, por causa disso, trata-se de algo que deve ser evitado, reprimido e finalmente descartado.[69] Isso vai de encontro à própria afirmação de Deus sobre a bondade da criação material (inclusive do corpo humano, Gn 1:27), bem como a reafirmação do corpo na encarnação (João 1:14) e na ressurreição.

O que estou sugerindo é que, embora os pentecostais tenham uma tendência para aceitar essas rejeições dualistas do "mundo", um elemento fundamental de uma cosmovisão pentecostal — o reconhecimento da cura divina — na verdade desconstrói esse dualismo. Um dos

---

of Illness in New Testament Thought, Journal of Pentecostal Theology Supplement 13 (Sheffield: Sheffield Academic Press, 1998), especialmente o último capítulo.

[68]Veja Doug Petersen, *Not by Might nor by Power: A Pentecostal Theology of Social Concern in Latin America* (Oxford: Regnum, 1996), p. 35, 97-106.

[69]Como observei anteriormente, a espiritualidade pentecostal continua dualista em um sentido diferente, visto que mantém uma distinção ontológica entre espírito e matéria, e afirma a existência de entidades imateriais.

efeitos concomitantes disso deve ser um reconhecimento mais amplo do caráter benigno da manifestação física e da materialidade, e, como resultado disso, um reconhecimento da bondade fundamental das esferas culturais relacionadas às manifestações performáticas, como a arte. Podemos observar que é exatamente o *holismo* desse aspecto da espiritualidade pentecostal que pode também explicar o motivo pelo qual o evangelho da prosperidade geralmente se faz presente em meio a essa espiritualidade; ou, melhor, a teologia da prosperidade (com todas as suas falhas) pode ser um testemunho inconsciente do holismo da espiritualidade pentecostal. Esse evangelho, que geralmente está presente no pentecostalismo da África, do Brasil ou dos subúrbios de Dallas, é, como temos que reconhecer, um testamento da clara "valorização da materialidade" presente na teologia pentecostal. Trata-se de um dos momentos mais agnósticos da espiritualidade pentecostal, que se recusa a espiritualizar a promessa de que o evangelho equivale a "boas notícias para os pobres". Nesse sentido, podemos sugerir que a intuição teológica implícita que fundamenta as versões pentecostais do evangelho da prosperidade não fica muito longe do ensino social dos católicos ou da teologia da libertação. Ela constitui a prova de um reconhecimento básico de que Deus se importa com o nosso estômago e com o nosso corpo.[70]

Uma epistemologia afetiva e narrativa

Tenha sempre em mente que estamos tentando explicar os elementos de uma cosmovisão pentecostal partindo de premissas e afirmações implícitas que estão impregnadas pela fé e pela prática pentecostais. Quero sugerir que há um entendimento especial implícito na experiência pentecostal da natureza da pessoa humana, o que poderíamos chamar de antropologia filosófica. Devido ao destaque para o lugar da

---

[70]Tenho que admitir que isso significa algo bem diferente no conforto de uma megaigreja nos subúrbios de Dallas (onde a "prosperidade" simboliza um acúmulo maior de luxo por parte dos consumidores) contrastando com o que a "prosperidade" promete em campos de refugiados marcados pela fome em Uganda. No primeiro lugar, isso merece crítica, enquanto no segundo exige uma atenção cuidadosa. Analiso isso com maiores detalhes em James K. A. Smith, "What's Right with the Prosperity Gospel?" *Calvin Theological Seminary Forum* (outono de 2009).

CULTO AO DEUS DE NOVIDADES **85**

experiência, e contrastando com a teologia evangélica racionalista (que reduz o culto a um sermão didático e encara a nossa relação com Deus como algo principalmente intelectual, produzindo um cristianismo de "cabeças falantes"), a espiritualidade pentecostal se baseia na prática epistêmica afetiva e narrativa.[71] Segundo esse modelo, o conhecimento se baseia no coração e trafega no conteúdo da narrativa. Isso não quer dizer que as verdades proposicionais possam ser "embaladas" no formato narrativo para as "pessoas simples", mas sim que a narrativa vem depois das proposições — a imaginação vem antes da intelecção. Chegamos ao conhecimento *mediante* as narrativas. Como Christian Smith observou, "nós não somente continuamos a ser animais que criam histórias, mas também somos animais que somos *criados* por elas".[72] Na espiritualidade pentecostal está implícita a intuição epistemológica de que somos "animais narrativos". Além disso, como espero demonstrar no próximo capítulo, é exatamente essa epistemologia afetiva e narrativa que produz uma afinidade profunda entre o pós-modernismo e a cosmovisão pentecostal.

Uma orientação escatológica voltada para missões e para a justiça

Embora possamos considerar o batismo no Espírito Santo, ou mesmo o falar em línguas, a marca registrada da espiritualidade pentecostal, um grupo de especialistas destaca que a escatologia é *tanto* ou até *mais* importante na espiritualidade pentecostal pioneira. O derramamento do Espírito Santo se reveste de significado precisamente porque é um sinal dos "últimos dias"; em outras palavras, o batismo no Espírito Santo só funciona como um sinal quando está inserido em uma narrativa abrangente que possui uma orientação escatológica na direção do

---

[71]Até hoje, o desenvolvimento mais sistemático disso se encontra no livro de Steven J. Land *Pentecostal Spirituality*, especialmente nas páginas 125-181, onde ele elabora o conceito no diálogo com Jonathan Edwards. O mesmo tema é mencionado em uma obra anterior de Howard M. Ervin sob a rubrica de uma "epistemologia pentecostal". Veja Ervin, "Hermeneutics: A Pentecostal Option", *Pneuma: Journal of the Society for Pentecostal Studies* 3 (1981): p. 11-25.
[72]Christian Smith, Moral, Believing Animals, p. 64.

86 PENSANDO EM LÍNGUAS

reino vindouro. Assim, Steven Land descreve a espiritualidade pentecostal como uma "visão apocalíptica".[73] Peter Althouse explica esse entrelaçamento do Espírito Santo, do falar em línguas e da escatologia:

> A capacidade de falar em línguas estranhas tinha o propósito de empoderar aquele que a recebe para proclamar o "cumprimento profético" da vinda iminente de Jesus para estabelecer seu reino. Ao mesmo tempo, a mensagem escatológica dos pioneiros pentecostais contemplava, porém, um mundo que era mais justo e só constituía uma amostra do governo de Jesus Cristo e antecipava a sua Segunda Vinda".[74]

Desse modo, ao contrário dos preconceitos comuns sobre a "alienação" dos pentecostais — na verdade, de forma contrária até mesmo a alguns hábitos dos próprios pentecostais —, está no DNA da cosmovisão pentecostal uma escatologia que gera um compromisso com missões e ministérios de empoderamento e justiça social, com certa "opção preferencial pelos marginalizados", que vem desde suas raízes com os pescadores no dia de Pentecostes. Essa capacitação dos marginalizados foi reativada na rua Azusa como uma espécie de paradigma da marginalização: um avivamento em um estábulo abandonado, liderado por um pregador afrodescendente, Wiliam Seymour.[75] Penso que isso vem do nosso princípio: a atividade revolucionária do Espírito Santo sempre rompe e subverte o *status quo* dos poderosos. Essa é a razão pela qual a igreja de Corinto, que possivelmente era aberta *demais* aos dons do Espírito (1Coríntios 14:39-40), constituía uma

---

[73]Land, *Pentecostal Spirituality*, p. 58-121. O estudo sobre a escatologia pentecostal dos pioneiros que se tornou um clássico é o livro de D. William Faupel, *The Everlasting Gospel: The Significance of Eschatology in the Development of Pentecostal Thought* (Sheffield: Sheffield Academic Press, 1996). Para uma análise da escatologia pentecostal contemporânea, veja Peter Althouse, *Spirit of the Last Days: Pentecostal Eschatology in Conversation with Jürgen Moltmann* (London: T. & T. Clark, 2003), especialmente as páginas 61-106.
[74]Peter Althouse, "Apocalyptic Discourse and a Pentecostal Vision of Canada", em *Canadian* Pentecostalism, p. 59.
[75] Para uma narrativa útil identificando essa conexão entre os pioneiros do movimento e a teoria social pentecostal, veja Petersen, *Not by Might*, p. 1-40.

CULTO AO DEUS DE NOVIDADES **87**

comunidade de *me onta*, daqueles que "não são", os desprezados e tolos do mundo. No meio dessa comunidade revolucionária do Espírito Santo, "poucos eram sábios segundo os padrões humanos; poucos eram poderosos; poucos eram de nobre nascimento" (1Coríntios 1:26). Logo, um dos sinais da intervenção do Espírito Santo no tempo atual é a subversão do poder por parte dos fracos, que, no Espírito Santo, agem como o poder verdadeiro de Deus. Esta é a razão pela qual, como Cheryl Sanders comenta, William Seymour, o pregador da rua Azusa, encontrou mais "evidência" na reconciliação racial do que na glossolalia: "Seymour encarou a quebra da barreira racial como um sinal da bênção e da presença curadora do Espírito bem mais forte do que as línguas".[76] A "chuva serôdia" do Espírito Santo não se interpreta por uma válvula de escape deste mundo, mas por um desejo de ser símbolo e exemplo do reino vindouro, e até mesmo fomentar a transformação *deste* mundo. Como Althouse destaca, trata-se de uma "escatologia de transformação, em vez de uma escatologia que destaca a destruição do mundo".[77] Portanto, de modo contrário às expectativas de um milenarismo militante como uma espécie de desejo de morte cósmico, a orientação escatológica da espiritualidade pentecostal se reflete em um programa social que busca concretizar o reino em meio à uma criação corrompida: uma versão pentecostal do evangelho social. Althouse comenta: "Enquanto o evangelho social queria fazer do mundo um lugar mais justo, a crença nas línguas e na cura como uma antecipação da Segunda Vinda intrínseca a ela (ainda que de forma embrionária) materializa as repercussões sociais para a transformação da sociedade".[78] Assim, as comunidades pentecostais — como a comunidade inter-racial na rua Azusa ou o pacifismo dos primeiros

---

[76]Cheryl J. Sanders, *Empowerment Ethics for a Liberated People: A Path to African American Social Transformation* (Minneapolis: Fortress, 1995), p. 73. Cp. Cox, *Fire from Heaven*, p. 63.

[77]Althouse, *Spirit*, p. 22. Neste contexto, é fundamental o relato de Gerald Sheppard sobre o conflito entre uma escatologia distintamente pentecostal e a escatologia dispensacionalista que muitos pentecostais vieram a aceitar. Veja Gerald T. Sheppard, "Pentecostalism and the Hermeneutics of Dispensationalism", *Pneuma: Journal of the Society for Pentecostal Studies* 2 (1984): p. 5-34.

[78]Althouse, "Apocalyptic Discourse", p. 66.

pentecostais[79] — são chamadas a ser testemunhas contraculturais do modo pelo qual a cultura pode e será transformada.

Desde que tudo isso seja reconhecido, a destilação dessa ênfase escatológica para a transformação cultural como elemento fundamental da identidade pentecostal pode realmente ser a oportunidade para uma reflexão crítica sobre a prática pentecostal contemporânea. Se uma denominação pentecostal pode produzir pessoas como John Ashcroft (que teve origem na Assembleia de Deus e foi funcionário do bloco evangélico na sua função de procurador-geral no governo Bush), então existem conflitos claros dentro da prática pentecostal, conflitos entre o que está implícito na espiritualidade pentecostal e o que os pentecostais têm adotado mais claramente como sua postura cultural. Nesse âmbito, articular os elementos de uma cosmovisão pentecostal pode ser uma oportunidade para refletir de modo crítico sobre quem nós somos e quem fomos chamados para ser — e, partindo dessa reflexão, pode haver uma oportunidade de desconstrução de quem nos tornamos. De modo especial, resgatar a sensibilidade quanto ao aspecto profético e escatológico de uma cosmovisão pentecostal deve constituir uma ocasião para que questionemos o modo pelo qual os pentecostais norte-americanos têm sido tão ávidos por aliar-se com o poder e o *status quo,* com "a lei e a ordem" e o poder militar, em vez de se posicionar a favor dos mansos da terra e das "coisas fracas do mundo" (1Co 1:27). Assim, em lugar do que geralmente presenciamos, a convergência do pentecostalismo com a prosperidade, do "evangelho pleno" com os grandes negócios, poderemos esperar alguma confluência entre "Marx e o Espírito Santo".[80]

---

[79]Como Paul Alexander demonstra, os pentecostais pioneiros eram, em sua quase totalidade, pacifistas. Veja Alexander, *Pentecostals and Peacemaking: Heritage, Theology, and the 21st Century* (Eugene, OR: Pickwick, 2009) and *Peace to War: Shifting Allegiances in the Assemblies of God* (Telford, PA: Cascadia/Herald, 2008). See also Joel Shuman, "Pentecost and the End of Patriotism: A Call for Restoration of Pacifism among Pentecostal Christians", *Journal of Pentecostal Theology* 9 (1996): p. 70-96, and Jay Beaman, *Pentecostal Pacifism: The Origin, Development, and Rejection of Pacific Belief among the Pentecostals* (Hillsboro, KS: Center for Mennonite Brethren Studies, 1989).

[80]Esse é o título da parte final da tese de Mike Davis, "Planet of the Slums: Urban Involution and the Informal Proletariat", New Left Review 26 (2004): p. 5-34. Explicaremos isto com mais detalhes posteriormente no sexto capítulo.

UM CONVITE A VER O MUNDO DE OUTRA MANEIRA

Nós conhecemos e confessamos o Espírito Santo como o Senhor que nos sara, e parte da obra curadora e renovadora. É dessa maneira que percebemos o mundo, essa é a cosmovisão que norteia a nossa percepção, a imaginação que orienta como habitamos neste mundo. Ao resumir esses elementos principais de uma cosmovisão pentecostal, tenho a intenção de destacar o modo pelo qual o Espírito Santo nos convida a ver o mundo de outra maneira. Nos capítulos seguintes, analisarei as consequências filosóficas desse "entendimento" pentecostal, visando definir mais concretamente a forma de uma filosofia pentecostal que parte sem pedir desculpa, para parafrasear Plantinga, "daquilo que 'conhecemos' como pentecostais".

CAPÍTULO **3**

EM REGASTE DA EXPERIÊNCIA NARRATIVA

UMA EPISTEMOLOGIA PENTECOSTAL

INTRODUÇÃO: "EU SENTI DE DEUS"

Enquanto avançava em direção ao altar, Denise dava todas as indicações de que já sabia que sua história era "irracional". Seus passos eram tímidos e vacilantes, estava cabisbaixa com um aspecto marcado por uma leve vergonha — como se os critérios de "racionalidade" estivessem cochichando ao seu ouvido feito pequenos demônios, zombando dela e tentando dissuadi-la de testificar dessa "loucura". Na verdade, ela não estava lutando somente contra as acusações espirituais dos demônios que queriam fazê-la desistir; ela também se lembrava facilmente do ceticismo familiar da parte do seu pai e da sua irmã, enquanto ela lhes transmitia sua história naquela semana. Por seus milhões de poros, Denise absorveu o suficiente das estruturas da plausibilidade cultural para "saber" que isso era mesmo loucura, mas ainda assim lá ela estava, indo à frente em obediência ao convite do pastor para que a congregação soubesse de suas "visões de Deus" na semana anterior — suas histórias e testemunhos sobre o lugar em que se percebiam a vida e a ação do Espírito Santo em seu cotidiano. Esse ritual de domingo à noite, temos que admitir, poderia facilmente se limitar a testemunhos de que Deus garantira lugares no estacionamento ou dos livramentos sobrenaturais para não falhar ao fazer lição de casa. Contudo, a "ministração de testemunho" está ligada à verdadeira essência do discipulado na Cornerstone Vineyard Fellowship; essas narrativas de fé eram tão importantes quanto qualquer pregação de domingo de manhã.

Segurando com firmeza o microfone que o pastor lhe dera, Denise teve que segurar o fôlego e limpar a garganta. Embora, na semana anterior, ela não pudesse se imaginar falando diante de um público de trezentas pessoas, naquele instante ela não conseguia se imaginar *deixando* de fazer isso.

"O-oi, meu nome é Denise", ela falou um pouco alto, criando certa microfonia. Ela afastou o microfone com o susto e fez uma breve pausa antes de continuar, sob o aceno do pastor e um sorriso de apoio, com a mão sobre o seu ombro.

"Bem... nunca fiz isso antes, mas, quando o pastor nos convidou para falar sobre nossas 'visões de Deus', o Espírito Santo não me deixou mais ter sossego. Eu simplesmente tenho que compartilhar, tenho que contar para alguém, para todos". Suas palavras foram intercaladas com vários gritos de "Sim, Senhor!" e de "Amém!"

"Como alguns de vocês sabem, Gary e eu estamos casados há quase 18 anos, e imagino que vocês tenham notado que nós não temos filhos". Sua voz embargou por um momento, mas ela continuou: "Já compartilhei com algumas senhoras no estudo bíblico o quanto tem sido difícil ficar grávida. Tenho passado tanta luta por tanto tempo!". O ruído das orações e os gritos se acalmam em um silêncio envolvente enquanto ela continua a contar sua história.

"Tenho que ser bem honesta com vocês: fiquei brava com Deus! Tem tantas dessas mulheres na Bíblia que não podiam ter filhos, mas parece que no fim todas elas recebiam o milagre, mas eu vivia perguntando para Deus: 'Onde está o meu milagre?'". Sua voz falhou, ela baixou a cabeça e seus ombros começaram a tremer. O pastor se aproximou e colocou o braço sobre o ombro dela para lhe dar consolo e encorajamento. A atenção da congregação é envolvida por um instante de perplexidade, sem ter nenhuma ideia do desenrolar dessa história. Somente em poucos casos as "visões de Deus" têm se traduzido em lamentos honestos, mas Denise respirou fundo, limpou o rímel do rosto e prosseguiu no seu relato. Gary se posicionou ao seu lado.

Ela anunciou com uma risada chorosa: "Há algumas semanas, no estudo bíblico, eu... na verdade... surtei!" Alguns riem um pouco com ela e algumas senhoras mais idosas trocavam sorrisos experientes. "Eu me sentia tão frustrada e desesperada, e, para ser sincera, bem chateada! Estava triste e cansada, mas foi aí que a irmã Rose deu uma pausa no estudo e disse: 'Vamos orar!'. Naquele momento, todas as irmãs fizeram uma roda ao meu redor, e impuseram as mãos sobre mim, e oraram bastante. Parecia que estavam me cobrindo com um manto de oração, e eu caí para trás no meio delas com o sentimento mais estranho que eu já tive. Ouvi as irmãs orando, mencionando o nome de Sara, de Ana e Isabel, e eu queria *tanto* que a história delas fosse a minha história! Mas eu estava cansada de acreditar, e também estava mais cansada ainda de *não* acreditar! Então, me deixei levar pelas orações e acho que até caí no sono!", contou Denise com um sorriso encabulado. Gary sorriu com ela, cabisbaixo, com sua mão tremendo em volta da sua cintura.

"Quando acordei, não senti nada diferente. Só um pouco de vergonha mesmo. Na verdade, é por isso que não vim à igreja domingo passado. Estava com muita vergonha de ver todas aquelas senhoras novamente." As senhoras reagiram com um misto de sorrisos enrugados e de rostos sóbrios a título de encorajamento. "De qualquer maneira, acabei me esquecendo de tudo, ou pelo menos tentei esquecer. Só de pensar em tudo isso já cansa!"

"Mas...", Denise recomeçou, porém, o ar parecia lhe faltar. Ela voltou a contar sua história com um falsete rápido e ofegante, fazendo o máximo para enunciar as palavras: "...notei alguma coisa errada na semana passada; podia ser uma boa notícia, mas também poderia ser algo terrivelmente ruim. Gary me encorajou a ir ao médico, então fiz uma consulta na sexta". Naquele momento, ela se inclinou para frente, balançou a cabeça como que não acreditando, depois explodiu como aquele boneco que pula da caixa num instante e gritou com toda a força: "Eu estou grávida!" As palavras saem com um êxtase que alterna alegria e tristeza; ela estava impactada e exausta pelo esforço do testemunho. Gary e o pastor a envolveram em um abraço, dando o maior apoio, enquanto a congregação explodiu em gritos de louvor e de gratidão, mas Denise tinha algo mais a dizer.

"Algumas pessoas não acreditaram em mim. Quando o médico me disse, eu me senti na obrigação de contar sobre a reunião de oração. Ele me falou sobre os níveis de hormônio e sobre o estresse. Mesmo quando eu contei para o meu pai e para a minha irmã, eles olharam para mim como se eu fosse uma louca, como se não soubesse do que estava falando. No entanto, como o irmão Jack sempre diz: 'Eu senti de Deus!'. Eu senti de Deus, que ele estava abrindo a minha madre, e eu não me importo com o que os outros pensam". Então ela acrescentou, usando a linguagem da versão antiga que aprendeu quando criança: "Não me envergonho, porque eu sei em quem tenho crido, e estou certa de que ele é poderoso!"

O PENTECOSTALISMO COMO CONTRAMODERNIDADE

"Sentir de Deus" é um refrão comum nos cultos pentecostais que dão a oportunidade para testemunhos, e dar oportunidade para testemunhos é fundamental para a espiritualidade pentecostal exatamente porque a narrativa é um ponto crucial da identidade pentecostal. Conforme observa Grant Wacker: "Da mesma forma que uma multidão de discípulos antes deles, os pioneiros pentecostais partiam do princípio que seu testemunho de fé trazia consequências normativas para as outras pessoas. Por causa disso, eles dedicavam boa parte do tempo em seus cultos — possivelmente um terço do tempo deles — para testemunhos públicos sobre sua caminhada espiritual".[1] Essa função narrativa do testemunho faz parte do próprio DNA do Pentecostes, quando, em Atos 2, vemos Pedro e seus discípulos darem sentido à sua experiência costurando-a a uma narrativa mais ampla recebida: ser capaz de dizer "Isto é o que..." (Atos 2:16, referindo-se a Joel 2:28-32) equivale a enquadrar e dar sentido aos

---

[1] Grant Wacker, *Heaven Below: Early Pentecostals and American Culture* (Cambridge, MA: Harvard University Press, 2001), p. 58.

94   PENSANDO EM LÍNGUAS

fenômenos, situando-os dentro de uma narrativa.[2] Logo, mediante o testemunho, os pentecostais definem uma identidade ao se inserirem na narrativa mais geral da redenção divina: "A crucificação, a ressurreição, o Pentecostes, a vinda de Jesus, tudo fez parte de uma grande redenção, uma narrativa da qual eles foram chamados a participar".[3] A narrativa providenciou uma estrutura que acabou dando sentido a suas próprias vitórias e dificuldades: "ao interpretar sua vida cotidiana e o seu culto em função dos acontecimentos importantes da história bíblica, sua própria vida e as coisas que faziam se revestiram de significado".[4] Além disso, essa compreensão narrativa da ação de Deus gerou uma prática que é parte integrante do culto pentecostal: o testemunho.[5] Como Wacker resume: "O testemunho afirmava de modo poderoso que a passagem do cristão por este mundo fazia parte de um drama magnífico em que o bem cósmico vence o mal... De algum modo, as dificuldades pessoais de cada pessoa se elevavam da esfera particular e reapareciam em uma estrutura que atravessava os milênios".[6]

---

[2]Steven Land nos lembra de que essa hermenêutica narrativa também é escatológica: não se trata simplesmente de uma questão de colocar um "pano de fundo histórico", mas também de projetar um futuro que é visualizado por ela" (Land, *Pentecostal Spirituality: A Passion for the Kingdom*, Journal of Pentecostal Theology Supplement 1 [Sheffield: Sheffield Academic Press, 1993], p. 72 n. 1). Essa mesma virada narrativa se repete com os pioneiros pentecostais no início do século passado que, ao se depararem com fenômenos estranhos, criam o significado enquadrando esses fenômenos em termos de uma narrativa mais ampla (i.e., a narrativa bíblica) que também acaba sendo escatológica. Veja, por exemplo, o folheto "This Is That", em *A Reader in Pentecostal Theology: Voices from the First Generation*, ed. Douglas Jacobsen (Bloomington: Indiana University Press, 2006), p. 186-196.

[3]Land, *Pentecostal Spirituality*, p. 72.

[4]Ibidem, p. 73.

[5]Wacker considera a estrutura básica e a essência do testemunho dos pioneiros pentecostais em *Heaven Below*, p. 58-69. Os testemunhos (de todas as partes do mundo) também compõem parte importante do material publicado em *Apostolic Faith*, o boletim informativo da Missão da Rua Azusa publicado de 1906 a 1908 (reimpresso no livro *Like as of Fire*, compilado por Fred T. Corum [Wilmington, MA, 1981]. O livro de Edith L. Blumhofer *"Pentecost in My Soul": Explorations in the Meaning of Pentecostal Experience in the Early Assemblies of God* (Springfield, MO: Gospel Publishing House, 1989), também reúne testemunhos da primeira geração de pentecostais.

[6]Wacker, *Heaven Below*, p. 69.

No segundo capítulo, resumi os elementos básicos de uma cosmovisão pentecostal, que estão implícitos na prática do culto e da experiência pentecostal. A ideia desse "projeto de articulação" — esclarecer o que está implícito na prática pentecostal — é considerar as ramificações filosóficas desse "entendimento" pentecostal. Neste capítulo, quero refletir em especial sobre os valores epistêmicos tácitos que estão incluídos na prática pentecostal e na experiência de testemunho, considerar a "compreensão da compreensão" por trás da declaração pentecostal "senti de Deus". Quero sugerir de modo específico que ela envolve uma espécie de intuição inicial pós-moderna sobre o conhecimento e que constitui uma crítica performativa dos critérios modernos para o conhecimento; uma crítica pentecostal ao racionalismo (ou cognitivismo, "intelectualismo")[7] que caracteriza as explicações modernas sobre o conhecimento. A prática pentecostal pode funcionar como uma espécie de contramodernidade.[8] Assim, existem elementos de uma cosmovisão pentecostal que estão em sintonia com a crítica "pós-moderna" da razão autônoma, de tal modo que se pode ver o evento da rua Azusa como um avivamento pós-moderno.[9] Neste capítulo, em primeiro lugar, quero dar mais detalhes sobre como o testemunho e a experiência pentecostais constituem uma crítica implícita ao racionalismo. Passarei então a considerar como a função da contação de histórias e da narrativa carrega dentro de si valores

---

[7] Charles Taylor critica os modelos "intelectualistas" da pessoa humana em Taylor, "To Follow a Rule...", em *Bourdieu: Critical Perspectives,* ed. Craig Calhoun, Edward LiPuma, e Moishe Postone (Chicago: University of Chicago Press, 1993), p. 45-60.

[8] Eu uso este termo de modo consciente. Parece que um dos propósitos de Wacker é demonstrar até onde os pentecostais, apesar de sua oposição declarada contra o "modernismo", não deixaram de beber de suas fontes. Não há necessidade de negar isso. Reconheço que o pentecostalismo é complexo e diversificado quanto a isso. Ao encarar essa explicação implícita sobre o conhecimento como "contramoderna", quero dar a entender a leitura de John Milbank sobre os "pietistas radicais" Hamann e Jacobi como críticos modernos da modernidade. Veja John Milbank, "Knowledge: The Theological Critique of Philosophy in Hamann and Jacobi", em *Radical Orthodoxy: A New Theology,* ed. John Milbank, Catherine Pickstock, e Graham Ward (London: Routledge, 1999), p. 21-37.

[9] Carl Raschke sugeriu recentemente que "o cristianismo carismático não é moderno. Muito pelo contrário, ele é totalmente pós-moderno". Veja *The Next Reformation: Why Evangelicals Must Embrace Postmodernity* (Grand Rapids: Baker Academic, 2004), p. 157.

96 PENSANDO EM LÍNGUAS

epistêmicos fundamentais (detalhando como eles combinam com uma epistemologia bíblica). Por fim, dada a centralidade da afeição e da imaginação na narrativa e no testemunho pentecostal, o capítulo terminará com uma proposta de pauta para uma estética pentecostal.

Quando Enoch Adeboye, líder da Igreja Cristã Redimida de Deus (RCCG) na Nigéria, dá seu testemunho, esse depoimento possui "os elementos agostinianos comuns: prestígio, mulheres e bebidas alcoólicas".[10] No entanto, como Andrew Rice observa ao prosseguir, Adeboye também confessa uma "fraqueza diferente": uma "confiança idólatra na razão". Como o pastor Adeboye explica: "Ela começa dando ao homem a impressão de que ele é todo-poderoso, de que pode fazer tudo porque ele pode ir à Lua ou a Marte, ou mesmo realizar operações com raio laser sem derramar sangue. Do meu ponto de vista, o problema se deve ao fato de que, com os avanços na ciência e na tecnologia, além da ciência econômica, o mundo ocidental começou a sentir que não precisava tanto de Deus como antigamente. Enquanto isso, aqui na África, nós precisamos dele. Sabemos que precisamos dele para sobreviver".[11]

A maioria dos filósofos começaria a ficar incomodada a essa altura. Essa crítica de uma "confiança idólatra na razão" parece mais uma licença para todo tipo de anti-intelectualismo que geralmente é vinculado ao pentecostalismo, e um anti-intelectualismo como esse não somente fugiria à esfera filosófica, mas também seria contrário a ela. Além disso, com certeza não faltam exemplos de anti-intelectualismo pentecostal.[12] Entretanto, estou sugerindo que precisamos de uma análise mais detalhada do que é intrínseco à experiência pentecostal e do que de fato está sendo dito nesses testemunhos. Embora os pentecostais (como todos os outros tipos de cristãos evangélicos) possam ser suscetíveis a cair no anti-intelectualismo, não acho

---

[10]Andrew Rice, "Mission from Africa", *New York Times Magazine,* 12 de abril de 2009 <http://www.nytimes.com/2009/04/12/magazine/12churches-t.html>.
[11]Rice, "Mission from Africa".
[12]Essa é a preocupação principal de Rick M. Nañez, *Pentecostal de coração e mente: um chamado ao dom divino do intelecto* (São Paulo: Ed. Vida, 2007).

que ele seja intrínseco à espiritualidade pentecostal propriamente dita. Em vez disso, ele está presente no populismo, que caracteriza a maioria das expressões do pentecostalismo. Porém, se filtrarmos nossa análise com um cuidado maior, e tentarmos pelo menos de forma teórica separar o anti-intelectualismo populista da prática pentecostal do testemunho, acho que poderemos discernir na espiritualidade pentecostal uma espécie de gramática epistêmica básica, possivelmente definida de uma forma melhor como uma hermenêutica, uma compreensão tácita do que constitui o "saber" e o modo pelo qual o adquirimos. Essa epistemologia incipiente não é antirracional, mas *antirracionalista*; não é uma crítica ou uma rejeição da razão propriamente dita, mas, em vez disso, trata-se de um comentário sobre um modelo especialmente reducionista da razão e da racionalidade, uma versão limitada e atrofiada do que é considerado "saber". Se a prática pentecostal do testemunho é uma espécie de crítica da nossa "confiança idólatra na razão", o alvo pretendido não é a razão, mas a nossa construção idólatra sobre ela.

Nessa crítica das construções idólatras sobre a razão — racionalismos de vários tipos —, o pentecostalismo não passa de um tipo inicial de pós-modernismo, desde que esse pós-modernismo (como um conjunto de ideias com uma definição bem livre) seja considerado uma crítica do racionalismo moderno ocidental.[13] Como resultado de um conglomerado de fontes filosóficas, nós herdamos um retrato específico do que constitui e é considerado "conhecimento": um retrato comprometido com outro retrato relacionado das pessoas humanas como "coisas pensantes", agentes racionais autônomos, egos lógicos transcendentais, centros de percepção cognitiva sem corpo.[14] Por exemplo, a famosa definição de Descartes sobre a essência da pessoa

---

[13]Para uma explicação mais completa do pós-modernismo como crítica do racionalismo moderno, veja James K. A. Smith, *Who's Afraid of Postmodernism? Taking Derrida, Lyotard, and Foucault to Church* (Grand Rapids: Baker Academic, 2006), p. 59-80.

[14]Explico minha crítica a essa antropologia filosófica com mais detalhes no capítulo 2 de James K. A. Smith, *Desejando o reino: culto, cosmovisão e formação cultural* (São Paulo: Vida Nova, 2018).

humana como uma coisa pensante, uma "mente" que só habita em um corpo por fatores acidentais e temporários, tem duas consequências: uma valorização do *pensamento* como a base da identidade humana e uma desvalorização da *corporificação*, classificando-a como fonte de decepção e tristeza. Assim, podemos descrever esse entendimento da pessoa humana como *racionalismo* porque privilegia a razão ou o pensamento como essência do significado do ser humano e denigre a corporificação material, não só caracterizando-a como acidental à condição humana, mas também até mesmo como lamentável. Além disso, ela concebe a natureza da razão e do "pensamento" com um registro raso de cálculo e dedução, como uma espécie de "processamento" do mundo que fornece metáforas para o nosso mundo cada vez mais informatizado.[15]

Esse retrato da pessoa humana como "coisa pensante" ou ser essencialmente racional tem implicações mais profundas, além da depreciação geral da existência material e corporificada. Em primeiro lugar, se o pensamento for a essência da pessoa humana, então o que realmente importa é o que pode ser pensado — e o que pode ser pensado equivale àquilo que pode ser calculado, inferido, deduzido e articulado em premissas. Em outras palavras, existe um privilégio presente na cultura daquilo que é *cognitivo*, do que pode ser pensado e calculado, que encontra seu auge no que Lyotard descreve como "informatização" do conhecimento.[16] Considera-se "conhecimento" o que se enquadra nos padrões calculáveis da operação lógica, ou, pior

---

[15]Cf. a crítica de Heidegger ao "pensamento calculista" em *Discourse on Thinking,* trad. John M. Anderson e E. Hans Freund (New York: Harper and Row, 1966).

[16]Este tema no livro de Jean-François Lyotard *A condição pós-moderna* (Minneapolis: Ed. José Olympio, 1986) geralmente não é levado em conta, mas é fundamental no seu "relato" sobre a situação do conhecimento em sua explicação é o seu ângulo sobre como a "posição" do conhecimento foi alterada pela sua comercialização. "Somente quando o aprendizado é traduzido em quantidade de informação" ele pode ser considerado "conhecimento" (p. 4). Assim, "junto com a hegemonia dos computadores vem uma lógica, e, portanto, um conjunto de diretrizes determinando quais afirmações são aceitas como declarações de 'conhecimento' (p. 4). Na verdade, a redução do conhecimento a aquilo que pode ser "declarado" é a primeira etapa dessa redução.

ainda, só se considera conhecimento aquilo que pode ser reduzido a "informações" ou dados.[17]

Além da prioridade dada ao que é cognitivo, o retrato racionalista da pessoa humana transmitido pela modernidade possui um segundo efeito colateral: o surgimento de um novo foco na *universalidade* da razão, ou, melhor dizendo, na *neutralidade* da razão, por causa da sua universalidade. Partindo do princípio de que a razão ou o pensamento equivalem à essência da pessoa humana — o que realmente define essa pessoa — e tendo limitado as particularidades da corporificação à esfera do que é contingente, acidental ou impuro (o corpo como uma "mancha" na razão), a modernidade produz uma espécie de novo universalismo. A ideia é a seguinte: essas mentes sem corpo que realmente nos definem têm em comum os princípios universais da razão e da lógica. Portanto, o que realmente interessa como "racional" tem que constituir a mesma coisa para todas as pessoas. O que nos faz únicos são somente particularidades ou acidentes da nossa vida corpórea: o lugar onde vivemos, a cultura com a qual convivemos, os idiomas que aprendemos, as religiões em que cremos, as tradições que recebemos, o corpo que temos, e assim por diante. Entretanto, por exemplo, a missão do iluminismo (como uma representação especial da modernidade) é negar todas essas características, exatamente por já ter feito

---

[17]Esta prioridade do que é cognitivo e do que é racional causou um impacto imenso sobre as instituições da modernidade, e também acabou exercendo um impacto importante sobre a igreja e a teologia, possivelmente em especial sobre os evangélicos tradicionais (muito embora o pensamento iluminista achasse que era exatamente esse racionalismo que tinha transformado a religião em pura superstição, fazendo parte de uma "tradição" da qual a razão nos libertou). Por exemplo, Charles Hodge fez uma declaração famosa de que a Bíblia era um "armazém de fatos", indicando uma maneira bem moderna e reducionista de entender a narrativa das Escrituras. Gostaria de sugerir que a ortodoxia dominante na teologia e na filosofia evangélicas tradicionais adota esse retrato racionalista da pessoa humana, reduzindo, assim, a fé cristã a um sistema de premissas lógicas as quais damos nosso consentimento cognitivo. De um modo bem irônico, creio que esse é o modelo um tanto reducionista de racionalidade que é defendido pelo chamado de Nañez para que os pentecostais abracem "a vida da mente" (em *Pentecostal de coração e mente: um chamado ao dom divino do intelecto*), algo parecido é exaltado como antídoto ao "relativismo" por J. P. Moreland, *O triângulo do Reino* (São Paulo: Ed. Vida, 2011). Estou sugerindo que a epistemologia por trás da espiritualidade pentecostal questionaria essa adoção de modelos racionalistas de conhecimento.

100 PENSANDO EM LÍNGUAS

a negação do corpo. Essas características da existência corporal que moldam e particularizam a nossa "perspectiva" sobre o mundo devem ser reprimidas e negadas para se alienar na esfera pura e imaculada da razão e da cognição — o mundo ideal do intelecto dos quais todos os seres humanos são cidadãos.[18] É essa afirmação confiante sobre a *universalidade* e, em consequência disso, da *neutralidade* da razão que produz um dos frutos mais poderosos da modernidade: a *secularidade* e a doutrina do *secularismo* — duas forças que continuam exercendo uma enorme influência nos dias de hoje, especialmente na Europa, mas também nos Estados Unidos. O que é "secular" passa a simbolizar o que é (supostamente) neutro, objetivo, imparcial e, acima de tudo, o que *não* é religioso. Portanto, a crença religiosa se torna a verdadeira antítese (e inimiga) da razão — e isso se agrava no caso da *experiência* religiosa. Na verdade, o iluminismo apresentou a razão universal como a cura da doença da crença religiosa e da "superstição".

É exatamente esse racionalismo (ou "cognitivismo")[19] — com sua depreciação da corporificação e a promoção do secularismo — que é

---

[18]Bem, na verdade, os proponentes do iluminismo não pensavam de fato que todos os *Homo sapiens* se enquadravam como seres humanos racionais; em especial, as mulheres e os africanos eram considerados semi-humanos nesse aspecto, portanto, existe um lado mesquinho por trás do triunfalismo da modernidade que se expressa nas instituições da escravidão e do patriarcado. Então, penso que é importante dizer que os pioneiros pentecostais questionaram tanto a segregação racial quanto a exclusão das mulheres no ministério. No entanto, é óbvio que essa intolerância "moderna" não era nenhuma novidade.

[19]A palavra "cognitivismo" é enganosa; eu a uso neste contexto para simbolizar um retrato do conhecimento que o reduz ao que pode ser declarado. Quanto a isso, tive um incentivo ao ver que Robert C. Roberts reconhece uma dificuldade semelhante com a palavra "cognição". Em uma nota de rodapé na sua análise das emoções como "interpretações", ele observa que a "cognição" é uma palavra que "não possui limites bem estabelecidos, mas possivelmente é comum que um acontecimento mental seja cognição somente se tiver uma ou mais das seguintes características: a) afirma uma verdade, b) pode ser deduzida de alguma outra informação" (em Roberts, "What an Emotion Is: A Sketch", *Philosophical Review* 97, no. 2 [abril de 1988]: p. 188 n. 12). Essa é a questão quanto ao modo que emprego a palavra ao criticar o "cognitiv*ismo*". Outro sinônimo próximo pode ser o que Charles Taylor descreve como "intelectualismo", um retrato funcional que vê "o agente humano primeiramente como um sujeito de representações". Esse sujeito, ele comenta, "é monológico. Ele ou ela está em contato com um mundo 'exterior', incluindo outros agentes, os objetos com os quais ele ou ela pode conviver, o

questionado pela crítica pós-moderna da razão. Ao contrário do que os estereótipos fazem acreditar, a crítica pós-moderna não é uma rejeição da racionalidade ou de uma celebração da loucura irracional; em vez disso, constitui uma crítica do retrato da pessoa humana como objeto pensante que nos foi deixado de herança por Descartes, Kant e outros. Em outras palavras, o pós-modernismo não questiona a racionalidade propriamente dita, mas a interpretação específica da racionalidade e do conhecimento que é característica dentro do *racionalismo* moderno, e ele faz isso de modo interessante: em primeiro lugar, o pós-modernismo[20] questiona a suposta neutralidade e universalidade da razão, conforme é proclamada pelo pensamento moderno. Com o risco de cair no chavão, a crítica pós-moderna da modernidade descobriu que o que geralmente é divulgado como "racional" acabou sendo a expressão do que o homem branco europeu acha que é bom.[21] Em outras palavras, os lineamentos e as conclusões da razão universal são, no final das contas, uma única perspectiva extrapolada de modo imenso para não parecer uma perspectiva, mas "a forma exata das coisas". Portanto, o que se afirma ser a visão universal, neutra e de dimensões praticamente divinas do mundo acaba sendo a exaltação e a deificação de uma perspectiva em particular, que vive causando e desfilando como se não fosse uma simples "perspectiva". Além disso, o que é reconhecido como

---

seu corpo e o corpo de outras pessoas, mas esse contato se dá mediante representações que ele ou ela possui dentro de si". Por causa disso, "quem 'eu' sou, como ser capaz de lidar com essas representações, o interior propriamente dito, pode ser definido de forma independente do corpo ou do outro". Veja Taylor, "To Follow a Rule.", p. 49.

[20]Usarei esta palavra de forma monolítica, simplesmente com propósitos heurísticos. É claro que nada é tão simples nem tão limpo como retrato nesse contexto. No entanto, a sensibilidade pós-moderna que estou descrevendo é comum a uma multidão de pensadores do século XX, como Heidegger, Gadamer, Foucault, Derrida, Polanyi, Kuhn e muitos outros.

[21]Este é outro ponto em virtude do qual penso que as intuições filosóficas implícitas da espiritualidade pentecostal combinam com a filosofia feminista. Para uma crítica feminista representativa dos modelos reducionistas da racionalidade (particularmente o ego lógico transcendental de Kant) articulados com reação à tradição filosófica cristã, veja Janet Catherina Wesselius, "Points of Convergence between Dooyeweerdian and Feminist Views of the Philosophic Self", in *Knowing Other-wise: Philosophy at the Threshold of Spirituality*, ed. James H. Olthuis (Bronx, NY: Fordham University Press, 1997), p. 55-68. See also Andrea Nye, *Feminist Theory and the Philosophies of Man* (New York: Routledge, 1988).

"conhecimento" ou "racionalidade" não passa de uma modalidade particular ou um registro de cálculo e de percepção, um modo particular de "processar" o mundo legitimado por uma lógica específica.[22]

Em segundo lugar, além de simplesmente indicar a natureza reducionista da racionalidade iluminista e a particularidade dissimulada da razão universal da modernidade, o pós-modernismo na verdade *reavalia* a corporificação e a particularidade. Em outras palavras, o pós-modernismo apresenta uma antropologia filosófica ou um entendimento sobre a natureza humana basicamente diferente que não reduz a identidade humana ao pensamento ou a uma mente sem corpo. Pelo contrário, o pós-modernismo leva a sério as particularidades das raças, dos gêneros, das classes sociais e da geografia precisamente porque leva a sério o fato de que somos criaturas corpóreas que habitam num mundo sujeito ao espaço e ao tempo — e habitamos nesse mundo de modo particular, em locais particulares e um momento particular.[23] Não se trata de um estado de coisas deplorável para que se lamente, e sim de um aspecto essencial de ser humano que deve ser afirmado. Além disso, visto que o pós-modernismo rejeita o retrato reducionista dos seres humanos simplesmente como coisas pensantes, ele também questiona o primado da razão ou do intelecto como rei das faculdades humanas. Em vez disso, o pós-modernismo afirma que nossa orientação com relação ao mundo não é mediada a princípio pela percepção intelectual, mas por uma "orientação passional" básica, um comportamento afetivo com relação ao mundo que "interpreta" o mundo da experiência com base em um "entendimento" que é pré-cognitivo.[24]

Portanto, em vez de reduzir a pessoa humana a uma mente pensante sem corpo, o pós-modernismo resgata a corporificação e, nesse processo, apresenta uma explicação do conhecimento que

---

[22]Cp. Michel Foucault, *A arqueologia do saber* (Rio de Janeiro: Ed. Forense Universitária, 2012).

[23]Veja, por exemplo, a crítica de Linda McDowell da ideologia da "coisa pensante" em seu livro *Gender, Identity, and Place: Understanding Feminist Geographies* (Minneapolis: University of Minnesota Press, 1999).

[24]Veja Smith, *Desejando o reino*, capítulo 2, onde detalho isso com uma maior clareza a partir da explicação de Heideger sobre o *Verstehen*.

resgata o que, na tradição filosófica, sempre foi classificado como o "coração". Assim, não é de admirar que uma das influências mais formativas de sua explicação sobre a compreensão "afetiva" tenha sido a obra de Blaise Pascal, que, por sua vez, estava resgatando um pensamento sobre o conhecimento articulado pela primeira vez por Agostinho.[25] Pascal escreveu as palavras famosas: "O coração tem razões que a própria razão desconhece". Esse é um modo de "conhecer" o mundo que não pode ser reduzido à cognição ou à percepção intelectual (e, com certeza, nem mesmo às "informações" ou aos fatos). Assim, o pós-modernismo rebaixa o núcleo da identidade humana, como se ela só funcionasse da cabeça até o coração. Isso, com certeza, não é uma desculpa teórica avançada para descartar a mente, nem uma permissão filosófica para autorizar algum tipo de emocionalismo anti-intelectual. O que chamamos de "coração", ou de "afeição", não se limita às emoções, portanto, não estamos estabelecendo uma espécie de oposição dicotômica entre afeto e cognição, entre o pensamento e a paixão. Não quero sugerir que o pós-modernismo credencia somente as modalidades da espiritualidade que redundam em êxtase emocional, afastando-se do mundo em um desejo praticamente místico para se afogar em um mundo particular de uma "experiência" de culto com Jesus. Em vez disso, a ideia é afirmar a *primazia* do coração e das afeições como *base* de um engajamento racional e intelectual e de uma interpretação do mundo. Além disso, exatamente pelo motivo de que a nossa orientação passional para o mundo reflete as particularidades da nossa corporificação (nosso lugar geográfico, gênero, confissão religiosa etc.), o pós-modernismo leva a sério o "perspectivismo", que é uma característica essencial de sermos criaturas finitas com um corpo. Na verdade, podemos resumir as diferenças entre o

---

[25]Veja James R. Peters, *The Logic of the Heart: Augustine, Pascal, and the Rationality of Faith* (Grand Rapids: Baker Academic, 2009). Como Steven Land demonstra, esse mesmo destaque augustiniano foi articulado posteriormente por Jonathan Edwards em termos das "afeições" (Land, *Pentecostal Spirituality*, p. 122-136). Veja também Evan B. Howard, *Affirming the Touch of God: A Psychological and Philosophical Exploration of Christian Discernment* (Lanham, MD: University Press of America, 2000), onde ele descreve o discernimento como um "ato do saber rico em afetividade".

modernismo e o pós-modernismo na diferença acentuada entre o ideal moderno do objetivismo desapaixonado e desinteressado e o reconhecimento pós-moderno de um perspectivismo passional e até mesmo confessional.

Voltando agora para a tarefa que temos em mão, o que isso tem a ver com o pentecostalismo? Espero que a minha breve explicação da crítica pós-moderna a respeito do racionalismo moderno já tenha indicado uma afinidade fundamental entre a crítica pós-moderna da modernidade e os aspectos principais da espiritualidade pentecostal. Na verdade, minha proposta principal é que o culto pentecostal constitui uma espécie de pós-modernismo performativo, uma recusa ao racionalismo por meio de ações concretas. Estão implícitas nas práticas do pentecostalismo tanto uma antropologia filosófica quanto uma epistemologia que resiste ao reducionismo esquelético do cognitivismo moderno. Essas práticas sustentam uma "forma de vida" (usando o conceito de Wittgenstein) que fomenta o que Peter Berger chamaria de "minoria cognitiva": um grupo de pessoas cujas estruturas de plausibilidade não cederam ao naturalismo factual das interpretações tecnológicas e orientadas para o mercado a respeito do mundo.[26] Em vez disso, a espiritualidade pentecostal promove um entendimento mais expansivo e afetivo daquilo que é considerado conhecimento, uma compreensão mais rica do modo pelo qual adquirimos conhecimento. "Sentir de Deus" é um mantra que beira o absurdo, praticamente glossolálico, que busca articular o que pode ser inarticulável, dando a sensação de que existem maneiras de saber que não podem ser traduzidas em proposições ou silogismos. Assim, estou sugerindo que "leiamos" as práticas da espiritualidade pentecostal como práticas que expressam uma crítica tácita e até inconsciente ao racionalismo moderno, e que portam uma visão epistemológica implícita e construtiva, das quais destaco duas características em especial.

---

[26]Sobre a ideia de uma "minoria cognitiva", veja Peter Berger, *Rumor de anjos: a sociedade moderna e a redescoberta do sobrenatural* (Petrópolis: Ed. Vozes, 2018); sobre as "estruturas de plausibilidade", veja Peter L. Berger e Thomas Luckmann, *A construção social da realidade: Tratado da sociologia do conhecimento* (Petrópolis: Ed. Vozes, 2014).

Em primeiro lugar, a crítica pós-moderna do iluminismo reflete o que podemos descrever como a afirmação criacional ou encarnacional da corporificação e da materialidade que caracteriza o culto pentecostal. Em vez do retrato esquelético e reducionista da pessoa humana que a modernidade nos legou, a pós-modernidade dá atenção à "forma" do ser humano; o que é essencial para o ser humano é estar-no-mundo, habitando em um ambiente material *como* um corpo (não simplesmente *dentro* do corpo). Eu *sou* meu corpo (ainda que seja mais do que simplesmente meu próprio corpo), e, como tal, meu corpo consiste em um aspecto essencial da minha identidade. Por causa disso, todas as coisas que estão envolvidas na corporificação não equivalem a "propriedades" meramente acidentais, mas, pelo contrário, compõem características essenciais que constituem quem eu sou. Ter um corpo significa que eu me situo em uma época e em um lugar determinados, que sou uma pessoa com uma geografia e uma história que constituem quem eu sou. Isso significa que a minha identidade está associada a meu gênero, minha raça e etnicidade, meus desejos e paixões, meus dotes físicos e até mesmo minhas limitações. O pós-modernismo leva a raça, a classe social e o gênero a sério precisamente por levar em conta essa corporificação, de modo diferente do dualismo sem corpo do racionalismo moderno.

Essa valorização da corporificação é essencial para o princípio encarnacional que é a base da confissão cristã. A narrativa em que Deus nos conta quem nós somos começa com ele nos fazendo carne, dando vida à carne de Adão *como* uma criatura material e corpórea, e dizendo *depois* que era "muito bom". Esse reconhecimento da bondade da corporificação encontra uma reafirmação na encarnação de Deus em Cristo, a Palavra que se fez *carne*, e encontra sua confirmação final na esperança da ressurreição. Não temos um sonho de uma eternidade platônica, afastada da prisão do nosso corpo e livre para ser uma alma sem nenhum corpo. Nossa esperança não é uma redenção para livrar-nos de ter um corpo, mas sim a redenção *do* nosso corpo, desfazendo sua corrupção para que seja restaurado à sua bondade. Devido ao fato de a bondade da corporificação ser afirmada e reafirmada de forma consistente no fio narrativo das Escrituras, também temos que levar a sério as características de possuir um corpo (raça,

gênero, sexualidade, geografia, história), bem como o modo de estar-
-no-mundo, que é próprio das criaturas corporificadas: o mundo das
artes, por exemplo, exige ouvidos para ouvir, olhos para ver, mãos para
tocar e corpos para dançar.

Quanto a esse aspecto, o pentecostalismo consiste em uma prática
distintamente corporificada do cristianismo, que é precisamente a
razão pela qual penso que um pentecostalismo integral combina com
o pós-modernismo enquanto certas correntes evangélicas (cessacio-
nistas), que absorveram em grande parte as premissas da modernidade, têm aversão à crítica pós-moderna do racionalismo moderno.
Entretanto, o pentecostalismo por si só já é uma crítica do racionalismo e do dualismo. Sua crítica do dualismo está incluída de forma
implícita, por exemplo, no reconhecimento pentecostal da cura divina.
Dizer que Deus se importa com o nosso corpo a ponto de curá-lo é
resgatar a afirmação criacional da bondade da corporificação contra
o neognosticismo da modernidade. Em outras palavras, se nós realmente levarmos a sério as implicações de nossa afirmação central
com respeito à cura divina, devemos rejeitar o dualismo que rebaixa
o corpo como a fonte de todo o mal, um dualismo que os pentecostais
devem deixar de absorver, mas que absorvem justamente por causa
do dualismo generalizado que caracteriza os evangélicos em geral,
que reduz a fé a uma espécie de cristianismo de "cabeça falante" que
espelha o dualismo racionalista da modernidade.

De fato, devemos dizer que o pentecostalismo diz respeito a uma
fé e uma prática essencialmente encarnacional, uma maneira corporificada de estar diante de Deus e em comunhão com Deus. Conforme
observamos, a espiritualidade pentecostal vê o corpo como parte
essencial do culto.[27] Na verdade, ainda me lembro do meu próprio
caminho para o Pentecostes a partir de uma tradição radicalmente

---

[27]Creio que o mesmo acontece com as tradições sacramentais e litúrgicas nas quais os
próprios elementos materiais da postura do corpo, do sabor, do toque, até mesmo do
aroma, são fundamentais para a constituição da adoração. Essa é a razão pela qual o
culto no Reino é uma comunidade carismática universal. Nesse aspecto, o pentecostalismo é um catalisador no resgate dos destaques cristãos antigos, uma oportunidade
para recuperar a tradição cristã.

fundamentalista e cessacionista. Lembro-me de como era difícil fazer com que meu corpo participasse *fisicamente* do culto. Nunca me esqueço da vergonha que tinha de erguer a mão para louvar, era como se ela estivesse praticamente cimentada no meu tronco. No entanto, eu também me lembro da sensação incrível de alívio, do derramamento quase que sacramental da graça, da libertação e da renovação, o que parecia fluir pelos meus braços levantados, como se aquela posição exata abrisse canais para que a graça fluísse, canais que não podiam ser abertos de outra forma. Lembro-me da renovação da graça que sentia no toque de uma mão sobre o ombro em oração, a ligação bem corpórea e material que era solidificada pelo toque. As "elucubrações mentais" não conseguiam levantar as mãos para louvar, nem se prostrar em adoração, as mentes sem corpo não podem impor as mãos sobre um irmão ou sobre uma irmã em oração; um cérebro numa cuba não consegue dançar diante do Senhor e se encaminhar para a frente para ouvir o apelo. Então, o que temos que fazer com a antropologia dualista raquítica da modernidade?

Essa valorização da corporificação e essa quebra do dualismo têm consequências epistemológicas. Os pioneiros pentecostais em especial dedicavam uma atenção maior à antítese entre os sonhos da modernidade e as suas visões do Reino vindouro cheias do Espírito Santo. Na verdade, podemos sugerir que a comunidade de fé reunida na rua Azusa conviveu diretamente com o lado obscuro dos mitos modernistas da razão (lembre-se de que um dos seus pregadores mais importantes era filho de ex-escravos), e a sua *experiência* de ter um encontro com Deus que envolve o corpo no culto os levou a resistir e rejeitar o racionalismo da modernidade, em favor de um entendimento que deu primazia ao afeto, ao "coração". Em outras palavras, a antropologia filosófica inserida na fé e na prática pentecostais não se limita a gerar uma "coisa pensante", mas concebem um coração consciente do próprio corpo, que "entende" o mundo de maneiras que são irredutíveis às categorias e às proposições da "razão" cognitiva. No testemunho, quando a crente pentecostal afirmou que "sentiu" algo da parte de Deus, ela estava tentando expressar que *o modo* pelo qual ela sente e o que ela *considera* como conhecimento não pode ser formulado

108 PENSANDO EM LÍNGUAS

simplesmente como "Eu sei X" ou "Tenho uma crença verdadeira justificada sobre Y". Ela não reduzirá os critérios do conhecimento àqueles que são aceitos pela maioria cognitiva. Na experiência pentecostal, existem interpretações do mundo e um entendimento de Deus que não podem ser reduzidos às categorias herméticas da cognição. Não se trata de uma rejeição da cognição ou da verdade proposicional; isso com certeza identifica e relativiza essa modalidade especial do pensamento. Na próxima seção, analisarei como a categoria da "narrativa", que é de suma importância para o pentecostalismo, produz uma epistemologia que denuncia a estreiteza da modalidade de conhecimento associada com a cognição dentro de uma explicação mais ampla e rica do conhecimento corporificado.

"CONTE A BÊNÇÃO": UMA EPISTEMOLOGIA NARRATIVA PENTECOSTAL

Podemos observar, no ato de Denise testemunhar relatado no começo do capítulo, várias coisas importantes para a epistemologia: em primeiro lugar, ela conta o que sabe, o que ela "sentiu de Deus", de forma narrativa. Por que ela não chega e simplesmente anuncia que está grávida? Por que ela não fala logo as informações pedidas ou "se atém aos fatos" de algum modo? Entretanto, ela não se limita a passar informações, articular proposições ou fazer declarações factuais. Ela conta uma história, uma sequência de acontecimentos com um fio narrativo, descrevendo uma crise e várias dificuldades, até com elementos de suspense, na preparação de um clímax.[28] Embora ela comece nos contando que nunca fez isso antes, Denise parece entrar em cena como uma contadora de histórias experiente. Isso se deve ao fato de que, por um bom tempo, ela respira narrativas como o oxigênio do culto pentecostal. A segunda razão é que ela situa a sua história dentro de uma narrativa maior: sua micronarrativa das últimas semanas é colocada dentro da macronarrativa das Escrituras. Sua incapacidade de

---

[28]Paul Ricoeur diria que a narrativa de Denise indica um processo de "formação da trama". Veja Paul Ricoeur, *Tempo e narrativa*, vol. 1 (São Paulo: WMF Martins Fontes, 2011).

ter filhos é situada e ganha sentido dentro do quadro de "exemplos" de mulheres que de algum modo se encaixam em sua história. Essa narrativa mais ampla lhe proporciona um fio narrativo e apresenta um contexto para o significado da sua própria história. O terceiro motivo é que Deus entra como personagem na narrativa da Denise; o Espírito Santo é um agente, um participante dessa narrativa. Na verdade, pode-se até dizer que o Espírito Santo é o protagonista dessa história, apesar de o seu nome não ter sido mencionado.[29] Logo, o testemunho de Denise é uma prática impregnada de aspectos importantes da espiritualidade pentecostal.[30]

Contar histórias é algo bem "comum"[31] entre os pentecostais e, com certeza, não sou o primeiro a destacar isso. Em especial, Kenneth Archer articulou a importância da narratividade pentecostal, descrevendo a "narrativa pentecostal" como o "filtro hermenêutico" que os pentecostais usam para dar sentido ao seu mundo e à sua experiência.[32] O mundo da experiência é estratificado em narrativas: a experiência do cristão é colocada no mesmo nível da narrativa dos

---

[29]Temos que admitir que este é o momento de maior tentação dentro do testemunho pentecostal: colocar-se como o foco principal da narrativa. Portanto, essas "noites de testemunho" parecem se tornar duelos espirituais pela primazia. Assim, gostaria de destacar o que diz respeito a um testemunho pentecostal "autêntico" (no qual Deus é o protagonista) dos testemunhos ilegítimos, egocêntricos e de autoexaltação, que buscam fazer com que as pessoas sintam pena ou tentam alardear a espiritualidade de alguém. Quanto a isto, gosto da ideia de Christine Overall em sua análise autobiográfica da filosofia feminina: "Eu só tenho uma pequena participação na minha própria autobiografia" (Overall, "Writing What Comes Naturally?" *Hypatia* 23 [2008]: p. 229). No testemunho pentecostal, embora o palco seja minha própria vida, o Espírito é o protagonista. (Podem-se perceber contrastes parecidos nas autobiografias e nos livros de memórias: compare a centralidade egocêntrica do autor no livro de Barbara Brown, Taylor *Leaving Church,* com os contínuos destaques aos coadjuvantes no livro de Joan Didion, *Year of Magical Thinking.*)

[30]O testemunho e a narratividade seriam, na minha opinião, um exemplo da razão pela qual essa espiritualidade "pentecostal" se espalha por tradições teológicas e denominacionais, já que a contação de histórias não é algo restrito às reuniões pentecostais, mas aparece também nas reuniões carismáticas e nos cultos da terceira onda.

[31]"Comum", neste contexto, indica um hábito adquirido, uma disposição. Nesse aspecto, a função do testemunho no pentecostalismo é parecida com o relato da vida dos santos na devoção católica.

[32]Kenneth J. Archer, *A Pentecostal Hermeneutic for the Twenty-first Century: Spirit, Scripture, Community* (London: Continuum, 2004), p. 94-126.

derramamento dos "últimos dias" na rua Azusa, que é lida à luz do derramamento do Espírito Santo no dia de Pentecostes (At 2), cuja importância, por sua vez, entende-se diante da herança profética de Israel (Jl 2).[33] Além disso, Archer explica a maneira e o motivo pelo qual essa narrativa constitui a identidade pentecostal. Não é preciso que eu repita sua obra importante nesse texto. Em vez disso, gostaria de partir dessa análise para sugerir maneiras pelas quais o papel da narrativa[34] na espiritualidade pentecostal aponta para os limites dos paradigmas dominantes, especialmente dentro dos círculos filosóficos cristãos (e, talvez em especial, dos evangélicos tradicionais). Como se tornará um padrão nos capítulos seguintes, busco neste livro apresentar a fenomenologia de um aspecto da espiritualidade pentecostal precisamente para que ela funcione como um estudo de caso liminar, reformulando os paradigmas existentes e passando a ser, desse modo, um catalisador para a revisão teórica, baseando-se em uma espécie de "gênio" rudimentar incorporado à experiência pentecostal.

De modo particular, gostaria de sugerir que o testemunho pentecostal aponta para a irredutibilidade (e, quem sabe, a primazia) do "saber narrativo".[35] Uso esse termo para denotar certo *tipo* de conhecimento distinto do conhecimento habitual, que geralmente é entendido (filosoficamente) como "crença verdadeira justificada", em que "crença" se entende como concordar com proposições ou pelo menos é caracterizada por uma atitude proposicional. Então, o "saber narrativo" seria um tipo diferente de saber, um conhecimento de uma ordem

---

[33]Archer explica esta "narrativa pentecostal" de modo especial em *A Pentecostal Hermeneutic*, p. 100-114.

[34]Para os propósitos do meu argumento, tratarei a palavra "história" e "narrativa" como sinônimos. Outras análises, recorrendo a uma série diferente de perguntas, quererão diferenciar as histórias das narrativas (onde as narrativas, por exemplo, serão entendidas como um tipo especial de história com uma resolução ou conclusão). Para analisar essas questões, veja Ismay Barwell, "Understanding Narratives and Narrative Understanding", *Journal of Aesthetics and Art Criticism* 67 (2009): p. 49-59, especialmente a página 49.

[35]Normalmente eu pretenderia fazer uma distinção (heideggeriana) entre "entendimento" (*Verstehen*) e "saber" (*Wissen*). Na análise que se segue, falarei do "saber narrativo" para contrastar com algo como "saber proposicional". Mantendo a distinção de Heidegger, o "saber narrativo" seria o tipo de "saber" característico do "entendimento".

diferente, ou de um registro diferente, de saber por outros meios. Existe, nesse aspecto, um "entendimento distinto que a narrativa traz" que é "inseparável de sua forma",[36] e é exatamente esse tipo de intuição epistêmica que está implícito na espiritualidade pentecostal. Para a prática pentecostal do testemunho, a narrativa não é apenas uma forma decorativa, um meio criativo, um veículo mais improvisado para transmitir verdades que podem ser destiladas ou conhecidas de outras formas. A verdade *é* a história; a narrativa *é* o conhecimento. Se o testemunho for traduzido por "simples" fatos, codificados em proposições, destilados em ideias, então estamos lidando com um ser diferente: ao mesmo tempo, eu "conheceria" algo diferente e "conheceria" essa mesma coisa de forma diferente.[37]

O que caracteriza, então, o "saber narrativo"? Que aspectos são irredutíveis a respeito desse conhecimento? De um modo que combina em especial com a experiência pentecostal, David Velleman sugere que o fator distintivo do saber narrativo se encontra na ligação entre as narrativas e as emoções. A narrativa articula uma espécie de "compreensão emocional"; ela "significa algo para o destinatário em termos emocionais".[38] Entretanto, o que isso significa? Qual é a ligação

---

[36]Barwell, "Understanding Narratives", p. 49.

[37]O saber narrativo não *se opõe* ao conhecimento proposicional, quantificável ou codificável, mas o relativiza e situa esse conhecimento. No entanto, a diferença entre os dois apresenta um desafio para a metodologia pentecostal na teologia e na filosofia (lembre-se do Archer, "A Pentecostal Way of Doing Theology: Method and Manner", *International Journal of Systematic Theology* [2007]: p. 6, citada anteriormente, p. xxiii, n. 32). Podemos dizer que o "conhecimento pentecostal" é saber narrativo, mas os gêneros da análise filosófica e da articulação teológica são decididamente não narrativos (até mesmo a "teologia narrativa" é um gênero da análise proposicional e teórica que defende a importância da narrativa em uma modalidade que não é narrativa). Abordaremos esse desafio metodológico com maiores detalhes no quinto capítulo, mas, nesse contexto, lembro-me da explicação de Christine Overall da "filosofia autobiográfica" como uma modalidade de resistência para os paradigmas metodológicos dominantes na filosofia: "As feministas têm que continuar a resistir às mensagens culturais que dizem que a vida da mulher não é importante, que nossas experiências são irrelevantes e que nossos sentimentos são exagerados, descontrolados ou, por causa disso, irracionais [uma descrição bem comum dos pentecostais!]. A filosofia autobiográfica é um modo de "reagir" a essas mensagens" (Overall, "Writing What Comes Naturally?" p. 233).

[38]David Velleman, "Narrative Explanation", *Philosophical Review* 112 (2003): p. 1-25, especialmente a página 6.

112 PENSANDO EM LÍNGUAS

entre a narrativa e a emoção? Velleman e outros estudiosos fazem duas sugestões: a primeira é que a narrativa dá sentido à vida, a uma série de acontecimentos, ou a alguma experiência utilizando uma "lógica" que não é dedutiva, mas sim afetiva. A correlação e a produção do significado não são fruto de uma inferência cognitiva, mas de uma interpretação afetiva. A história é "um modo particular de organizar acontecimentos dentro de um todo inteligível",[39] mas a modalidade dessa organização "consiste em uma base profundamente afetiva. A correlação essencial da narrativa não é casual nem temporal; ela é emotiva".[40] A pessoa fica quase sujeita à tentação de regredir à linguagem convencional das "faculdades" para tentar descrevê-la. Com esse léxico, podemos dizer que a narrativa é um modo de entender o mundo que se baseia em uma faculdade afetiva ou emocional (em vez de um juízo acerca do mundo efetuado pelo intelecto). No entanto, a segunda explicação para a ligação é que a narrativa trabalha nesse registro emocional exatamente porque as próprias emoções já constituem "visões de mundo".[41] As próprias emoções já são filtros hermenêuticos, "avaliações afetivas que escapam à cognição"[42] em ação no processo de interpretar o nosso mundo. A narrativa é uma modalidade de explicação e de articulação que alimenta (e cultiva) o tipo de interpretação afetiva e criativa do mundo, que consistem na marca registrada das emoções. Em outras palavras, há um tipo de "encaixe" ou proporcionalidade entre a narrativa e o nosso registro afetivo; e, quando eles concordam, os dois trabalham para "dar sentido" ao nosso mundo e à nossa experiência de modo irredutível.

Já que existe uma irredutibilidade do saber narrativo, também deve haver uma *primazia* do saber narrativo que surge da nossa corporificação como uma estratégia adaptativa do nosso desenvolvimento

---

[39]Velleman, "Narrative Explanation", p. 1.

[40]Paisley Livingston, "Narrativity and Knowledge", *Journal of Aesthetics and Art Criticism* 67 (2009): p. 25-36, principalmente a página 31.

[41]Veja Robert C. Roberts, "What an Emotion Is", p. 183-209, e Roberts, *Emotions: An Essay in Aid of Moral Psychology* (Cambridge: Cambridge University Press, 2003).

[42]Jenefer Robinson, *Deeper Than Reason: Emotion and Its Role in Literature, Music, and Art* (Oxford: Oxford University Press, 1997). Robinson também associa a avaliação afetiva à fisiologia da corporificação — mais uma afinidade com a experiência pentecostal.

EM REGASTE DA EXPERIÊNCIA NARRATIVA **113**

evolutivo. António Damásio, Daniel Dennett e outros destacam o modo pelo qual a construção do *ego* (uma identidade) está associada com a capacidade de contar uma história sobre si mesmo.[43] Como Oliver Sacks já afirmou: "Cada um de nós constrói e vive uma 'narrativa', e [...] essa narrativa somos nós, constitui nossa identidade".[44] Além disso, deve haver também uma lógica dentro da qual somos "talhados" para ser contadores de histórias e onde a arte de contar histórias flui "naturalmente" como um sentido de uma "natureza primordial". Damásio propõe que o "ego" é o fruto narrativo da estrutura neurológica do cérebro que produz o que ele descreve como "sentimento do saber".[45] A dramaticidade da nossa identidade, nesse aspecto, não surge somente como um construto cultural, mas vem do nosso próprio corpo. Como Paul John Eakin resume: "A narrativa é biológica antes de ser linguística e literária".[46] Portanto, como ele conclui, se "o impulso da identidade narrativa que as autobiografias expressam é o mesmo ao qual reagimos todos os dias quando falamos sobre nós mesmos", e se "os dois podem se basear nos ritmos neurológicos da consciência", então podemos concluir que o ímpeto pentecostal para a narrativa e para o testemunho dá expressão a esse impulso básico do corpo.[47]

---

[43] Possivelmente, a versão mais forte e mais abrangente dessa afirmação é a de Alasdair MacIntyre, *Depois da virtude* (UFSC, 2001), p. 216: "o homem é, em suas ações e na prática, bem como na sua ficção, essencialmente um animal contador de histórias". Entretanto, MacIntyre não se inclina a basear suas afirmações na biologia ou na psicologia evolutiva como Damásio e Dennett (embora, em *Dependent, Rational Animals,* MacIntyre claramente honra a nossa "natureza animal"). Para uma análise crítica dessas afirmações, veja Peter Goldie, "Narrative Thinking, Emotion, and Planning", *Journal of Aesthetics and Art Criticism* 67 (2009): p. 97-106, e Bernard Williams, "Life as Narrative", *European Journal of Philosophy* 17 (2007): p. 305-314.

[44] Oliver Sacks, *O homem que confundiu sua mulher com um chapéu* (São Paulo: Cia. das Letras, 1997), p. 114. O contexto é uma análise do Sr. Thompson, que, por causa de uma deficiência cerebral, não consegue guardar lembranças — e o que passa a estar em jogo é uma questão de identidade, já que a narrativa, ou a história de vida, exige memória (e expectativas).

[45] António Damásio, O sentimento de si: o corpo, a emoção e a neurobiologia da consciência (Lisboa: Europa América, 2001), p. 6-7.

[46] Paul John Eakin, "What Are We Reading When We Read Autobiography?" *Narrative* 12 (2004): p. 121-132, principalmente a página 128.

[47] Acho que existe mais um sentido no qual o testemunho pentecostal "dá voz" à identidade narrativa — mediante a provisão de uma ocasião e uma oportunidade para que os

Logo, a narrativa não é somente uma "embalagem" opcional para proposições e fatos, nem uma forma corretiva ou rudimentar de conhecimento que é vencida ou superada pela maturidade intelectual. (Christian Smith destaca: até "nós, modernos, não somente continuamos a ser animais criadores de histórias, mas também animais *formados* por nossas histórias").[48] A narrativa é uma modalidade fundamental e irredutível, e o "conhecimento pentecostal" confirmado pelos testemunhos não somente depõe em favor da obra do Espírito, mas também a favor de sua realidade epistêmica. No entanto, nossas categorias epistemológicas e nossos paradigmas não são bem calibrados para lidar com o "saber narrativo". Na verdade, nossas ferramentas epistêmicas são mais adequadas para detectar "crenças" e fatos, são "itens" do saber que podem ser articulados em proposições, conectados em silogismos e "defendidos" por estratégias apologéticas. Além disso, embora possamos até mesmo dispor de epistemologias que dão lugar ao Espírito Santo,[49] não possuímos um arcabouço de teorias ou de ferramentas epistemológicas que honram ou explicam o *tipo* de conhecimento que caracteriza o "saber narrativo". Resumindo, a experiência e o testemunho pentecostais podem exigir que ampliemos nossas epistemologias para dar conta desse saber. Nesse aspecto, espero que a epistemologia pentecostal encontre respaldo na longa história do pragmatismo, uma tradição filosófica que contesta há muito tempo o reducionismo na filosofia.

---

pobres encontrem uma história própria e a articulem. Em nossa cultura das memórias de pessoas do século XXI, devemos reconhecer que não faltam opções para a burguesia "encontrar a sua voz" e "contar a sua história". Na verdade, o privilégio de uma educação nas belas artes institucionaliza essa oportunidade, mas a democracia implícita no culto pentecostal indica que a história de *todas* as pessoas tem importância. O culto pentecostal *evoca* uma história e dá a todas as pessoas uma chance e uma margem para narrar sua identidade.

[48]Christian Smith, *Moral, Believing Animals* (New York: Oxford University Press, 2003), p. 64.

[49]Cp. Alvin Plantinga, *Crença cristã avalizada* (São Paulo: Ed. Vida Nova, 2018). Embora aprecie que o reconhecimento que Plantinga dá à função epistêmica do Espírito Santo, minha preocupação é que o Espírito seja encarado na maioria das vezes como aquele que garante a aceitação de proposições ("ensinamentos" da fé).

EM REGASTE DA EXPERIÊNCIA NARRATIVA **115**

O relato de Wittgenstein sobre o saber irredutível, a "abdução" de Peirce[50] e a ênfase de Brandom na prática como fonte de "articular razões" estão tentando chegar em conjunto a algo que está implícito na experiência pentecostal: existe um meio de "saber" que é anterior e que transcende as proposições.

Esse empurrão epistemológico da experiência pentecostal também pode efetivamente impulsionar os filósofos a desenvolver modelos epistemológicos que honrem uma compreensão mais "bíblica" do conhecimento. Na verdade, eu mesmo estou impactado pela correlação entre o que tenho descrito como o "saber narrativo" do pentecostalismo e as explicações recentes sobre a epistemologia de Paulo. Considere, por exemplo, a análise de Ian Scott da "*maneira como Paulo adquiria o conhecimento*": encaramos Paulo como um recurso contemporâneo para pensar sobre o conhecimento exatamente porque "em Paulo temos a oportunidade de ver como alguém abordou o conhecimento religioso que, ao mesmo tempo, foi fundamental no desenvolvimento da cultura ocidental e que permaneceu relativamente inexplorado pelos movimentos epistemológicos que muitos suspeitam estar falidos".[51] Scott revela uma "estrutura narrativa do conhecimento do apóstolo", uma "lógica" narrativa distinta que funciona por trás de sua fala (p. 5-6, 10). Desse modo, Scott traz "à superfície as premissas tácitas [de Paulo] sobre como as pessoas em geral podem adquirir conhecimento", discernindo "premissas sobre as quais possivelmente o próprio apóstolo nunca se deu conta de forma completa" (p. 11).

Meu foco aqui não se situa tanto no *conteúdo*, mas no *modo* como adquirimos conhecimento. Portanto, por exemplo, na "crítica da razão

---

[50]Para uma análise mais profunda, veja Amos Yong, "The Demise of Foundationalism and the Retention of Truth: What Evangelicals Can Learn from C. S. Peirce", *Christian Scholar's Review* 29 (2000): p. 563-588.

[51]Ian W. Scott, *Paul's Way of Knowing: Story, Experience, and the Spirit* (Grand Rapids: Baker Academic, 2009), p. 4. (Com relação ao meu projeto de explicar as intuições epistemológicas que estão implícitas na prática pentecostal, é interessante observar que uma versão do livro de Scott publicada na Alemanha tinha o título *Epistemologia implícita nas cartas de Paulo*). O número da página inserido do texto se refere a Scott.

116 PENSANDO EM LÍNGUAS

pura" de Paulo (ou quem sabe Paulo tenha feito melhor ainda, afastando-se de Kant e se aproximando de Dooyeweerd em sua crítica da suposta autonomia do pensamento teórico), em Romanos 1:21-31 e 1Coríntios 1:18—2:16, o alvo do seu questionamento não é "propriamente a razão, mas a razão que foi sequestrada pelos vícios humanos" (p. 44). A raiz do problema é uma "falta de vontade de aceitar os limites da autonomia humana" (p. 28). Portanto, a obra do Espírito Santo não consiste em trazer *novos conteúdos*, mas "acesso gratuito": "O Espírito Santo não aparece nesses versículos [1Coríntios 2:6-16] como aquele que revela conteúdos ocultos, mas como alguém que possibilita que os cristãos reconheçam a mensagem (abertamente apresentada) como verdade" (p. 46-47). No entanto, a obra epistemológica do Espírito Santo neste aspecto não é mágica nem gnóstica; muito pelo contrário, a operação amorosa e epistêmica é uma combinação entre a regeneração moral — "curando a constituição moral dos cristãos" (p. 47)[52] — e o lócus narrativo — situando a comunidade cristã dentro de uma narrativa que apresenta um contexto novo para entender sua experiência. Essa é uma espécie de mudança de paradigma provocada pelo Espírito Santo. Em uma observação que reflete (ou mesmo antecipa) a explicação de Archer sobre a função da narrativa no entendimento pentecostal, Scott aponta que "o momento da revelação para Paulo não surge na experiência pré-reflexiva, mas na *interpretação* dessa experiência, quando se avalia e se apropria o significado dela de forma hermenêutica". O enquadramento hermenêutico surge de uma história que funciona como "subestrutura narrativa" do conhecimento de Paulo (p. 95-96). Scott resume: "Na verdade, quando Paulo

---

[52]Ou, como Scott afirmará posteriormente: "O Espírito Santo desse modo seria responsável pela fé no sentido de que restaura a constituição moral dos cristãos, possibilitando que os seres humanos sigam a lógica [narrativa] que nos leva ao evangelho" (p. 65). Logo, como observa Scott, sem, no entanto, explicar muito, o saber se torna uma questão de *virtude*. Para uma análise mais profunda sobre a relação entre as virtudes e a epistemologia, veja Linda Zagzebski, *Virtues of the Mind* (Cambridge: Cambridge University Press, 1996); Robert C. Roberts, *Intellectual Virtues: An Essay in Regulative Epistemology* (New York: Oxford University Press, 2007); e Daniel J. Treier, *Virtue and the Voice of God* (Grand Rapids: Eerdmans, 2006).

pensava acerca de assuntos teológicos, seus pensamentos traziam uma estrutura narrativa. Ele pensava sobre ações e acontecimentos que tinham correlações causais e temporais, todos eles governados pela trama subjacente do resgate da criação efetuado por Deus" (p. 118).[53] Logo, o que Paulo pregava, e o apelo que fazia a judeus e a gentios, não era apenas que aceitassem um constelação de ideias ou um sistema de crenças, ou mesmo uma coleção de doutrinas; em vez disso, a salvação deles dependia da assimilação da narrativa de forma afetiva, criativa, e de se enxergarem inseridos nela. Assim, para Paulo, o "saber ético" não era somente uma compreensão cognitiva de leis e deveres, nem o conhecimento de um conjunto de princípios morais; o saber ético era "envolvimento da pessoa na trama da narrativa teológica" (p. 10).[54]

Entender os acontecimentos (algo básico para o evangelho de Paulo) não constitui uma questão de dedução lógica, mas uma espécie de raciocínio narrativo. Por exemplo, o entendimento que Paulo tem da causalidade não é linear ou simples: "Ele raramente apresenta casos com uma causa suficiente e o seu efeito inevitável. Em vez disso, encontramos o tipo mais ambíguo de causalidade, que

---

[53]Scott levanta uma questão importante e óbvia: Se o pensamento e o conhecimento de Paulo são tão moldados pela narrativa, "então por que não o encontramos simplesmente contando uma história?" (p. 108-109). Por que as epístolas são tão didáticas, tão diferentes dos Evangelhos? Scott sugere que as próprias cartas de Paulo se constituem em uma espécie de "crítica": isto é, são escritas para nos ajudar a entender e apreciar a narrativa do mesmo modo que, por exemplo, a crítica de Edmund Wilson desperta e aprofunda nossa avaliação da ficção de Nabokov, mesmo com a crítica de Wilson se tratando decisivamente de uma obra didática. No entanto, a forma didática ou "reflexiva" das epístolas paulinas ainda "surge do processo da narração de forma orgânica". Assim, "a própria narrativa pareceria ser um fator primário" mesmo sem que Paulo em nenhum momento conte a história fazendo uso do gênero narrativo.

[54]Cp. p. 122-123, onde Scott demonstra que isso acontece com o próprio Paulo: "a 'pequena história' da vida de Paulo encontra sentido ao se relacionar com a 'grande narrativa' cujo centro de organização está em Cristo". Então, isso levanta questões interessantes sobre as próprias declarações de Paulo acerca do "conhecimento". Por exemplo, quando Paulo diz que ele "sabe" (*oida*) que sua ida a Roma será "na plenitude e na bênção de Cristo" (Rm 15:29), qual é a base desse conhecimento? Que espécie de afirmação de conhecimento é essa? Ou será que Paulo está introduzindo sua própria dedução narrativa? Será que não parece mais que Paulo está dizendo que "sentiu" isso "de Deus"?

é mais comum dentro da narrativa, em que um acontecimento serve como *parte* da razão para outro" (p. 104). Para entender essa diferença entre a causalidade simples e a narrativa, considere o nosso desconforto com o desenrolar de um filme. Digamos que um filme esteja acompanhando a história de dois irmãos afastados, que foram separados há muitos anos. Em uma cena marcante próxima do final, o irmão mais novo, desesperado e deprimido, está no alto de um prédio residencial no Brooklyn, a ponto de se atirar de lá. Na verdade, a câmera se posiciona próxima às suas costas e ele esboça o salto rumo ao suicídio. De repente, uma mão o alcança e impede que ele se destrua. Quando o irmão mais novo, agora deitado no chão, olha para cima, fechando os olhos diante do brilho do sol, ele se vê à sombra de seu irmão, como você já deve ter imaginado. A partir daí, o cineasta pode lidar com as questões da causalidade simples. Eles podem se sentar na cobertura do prédio, tomar uma cerveja, com o irmão mais novo perguntando: "Como você conseguiu chegar até aqui?" O irmão mais velho pode contar as manobras que fez para ir até aquele local. No entanto, isso não responderá ao nosso sentido narrativo de que essa "causa" não faz sentido algum. Sua chegada constitui um *deus ex machina* (uma expressão resumida que descreve um acontecimento ou um rumo na trama que não viola a causalidade simples, e sim a causalidade narrativa). Se pudermos reconhecer o tipo de reação "instintiva" que temos nesses momentos, um "sentido" de que algo não está certo, então teremos alguma compreensão intuitiva do que eu (e Scott) estamos chamando de "saber narrativo" e "causalidade narrativa". A narrativa dá sentido ao nosso mundo, à nossa experiência e aos acontecimentos em um registro diferente da lógica dedutiva da causalidade simples. Em resumo, o que Paulo "sabe" é *mais do que* somente o que ele "acha" e "acredita" (p. 156). É esse tipo de conhecimento, essa espécie de "saber", que está implícito na espiritualidade pentecostal, especialmente na prática do testemunho e na centralidade da narrativa na pregação pentecostal. Dar margem para esse tipo de saber seria um dos efeitos de uma filosofia distintamente pentecostal.

O MOVER DO ESPÍRITO SANTO: O SABER AFETIVO

Se o conhecimento demonstrado por Denise sobre o agir do Espírito Santo é constituído pela narrativa — isto é, se ela "sente de Deus" *porque* entende a história (ou, em vez disso, uma pluralidade de histórias) —, existe também um sentido importante no fato de ela "ter contato" com a verdade *partindo da experiência*.[55] Com efeito, o que poderia ser mais pentecostal do que a experiência? O testemunho de Denise está impregnado de um rico ambiente de experiência tátil e corporificada: ela acabara de participar de uma adoração que tinha sido profundamente afetiva na música e na palavra; ela entrou no ritual de "ir à frente", movimentando-se em um ritmo que possui seu próprio significado: ela vai contando seu testemunho enquanto seu marido e o pastor tocam em seus ombros; ela conta uma experiência corporificada anterior de oração e comunhão; suas emoções afloram e se expressam dentro de seu corpo e por meio dele — até mesmo no momento que sua história afeta as pessoas, tocando o coração delas de várias formas. Tudo isso, e muito mais, constitui a "experiência" do culto e da espiritualidade pentecostal.

Entretanto, o que estamos colocando em pauta quando falamos sobre experiência? Além disso, o que significa afirmar que alguém conhece alguma coisa "com base" na experiência? O discurso popular da espiritualidade pentecostal geralmente fala do "mover do Espírito Santo", e, sem dúvida, a espiritualidade carismática é cativante e emotiva (razão pela qual é sempre desvalorizada). Mas será que existe alguma coisa "filosoficamente interessante" acontecendo nesse meio? Será que uma atenção fenomenológica mais próxima a essa cena e a essa experiência também possui a capacidade de questionar e ampliar as nossas categorias filosóficas? Como podemos explicar filosoficamente a experiência pentecostal? Seria o caso de a experiência pentecostal carregar consigo um "sentido" implícito que pode ser

---

[55]Scott também analisa um tipo parecido de saber na obra de Paulo — modalidades "não cognitivas" calcadas na "experiência" (*Paul's Way of Knowing*, p. 143-155) — que também combinam com a espiritualidade pentecostal.

acrescentado ao nosso repertório filosófico? Nesta seção, abordarei esses temas de forma analógica, com base na explicação de Plantinga sobre o "afeto" no cinema para exemplificar o "afeto" da experiência pentecostal. Por um lado, a espiritualidade pentecostal consiste em procurar por palavras — por categorias e estruturas para articular seu "gênio" implícito, as intuições incorporadas na prática. Recorro à explicação de Plantinga sobre o cinema e a emoção para criar um diálogo comparativo que proporcione uma estrutura conceitual para esclarecer o que acontece na experiência pentecostal. Na próxima seção, partirei dessa comparação com o cinema para analisar outras implicações estéticas mais amplas dessa explicação, identificando os elementos de uma estética pentecostal.

Em primeiro lugar, precisamos levar em conta que existe uma antropologia filosófica atuante no culto pentecostal — um modelo de pessoas humanas tácito e implícito. O motivo pelo qual o culto pentecostal é tão afetivo, tátil e emotivo é porque a espiritualidade pentecostal rejeita o retrato "cognitivista" da pessoa humana, o qual nos interpretaria como fundamentalmente "coisas pensantes". O culto pentecostal é "experiencial" porque pressupõe uma compreensão holística de personalidade e agência, de que a essência do animal humano não pode ser reduzida à razão ou ao intelecto. Para dizer de outro modo, em vez de ver a ação e o comportamento humano como elementos completamente dirigidos por processos conscientes, cognitivos e deliberativos, o culto pentecostal, de modo implícito, reconhece que o nosso estar-no-mundo é influenciado de modo significativo e moldado por todo tipo de procedimentos "modulares" pré-cognitivos e não intencionais. Em suma, nós mais *sentimos* nosso comportamento no mundo do que *pensamos* acerca do mundo, *antes* mesmo de pensar acerca dele. Pense, por exemplo, em um cenário em que alguém tenha presenciado um culto pentecostal: no fim do culto, obedecendo a uma "palavra de conhecimento", um pastor faz um apelo aos pais e maridos presentes que têm ficado aquém de suas responsabilidades, deixando de amar sua mulher como Cristo amou a igreja, ou, quem sabe, se envolveram em algum tipo de comportamento destrutivo em sentido familiar. Quando, ao ouvir esse apelo, essa pessoa vai à

EM REGASTE DA EXPERIÊNCIA NARRATIVA **121**

frente, os gestos de ir à frente, de ajoelhar-se logo ao chegar e até o "gesto"[56] emocional de chorar não se limitam a um enfeite emocional, como se isso se tratasse de algum detalhe insignificante de alguma obra barroca. A *obra* de convicção do pecado e de transformação não consiste somente em uma questão intelectual; em vez disso, o arrependimento tem que se basear na intimidade da pessoa. Para que isso realmente se reflita em transformação, apenas uma mudança de entendimento não será suficiente, sendo necessário uma mudança de coração, uma reorientação no posicionamento com relação ao mundo, aos outros e a si mesmo. Além disso, já que o nosso posicionamento mais básico com relação ao mundo é cognitivo e afetivo, essa transformação tem que ser medida por componentes afetivos e corporais. Quem sabe esse marido se sentiu "convencido" durante semanas de que precisa mudar; isto é, ele "sentiu de Deus" (cognitivamente, intelectualmente) por um bom tempo que o seu comportamento não se encaixava em sua profissão de fé. No entanto, a convicção intelectual, por si só, não realizou a mudança porque não é somente o lado intelectual que conduz o nosso comportamento (pelo menos na maioria das vezes). Esse é o motivo pelo qual a "experiência", que está ligada aos aspectos corporais, afetivos e emocionais da pessoa, não diz respeito somente a um item opcional, a um acessório emotivo. Em vez disso, a experiência, com sua capacidade de ativar as emoções, atinge a intimidade da pessoa humana como um animal afetivo.

A explicação de Carl Plantinga sobre o afeto e a emoção no cinema foi dada para apresentar uma proposta semelhante. Logo, nós o encontramos questionando os paradigmas reducionistas da teoria cinematográfica que querem reduzir o filme à sua "mensagem", como no momento que os críticos de cinema e especialistas falam em "ler" um filme, dando a entender que "ver um filme é uma experiência prazerosa e intelectual".[57] Portanto, o crítico decodifica o filme decupando

---

[56]Cp. Jacques Derrida, *The Work of Mourning*, trad. Pascale-Anne Brault e Michael Naas (Chicago: University of Chicago Press, 2003).

[57]Carl Plantinga, *Moving Viewers: American Film and the Spectator's Experience* (Berkeley: University of California Press, 2009), p. 2.

seus significados ocultos, que podem posteriormente ser destilados em forma proposicional. Esse paradigma da crítica de cinema supõe que os filmes constituem basicamente veículos sofisticados de informações que acabam sendo proposicionais e intelectuais. Assim, "essa maneira de pensar sobre o cinema deprecia a forma da arte, reduzindo-a um parecer proposicional sobre sua estrutura e, por causa disso, tudo o que é cinemático" a respeito do cinema é relegado ao nível do descartável ou do supérfluo. No entanto, como Plantinga pergunta de forma adequada: "Será que todos esses elementos afetivos do processo de assistir a um filme só equivalem a epifenômenos, sobras descartáveis daquilo que realmente vale a pena a respeito dessa experiência?"[58] O mérito do seu livro é sugerir algo diferente disso, que os aspectos afetivos e emocionais do filme (precisamente os aspectos que nos *comovem*) são essenciais e irredutíveis. Conforme ele comenta: "Todos os significados abstratos que um filme possa vir a ter são complementares com relação à *experiência* na qual esse significado se concretiza".[59] O *significado* de um filme não pode ser reduzido à "mensagem" proposicional que pode ser extraída dele. Isso se deve ao fato de que "a experiência cria o seu próprio significado, e, em alguns casos, o significado advindo da experiência do filme pode justamente ir no sentido oposto do significado abstrato que se pode depurar do roteiro, por exemplo. A experiência afetiva e o significado não são paralelos nem separáveis, mas estão firmemente interligados".[60]

A teoria cognitivista, que reduziria o ato de ver um filme a uma transmissão de proposições, pressupõe um retrato tácito dos *espectadores* e supõe que eles constituem basicamente processadores racionais e cognitivos de informações, que, ao ver o filme, entram em um processo intencional de interpretação: ou seja, fazem a "leitura" dele.[61]

---

[58]Carl Plantinga, *Moving Viewers,* p. 3.
[59]Carl Plantinga, *loc.cit.*, destaque nosso.
[60]Carl Plantinga, *loc.cit.*
[61]Como Carl Plantinga resume posteriormente: "A expressão 'ler um filme' descaracteriza o processo de assisti-lo como se fosse a leitura de um livro, com o efeito de nos distrair de uma característica que às vezes é desvalorizada, isto é, que o filme é um meio poderoso e sensual [...] Quando os críticos falam sobre ler um filme, eles aplicam

EM REGASTE DA EXPERIÊNCIA NARRATIVA **123**

Plantinga se dedica a questionar a teoria cognitivista[62] do cinema exatamente por achar que ela pressupõe esse retrato reducionista dos espectadores. Na verdade, ela é caracterizada por o que ele classifica como um "fundamentalismo cognitivo", pois destaca demais o papel da consciência e da intenção racional. O cognitivista explica a emoção associando-a às crenças anteriores; por exemplo, "a experiência do medo exige que o sujeito que teme conscientemente inclua o objeto do medo sob a categoria 'seriamente ameaçador' ou 'perigoso' [...] e que essa decisão consciente deve *preceder* o despertar dessa emoção ou medo". No entanto, nós não somos basicamente, e estamos bem longe de ser, animais "cognitivos"; ele continua: "Muito pelo contrário, boa parte do que leva a pessoa a ter uma emoção [...] tem que acontecer em um nível que classifico como [...] o 'inconsciente cognitivo'".[63]

---

a pátina da distância intelectual sobre a atividade de assistir ao filme e, de forma implícita, associam esse processo com a atividade ostensivamente mais ativa e legítima da leitura. No entanto, ao usar a linguagem da leitura, esses críticos também minimizam os elementos pré-racionais de se ir ao cinema" (*Moving Viewers*, p. 112). Acho que o uso que Plantinga faz do termo "literário" nesse contexto pode ser abrangente demais, já que os textos "literários" (romances e poesias) nos sensibilizam de maneira bem parecida com os filmes. Quem sabe Plantinga pudesse dizer que ele está criticando as resenhas que reduzem os filmes a "textos". Poderia acrescentar que esses críticos equivocadamente não conseguem apreciar o quanto as práticas de leitura também são pré-racionais e automáticas. O hábito da leitura evoca todo um leque de processos inconscientes que são influenciados pela materialidade da página, pela impressão etc. (Esse é um aspecto que a "desconstrução" de Derrida tentou destacar sobre os "textos").

[62]Conforme já observamos, "cognitivista" é um termo enganoso. Nesse contexto, gostaria de sugerir que o "cognitivismo" se refere a um retrato da pessoa humana que supõe que a agência e a ação humana — a nossa postura diante do mundo, o nosso estar-no-mundo — são dirigidas pelo processamento consciente e intencional de "crenças". Portanto, por exemplo, a explicação da emoção que um "cognitivista" faz diria que as crenças vêm antes das emoções. Em contrapartida, Carl Plantinga observa: "Afirmo que a nossa vida afetiva certamente é influenciada por nossas crenças, mas não é totalmente determinada por elas. Em muitos casos, nossa mente modular gera reações que em parte são independentes delas.

[63]Carl Plantinga, *Moving Viewers*, p. 49. Em *Desejando o reino*, analiso o "inconsciente adaptativo". Plantinga e eu divergimos um pouco na medida em que ele quer preservar um momento cognitivo para esse inconsciente; portanto, parece que seu "inconsciente cognitivo" é inconsciente porque *não* é intencional, e *não* por não ser cognitivo. Em contrapartida, destaco que o inconsciente adaptativo abriga um tipo de compreensão não cognitiva. Plantinga pode pensar que eu me inclino ao que ele chama de "inessencialismo consciente" — "a ideia de que a consciência não tem muita importância para

124 PENSANDO EM LÍNGUAS

Assim, nossa experiência de assistir a um filme, e a nossa experiência do mundo, é constituída e interpretada por processos que são "automatizados" e "automáticos".[64] Na verdade, o cinema é um meio de tamanha força exatamente porque mexe conosco em vários níveis e de várias formas, recorrendo ao espetáculo visual, à força narrativa, ao afeto musical, à viagem no tempo e a muitos outros recursos. Assistir a um filme é uma experiência holística que seria diminuída e arruinada se nos reclinarmos na poltrona em uma postura intencional para "ler sua mensagem". Estaríamos frustrando a experiência afetiva e emocional de intenção dessa obra de arte. Devido ao fato de pertencermos a uma espécie animal que não é guiada somente pela cognição, mas também pelo afeto e pela emoção, somos capazes de "entender" um filme por meio das faculdades humanas latentes, que atuam de um modo que foge à compreensão da nossa reflexão cognitiva. O cinema "mexe conosco" porque interage com essas camadas automatizadas do nosso ser, os aspectos afetivos do ego que fogem à articulação consciente. Portanto, divergindo dos paradigmas cognitivistas (e dos pressupostos subjacentes sobre os espectadores), Plantinga articula uma "teoria cognitivo-perceptiva" que "dá margem para as reações conscientes e inconscientes do espectador e para as reações que, embora não sejam necessariamente ilógicas ou irracionais, escapam à elaboração consciente de deduções que é vista de forma equivocada como os verdadeiros bastidores de toda a teoria cognitiva do cinema".[65]

Gostaria de sugerir que acontece um processo parecido na espiritualidade pentecostal, o qual (na minha interpretação) também questiona o "fundamentalismo cognitivo" que parece caracterizar as compreensões filosóficas sobre a fé cristã, interpretando o cristianismo principalmente como uma "mensagem", uma constelação de crenças e proposições com as quais o fiel concorda".[66] Além disso, do

---

as nossas reações e juízos momentâneos" (*Moving Viewers*, p. 52). Penso realmente que a pesquisa atual sobre a ciência cognitiva sugere algo bem próximo disso. Esse é o "pequeno detalhe" sobre o qual nossas visões divergem.

[64]Ibidem, p. 51-52. Analiso esse automatismo no livro *Desejando o reino*.

[65]Carl Plantinga, *Moving Viewers*, p. 8.

[66]Retornarei a esse problema mais adiante no capítulo 5.

mesmo modo que a teoria cognitivista do cinema supõe que as pessoas humanas são fundamentalmente e na sua maioria articuladores conscientes que viajam em proposições e crenças, as explicações cognitivistas da fé também supõem que os fiéis não passam de processadores de proposições cuja caminhada pelo mundo é feita de articulações conscientes. Entretanto, e se nós formos fundamental e majoritariamente guiados pelo inconsciente adaptativo? E se a nossa caminhada pelo mundo se der por meio de interpretações que antecedem à cognição e não fazem parte dela? E se nossas ações e o nosso comportamento não forem guiados pelo mundo a princípio pela elaboração consciente, mas, em vez disso, por uma espécie de "sensação" inconsciente? Isso constituiria uma antropologia filosófica bem diferente, e é exatamente essa antropologia afetiva e holística que está presente na prática pentecostal. Já que somos orientados por uma espécie de "motor" afetivo, então a transformação operada pelo Espírito Santo tem que tocar o nosso coração, e, já que a nossa vida emocional e afetiva está envolvida em nossa materialidade corporal, então o Espírito Santo, em sua lógica encarnacional, tem que nos alcançar por meio do corpo.[67] Portanto, quando o marido vai até à frente e se ajoelha em contrição, quando a música ambiente do culto e o coro de orações em línguas trazem à tona sua tristeza (e alegria), quando os irmãos e as irmãs impõem as mãos sobre seu ombro em oração, esses elementos afetivos não são apenas "epifenômenos, detritos descartáveis"[68] de uma casca experiencial que pode ser descartada quando discernimos o miolo da verdade proposicional. Em vez disso, esses elementos afetivos são essenciais e irredutíveis; eles constituem a "verdade" da experiência e

---

[67]Sou levado a admitir que essa intuição implícita não se verifica somente no culto pentecostal. Creio que o mesmo princípio se aplica às tradições sacramentais católicas. Ou, por outro lado, podemos dizer que a tradição pentecostal é um tipo de tradição sacramental nesse aspecto, e assim tem muito em comum com a tradição católica. Para argumentos segundo os quais a espiritualidade pentecostal é sacramental de algum modo, veja Frank Macchia, "Tongues as a Sign: Towards a Sacramental Understanding of Pentecostal Experience", *Pneuma: Journal of the Society for Pentecostal Studies* 15 (1993): 61-67, and Simon Chan, *Pentecostal Theology and the Christian Spiritual Tradition* (Sheffield: Sheffield Academic Press, 2000).

[68]Carl Plantinga, *Moving Viewers,* p. 3.

confirmam o fato de que "sentimos a presença de Deus" em níveis que desafiam a articulação proposicional. O culto pentecostal entende isso de forma implícita.

Posso até admitir que exista algo *parecido* com um momento psicanalítico no culto pentecostal. Sugiro isso de forma cautelosa, já que muitos críticos e céticos têm o desejo de limitar a experiência pentecostal à psicose ou, pelo menos, a algum tipo de paradigma terapêutico em massa explicável em termos naturalistas. No entanto, longe de mim sugerir tal coisa. Pelo contrário, parece-me que a afetividade e a emoção são parte fundamental da espiritualidade porque elas reconhecem implicitamente que o nosso estar-no-mundo é primeiramente e na sua maior parte "impulsionado" por uma esfera inconsciente, afetiva e pré-intencional. Assim, o culto pentecostal penetra até o profundo da alma, atravessando os registros cognitivos, conscientes e intencionais para atingir o núcleo emocional da nossa identidade, um núcleo não cognitivo que orienta muito mais do que fazemos e do nosso comportamento do que gostaríamos de admitir.[69] Uma *vida* de discipulado — uma vida de obediência e alegria, uma vida de arrependimento e transformação — não é fruto da simples concordância ou convicção intelectual. Na verdade, os gigantes espirituais em todas as épocas (pense sobre o livro VIII das "Confissões" de Agostinho) sempre confirmam que o desafio do discipulado não se limita à questão do *conhecimento*, mas consiste mais em uma questão de *vontade* e de *desejo*. O marido pode até *saber* que não deveria estar fazendo X ou Y, mas ainda se acha incapaz de parar de fazer isso. Qual seria a razão? Agostinho diria que isso se deve ao seu *amor* ainda estar fora do lugar; a espiritualidade pentecostal diz implicitamente que o núcleo afetivo e emocional da sua identidade precisa ser reformulado e redirecionado. As mudanças em um *estilo de vida* não podem se tornar um fato enquanto esse núcleo afetivo não for atingido,[70] e

---

[69]Para ler sobre uma maneira não freudiana de articular isso, veja Timothy Wilson, *Strangers to Ourselves: Discovering the Adaptive Unconscious* (Cambridge, MA: Harvard University Press, 2004).

[70]Acho que é isso que faz do pentecostalismo uma tradição "mística" do modo que se verifica, por exemplo, nas disciplinas de São João da Cruz, *Noite escura da alma.*

EM REGASTE DA EXPERIÊNCIA NARRATIVA **127**

é exatamente isso que a natureza tátil, visceral e emocional do culto pentecostal busca realizar.[71]

Proponho que o culto pentecostal é realizado para nos cativar em um registro diferente.[72] Não se trata de algo propriamente "psicanalítico", já que não exige uma teoria freudiana ou lacaniana sobre o inconsciente.[73] No entanto, ele de fato reconhece que nosso

---

[71]Posso confirmar isso por experiência própria: Quando éramos recém-casados e cursávamos a faculdade, nunca chegamos a desenvolver hábitos bons e muito constantes de contribuir com dízimos e ofertas; em resumo, nunca fizemos que o discipulado econômico fizesse parte do nosso estilo de vida, e mesmo quando, por vários meses, nós fomos convencidos (intelectualmente) de que *devíamos* fazer isso, mas, mesmo sabendo que seria *bom*, isso não mexeu nos nossos hábitos arraigados. No entanto, uma noite, durante um culto de oração em Lansdale, Pennsylvania (que não era a nossa igreja local), um apelo convidou as famílias que estavam com problemas financeiros a receber a provisão divina por meio de um compromisso à doação consistente, e o pastor fez a coisa mais estranha do mundo — mesmo sendo algo parecido com o estereótipo dos tele-evangelistas pentecostais: pediu que viéssemos à frente da igreja com a carteira na mão! Não foi para que déssemos algum dinheiro (eles não pediram nenhum centavo), mas para que a equipe de oração orasse por nós com ela na mão. Isso se constituiu realmente em uma virada em nosso bem-estar financeiro. Ao mesmo tempo, começamos a adotar práticas compromissadas com a distribuição de renda. Eu "senti de Deus" que essa experiência visceral, cheia da presença do Espírito Santo, fez a diferença nas nossas *práticas*.

[72]Acho que essa é exatamente a maneira pela qual se deve entender a centralidade da música no culto pentecostal. Em vez de ser vista como um instrumento para promover um agito emocional (para o qual admito que ela tem a tendência a descambar e de ser motivo pelo qual se recorre a ela), gostaria de sugerir que a música no culto pentecostal traz certo afastamento do lado cognitivo, um deslocamento da função "executiva" das intenções, *abrindo* a pessoa às operações do Espírito Santo no registro afetivo (que também pode incluir um processo de trazer à tona os desejos reprimidos e os pecados, mas também de abrir o núcleo dos nossos afetos ao redirecionamento e à renovação. Nesse sentido, a música no culto pentecostal tem uma espécie de função *mística*. Essa leitura da música pentecostal não impede que ela seja vista como um meio de expressão especial com seu próprio "significado" irredutível. Assim, David Daniels, em sua "acustemologia" do pentecostalismo, descreve corretamente a modalidade singular do som "como um meio de conhecer", uma hermenêutica, "um modo sônico de conhecer". Veja David D. Daniels, "Gotta Moan Sometime": Sometime': A Sonic Exploration of Earwitnesses to Early Pentecostal Sound in North America", *Pneuma: Journal of the Society for Pentecostal Studies* 30 (2008): p. 5-32, especialmente as páginas 26-29. Cp. Jeannette Bicknell, *Why Music Moves Us* (New York: Palgrave Macmillan, 2009).

[73]É interessante que Plantinga, já que também está tentando abrir espaço para os aspectos inconscientes e não conscientes do cinema, também tem que afastar o fantasma da psicanálise distinguindo seu entendimento sobre o inconsciente (baseado na psicologia cognitiva recente) de um entendimento freudiano do inconsciente (veja Carl Plantinga, *Moving Viewers*, p. 18-19).

128 PENSANDO EM LÍNGUAS

estar-no-mundo é governado por habituações que vão se sedimentando em nosso inconsciente e que essas habitualidades inconscientes orientam nossas ações e nosso comportamento. Já que esse aspecto pré-consciente ou inconsciente do ego se identifica com o afeto ou a emoção, então podemos dizer que *sentimos* cada passo do nosso caminho neste mundo com uma frequência bem maior do que *pensamos* nesta caminhada. Quanto a isso, a explicação de Plantinga sobre o cinema e a emoção também apresenta uma analogia útil. Ele também se baseia na conclusão de Roberts: as emoções são "interpretações baseadas no interesse", como já observamos. Conforme destacamos, isso indica que as emoções não constituem atos reflexos nem mesmo detritos "irracionais" da experiência.[74] As próprias emoções são "perspectivas" do mundo, construções e interpretações irredutíveis e pré-cognitivas que constituem o mundo para nós de forma particular mesmo *antes de* "pensarmos" ou "percebermos". Em termos fenomenológicos, poderíamos dizer que as emoções *dão significado*, elas trazem intenções ao mundo, constituem os fenômenos, dando "sentido" ao mundo mesmo num registro que não é intelectual ou cognitivo. Como uma interpretação baseada no interesse, a emoção é "como uma percepção em um sentido mais amplo".[75] Já que nossas emoções interpretam o mundo *anteriormente* e *com mais frequência* do que as nossas percepções intelectuais e cognitivas, então o formato das nossas emoções *molda* o nosso mundo na maior parte do tempo; assim, o discipulado passa a ser mais uma questão de treinamento de nossas emoções do que de transformação da nossa

---

[74]Carl Plantinga faz uma distinção entre o "afeto" de modo mais amplo e as "emoções" em particular. O afeto constitui reações mais reflexas, ou "percepções do estado do corpo" (*Moving Viewers*, p. 57), enquanto as emoções "possuem um componente cognitivo mais forte" — isto é, elas possuem uma causa (op. cit., p. 29). O afeto é mais visceral e "impenetrável cognitivamente", enquanto as emoções, como interpretações, podem ser "entendidas" de certo modo. Por outro lado, alguém poderia simplesmente dizer que as emoções são "intencionais": "não no sentido de seguir decisões e refletidas, mas com relação a suas 'causas'" (op. cit., p. 55). Entretanto, Plantinga avisa que "essa diferenciação entre o afeto e as emoções não tem o propósito de possuir nenhum peso teórico muito grande" (op. cit., p. 57).
[75]Carl Plantinga, *Moving Viewers*, p. 56.

mente. É essa intuição que penso ser básica e profunda no culto e na espiritualidade pentecostal.

Então, de que modo o papel da emoção no cinema pode servir de parâmetro de comparação? Duas características são sugestivas: em primeiro lugar, Plantinga destaca que as experiências afetivas geradas pelo cinema "podem se incorporar à memória dos espectadores e se tornar padrões de pensamento e de comportamento".[76] A experiência cinematográfica se converte em um padrão emocional, integrando alguns hábitos emocionais que depois passam a ser padrões de pensamento e comportamento posteriores, aplicados a outras áreas da vida. Tendo em vista que, no cinema, as emoções são integradas às narrativas,[77] o poder do cinema nesse aspecto é ampliado de tal maneira que Plantinga afirma que o "cinema possui influência suficiente a ponto de ter o potencial de associar emoções e afetos a algum tipo de narrativa, regulando assim a experiência emocional".[78] Esse papel "regulador" das experiências paradigmáticas criadas pelo ato de ir ao cinema é mais bem classificado em termos de "preparação" e "disposição". Os efeitos e as estratégias cinematográficas podem nos preparar para experimentar algumas emoções em algumas situações, e podem até incutir em nós uma disposição a longo prazo ou uma "propensão a experimentar certas emoções com relação a algumas situações ou interpretações"[79]. Em suma, podemos simplesmente dizer que as experiências afetivas apresentadas no cinema nos *treinam* emocionalmente, de tal

---

[76]Ibidem, p. 6. Posteriormente, ele destaca brevemente que a "memória" nesse caso é *corporal* (pp. 119, 129), mais como uma "memória muscular" do que um resgate consciente. Para uma análise mais aprofundada dessa memória corporal e operante que não se baseia nos mecanismos de recuperação consciente, veja Edward S. Casey, "Habitual Body and Memory in Merleau-Ponty", *Man and World* 17 (1984): 279-297, e Casey, *Remembering: A Phenomenological Case Study*, 2ª ed. (Bloomington: Indiana University Press, 2000), capítulo 8 ("Memória do corpo").

[77]"Como interpretações calcadas no interesse", observa Plantinga, "as emoções podem ser comunicadas como narrativas — histórias que nós mesmos contamos sobre as nossas experiências" (*Moving Viewers*, p. 80). Isso combina com a nossa explicação do saber narrativo na seção anterior e confirma a sabedoria implícita da conexão pentecostal entre a narratividade e a afetividade.

[78]Carl Plantinga, *op. cit.*, p. 60.

[79]Carl Plantinga, *Moving Viewers*, p. 61.

modo que nos preparam e nos dispõem para interpretar afetivamente o mundo de determinada maneira.

Em segundo lugar, embora o cinema proporcione uma experiência afetiva que pode se tornar um paradigma para os hábitos emocionais, o próprio filme já materializa uma "tomada de cena" emocional, que, por sua vez, constitui uma corporificação de uma interpretação do mundo (apesar de o filme não poder ser reduzido à expressividade autoral). Plantinga classifica isso como "pré-focalização afetiva" e afirma que "todos os filmes até certo ponto possuem uma pré-focalização afetiva". Do mesmo modo que as "emoções nos levam a destacar elementos do nosso ambiente, chamando a nossa atenção para fenômenos perceptuais importantes",[80] os filmes "dirigem" a nossa atenção e focalizam nosso envolvimento afetivo. As narrativas pré-focalizadas do cinema já constituem "maneiras de interpretar o mundo".[81] Portanto, se os filmes "treinam as nossas emoções", e assim moldam a nossa interpretação afetiva do mundo, essa "educação" da emoção não é neutra nem genérica. Trata-se sempre de inculcar algum foco e alguma interpretação em particular.

Parece-me que isso dá uma ideia do que acontece no culto pentecostal. A natureza tangível, visceral e emocional da espiritualidade pentecostal funciona como uma pedagogia do afeto, uma educação das emoções, preparando os discípulos a interpretar pré-cognitivamente o mundo da sua experiência de certa maneira *depois* que sai do culto. Em outras palavras, nos seus melhores momentos, o fervor emocional do culto pentecostal não é uma válvula de escape das "realidades" de um mundo cruel, nem mesmo uma imersão praticamente narcisista em um êxtase emocional. Em vez disso, o que se passa na afetividade do culto pentecostal é o treinamento emocional que leva ao treinamento interpretativo, é a inculcação de uma hermenêutica pré-consciente, formando ou moldando nossas "construções calcadas no interesse". O culto pentecostal é pré-focalizado afetivamente, padronizado para

---

[80]*Ibid.*, p. 79.
[81]*Ibid.*, p. 80.

destacar certos aspectos da experiência como traços fundamentais; também é regulador ou exemplar, buscando inculcar certos hábitos emocionais, que, depois de inscritos e sedimentados no cristão, passam a fazer parte de seu repertório emocional fora do culto, preparando e predispondo a pessoa dessa forma a interpretar o mundo de sua experiência de maneiras determinadas. Assim, podemos ver a experiência pentecostal como um treinamento epistêmico e hermenêutico.

IMAGINANDO O MUNDO DE UMA NOVA MANEIRA: UMA ESTÉTICA PENTECOSTAL

O culto pentecostal parte da premissa tácita de que é a nossa história que nos leva adiante. Como já vimos, o cinema parte do mesmo princípio, e a literatura também. Então, dá para perceber como a afetividade da espiritualidade pentecostal combina com as artes criativas. Na verdade, gostaria de sugerir que uma epistemologia pentecostal é sempre um tipo de *estética*, uma gramática epistêmica que destaca a *aisthesis* (experiência) sobre a *noesis* (intelecção).[82] Assim, nossas reflexões esquematizadas no quadro da epistemologia pentecostal pedem reflexões sobre os moldes de uma estética pentecostal. Será que existem intuições rudimentares dentro da espiritualidade pentecostal que sugerem a produção de um cinema pentecostal, ou mesmo aspectos do imaginário social pentecostal que nos convidam a articular uma literatura pentecostal?[83] Será que pode haver modos pelos

---

[82]Sugiro algo parecido em James K. A. Smith, "Staging the Incarnation: Revisioning Augustine's Critique of Theatre", *Literature and Theology* 15 (2001): p. 129-130.

[83]A essa altura, teremos que fazer primeiramente uma distinção entre uma busca descritiva e uma busca construtiva dessas questões. É claro que, por um lado, já temos exemplos de filmes pentecostais (o primeiro exemplo que me vem à memória é o clássico *A cruz e o punhal*). No entanto, o interesse maior do meu projeto se situa numa análise construtiva: Quais são os elementos que podem formar uma estética totalmente pentecostal? (Existe também outra linha de pesquisa que não tenho como seguir, a qual consiste nos conflitos que se percebem entre a valorização do sobrenatural e o uso mundial por parte dos pentecostais das tecnologias midiáticas, inclusive do cinema. No entanto, meu foco nesse contexto é o lado estético, em vez do lado técnico. Para uma análise do conflito na apropriação pentecostal da tecnologia, veja Birgit Meyer "Religious Revelation, Secrecy, and the Limits of Visual Representation", *Anthropological Theory* 6 [2006]: p. 431-453).

132 PENSANDO EM LÍNGUAS

quais a arte do cinema combina com os pressupostos da espiritualidade e da prática pentecostal?

O pentecostalismo é marcado, ou até mesmo definido, por uma abertura aos "sinais e maravilhas"; por causa disso, trata-se de uma espiritualidade de sinais, do visível e do invisível: é uma religião de manifestação, demonstração e exposição.[84] O culto e a espiritualidade pentecostais consistem muito mais em uma economia visual, um mundo visível, fantástico e espetacular semelhante ao mundo fantástico do cinema. O culto pentecostal é semiótico como a parte visual do filme, mas, assim como no cinema, é *mais* do que isso, afetando os outros sentidos e tocando o nosso coração por meio da narrativa etc.; por isso afirmo que, após identificar as características que definem uma cosmovisão pentecostal, os pentecostais devem envolver-se de forma criativa na produção da cultura visual.

Na discussão do imaginário social pentecostal no segundo capítulo, destaquei que a espiritualidade pentecostal está impregnada de um apoio à corporificação, que existe uma espécie de sacramentalidade no culto pentecostal que vê o aspecto material como um mediador bom e necessário da obra e da presença do Espírito Santo. Não há como existir a espiritualidade pentecostal sem a questão do corpo; em outras palavras, para o pentecostalismo, *o corpo é importante*.[85] Além disso, essa mesma afirmação do corpo representada nos destaques pentecostais

---

[84]Sendo assim, penso que a prática e a espiritualidade pentecostais — marcadas por um papel central do visual e do espetacular — contestam o favorecimento dos protestantes "tradicionais" à audição e à voz (cf. Stephen Webb, *The Divine Voice: Christian Proclamation and the Theology of Sound* [Grand Rapids: Brazos, 2004]), e a crítica tradicional correspondente da *theologia gloria* e as economias da visibilidade. Em resumo, a economia pentecostal de sinais e maravilhas é mais uma prova de sua catolicidade e da sua sacramentalidade. Portanto, essa estrutura de renovação se alinha mais com os paradigmas ortodoxos e católicos do que com os protestantes (cp. Amos Yong, *Spirit-Word-Community: Theological Hermeneutics in Trinitarian Perspective* [Aldershot: Ashgate, 2002]).

[85]Esse ainda é outro ponto de contato para um diálogo posterior entre o feminismo e a filosofia pentecostal. Devem fazer parte dos trampolins para essa troca de ideias os livros de Elizabeth Grosz, *Corpos reconfigurados,* artigo disponível em https://periodicos.sbu.unicamp.br/ojs/index.php/cadpagu/article/view/8635340, acesso em julho de 2020, e Judith Butler, *Corpos que importam* (São Paulo: N-1 edições, 2019).

da narrativa, da afetividade, da emoção, produzindo uma epistemologia que prioriza o "saber narrativo" está sendo revista aqui. Esse é um tipo de saber intuitivo, até mesmo emocional ("sinto de Deus"), que é a base do saber "intelectual", mas é irredutível para esse saber. Nossa modalidade mais primitiva e fundamental de "compreensão" é mais literária do que lógica; somos o tipo de criatura que caminha pelo mundo mais por metáfora do que por matemática. Adquirimos mais conhecimento por meio da dança do que pela dedução. Esses dois elementos de uma cosmovisão pentecostal constituem uma terra fértil para que se articule uma estética pentecostal. Resumindo, o culto pentecostal reconhece de forma tácita que somos criaturas estéticas: somos mais moldados, tocados e influenciados pelo cativar da narrativa do que pela enumeração de proposições. O modo pelo qual a história (até mesmo a ficção) comunica a verdade nos toca de forma mais profunda do que a apresentação de "fatos". O filme *A lista de Schindler* nos sensibiliza de forma mais profunda e significativa do que a apresentação de fatos de um livro didático a respeito do Holocausto. Sabe qual é a razão disso? É porque somos animais estéticos e respiramos histórias. Além disso, gostaria de destacar que existe um terceiro elemento de uma cosmovisão pentecostal que é importante: a orientação escatológica do pentecostalismo que prioriza a *esperança*. Conforme sugerirei a seguir, essa orientação para o futuro — com sua visualização implicitamente política do reino vindouro — também faria bem em fazer parte de um senso estético pentecostal.

Como esses elementos de uma cosmovisão pentecostal podem constituir uma base para uma estética pentecostal ou, pelo menos, algum senso estético? Permita que eu imagine por um instante a forma de uma estética pentecostal considerando um gênero específico: a possibilidade de um cinema pentecostal.[86] O documentarista Francisco Newman — que fala muito sobre a influência da sua criação

---

[86]Admito que existe alguma ironia (ou oportunidade) quanto a isso: muitas igrejas pentecostais ocupam locais onde anteriormente funcionavam cinemas. De certo modo, sugiro que deve haver uma boa razão para que os pentecostais resgatem esses espaços também como cinemas.

em uma igreja pentecostal que ficava em um salão, sempre participando no departamento de teatro[87] — disse certa vez em uma entrevista (falando sobre um artigo da autoria de Jean-Luc Godard):

> Antes disso, nunca pensei em ser cineasta, mas esse artigo despertou meu interesse em fazer cinema porque, devido ao fato de ter crescido como pentecostal, fui ensinado a pensar que o cinema era invenção do diabo. Só depois de crescer, descobri que eles estavam certos. Bem, eles simplesmente achavam que todos os filmes eram do diabo por causa dos lançamentos que vemos sair de Hollywood. Portanto, eles simplesmente não assistiam a filme nenhum. Nunca passou pela cabeça deles que fosse possível fazer um filme que não fosse demoníaco.[88]

Gostaria de sugerir, a partir de todas as afirmações dos pentecostais sobre a natureza humana — que somos animais com um corpo, criativos, afetivos e narrativos —, que os pentecostais deveriam ver o cinema e os filmes em particular como um meio estético quase exclusivamente pentecostal! Os cristãos pentecostais e carismáticos devem ver o cinema como uma expressão cultural feita especialmente para as suas necessidades. Na verdade, o cinema é uma mídia especial — já chamada de "supermídia" — que é poderosa esteticamente porque age de forma direta sobre muitos aspectos de nossa natureza afetiva. As imagens, aliadas à música de uma trilha sonora, falam diretamente com a região do coração reservada a nossas imaginações afetivas e envolvem a nossa atenção e os nossos desejos.[89] Além disso, a capacidade do cinema de *narrar*, contar uma história, é um convite a nos relacionarmos com os personagens com o passar do tempo, uma

---

[87]Francisco Newman, "Cinema of the Oppressed", *Callaloo* 27 (2004): p. 715-733. Newman destaca a "teatralidade" do culto pentecostal (p. 717-719).

[88]Ibidem, p. 722.

[89]Para algumas análises relacionadas a isso, veja três teses em Richard Allen e Murray Smith, eds., *Film Theory and Philosophy* (Oxford: Oxford University Press, 1997): Edward Branigan, "Sound, Epistemology, Film" (p. 95-125), George Wilson, "On Film Narrative and Narrative Meaning" (p. 221-238), e Carl Plantinga, "Notes on Spectator Emotion and Ideological Film Criticism" (p. 372-393).

EM REGASTE DA EXPERIÊNCIA NARRATIVA **135**

viagem a uma experiência de mundo que pode ser transformadora. Já que constitui um meio que é equipado de forma especial para ser criativo, afetivo e narrativo, o cinema apresenta uma oportunidade poderosa para que os pentecostais contem sobre o mundo histórias que ofereçam renarrações e contranarrativas para as opções concorrentes disponíveis no mercado. (No entanto, devo observar que não quero dizer que os pentecostais devem começar produzindo filmes sobre o Espírito Santo ou sobre Jesus, nem filmes claramente mais "religiosos".[90] Em vez disso, o filme "pentecostal" deve contar a verdade, mas de uma forma mais sutil.)

Já que o cinema apresenta uma oportunidade para que se faça uma nova narrativa do mundo, ele também constitui uma mídia especial para *imaginar o mundo de uma nova maneira*, e eu acho que isso tem muito a ver com a experiência pentecostal e com a escatologia pentecostal em particular. A espiritualidade pentecostal é avivada pela visão de um Reino vindouro, que imagina o mundo de outra maneira — um mundo que não é mais castigado pelo racismo, ou pela doença, ou pela pobreza —, o mundo conforme é visto no final do livro de Apocalipse. No entanto, para ser capaz de *imaginar* isso tudo, a nossa imaginação precisa ser convertida, libertada das lógicas do poder, da escassez e do consumo, que constituem a "racionalidade" no nosso mundo. Em resumo, existe uma maneira importante pela qual precisamos contestar o mundo como "racional", e isso está no centro do imaginário social pentecostal. Como Margaret Poloma observa: "Quando passa a pensar

---

[90]Os filmes "religiosos" quase sempre acabam se degenerando para a propaganda; isto é, permitem que os "fatos" da "mensagem" ou doutrina atropelem o aspecto criativo e estético da arte. Para uma análise sobre a tendência da arte "cristã" de se tornar uma propaganda (deixando de lado a "alusividade"), Veja Calvin Seerveld, *Bearing Fresh Olive Leaves: Alternative Steps in Understanding Art* (Carlisle, U.K.: Piquant, 2000), p. 117-157. Deixei de abordar um tema importante por causa do ímpeto de santidade da espiritualidade pentecostal, que consiste na importância de não produzir somente filmes "limpos" ou "seguros", mas a necessidade de filmes verdadeiros para lidar com a *corrupção* do mundo. Para uma análise referente a isso, veja James K. A. Smith, "Faith in the Flesh in *American Beauty:* Christian Reflections on Film", em *Imagination and Interpretation: Christian Perspectives,* ed. Hans Boersma (Vancouver: Regent College Publishing, 2005), p. 179-189.

136 PENSANDO EM LÍNGUAS

um pouco mais sobre sua identidade distinta, o ritual pentecostal/ carismático reflete uma cosmovisão que, de muitas maneiras, discorda da metanarrativa do materialismo, do cientificismo e da racionalidade instrumental que caracteriza a cultura ocidental".[91] De muitas formas, falta imaginação à cultura mais ampla para conceber a visão de um mundo vindouro que pode ao mesmo tempo contestar e afrouxar a imaginação petrificada de uma cultura mundial voltada ao consumo, à violência e à busca do poder e da exploração.

O cinema seria mais pentecostal se apresentasse uma nova narrativa do mundo que destruísse a fortaleza da racionalidade instrumental moderna e libertasse a imaginação para imaginar o mundo de outra maneira. Nos termos sugeridos por Herbert Marcuse, a "fantasia" ou imaginação consiste em uma atitude de promover um mundo que preserva um alto grau de liberdade diante do "princípio da realidade" da racionalidade instrumental modernista.[92] Na verdade, a fantasia e a imaginação são subversivos aos paradigmas dominantes da "racionalidade" (o que Marcuse, seguindo Freud, chamaria de "princípio da realidade") que remeteria o mundo que esperamos à esfera impossível da "utopia".[93] Embora essa harmonia tenha sido reprimida no nível da utopia pelo princípio estabelecido da realidade, a fantasia insiste em que é essencial e que ela pode-se tornar real, que por trás da ilusão existe o *saber*. As verdades da imaginação são percebidas a princípio quando a própria fantasia assume uma forma, na qual ela cria um universo de percepção e de compreensão".[94] Isso, como Marcuse destaca com propriedade, acontece na arte que representa "o valor

---

[91]Margaret Poloma, "Glossolalia, Liminality, and Empowered Kingdom Building: A Sociological Perspective", em *Speaking in Tongues: Multi-Disciplinary Perspectives*, ed. Mark Cartledge (Milton Keynes, U.K.: Paternoster, 2006), p. 156. Gostaria apenas de destacar que o "ritual" (i.e., as práticas) *precedem* "a cosmovisão"; isto é, em vez de o ritual "refletir" uma cosmovisão, eu diria que uma cosmovisão é uma articulação de uma "compreensão" que está embutida na prática (Taylor).

[92]Marcuse, *Eros e civilização* (Rio de Janeiro: Zahar Editores, 1975).

[93]"A relegação de possibilidades reais para a terra de ninguém da utopia constitui, por si só, um elemento essencial da ideologia do princípio de desempenho" (Marcuse, *Eros e Civilização*), p. 153.

[94]Marcuse, *Eros e civilização*, p. 135.

da verdade da imaginação".[95] Desse modo, a arte cumpre uma função crítica, até mesmo "profética": ela se recusa a aceitar os limites da "racionalidade" ditados por um "princípio de realidade" atrofiado. É na arte que o sonho de um Reino vindouro se concretiza no presente, como amostra do que virá. Mas já que nossas imaginações são tão limitadas pelos ditames da lógica de uma racionalidade instrumental, a arte tem que dar asas à imaginação, tirar suas amarras e soltar suas algemas. Assim, Marcuse se refere ao mundo louco, mágico e fantástico da arte surrealista como um meio pelo qual a imaginação se liberta para imaginar o mundo de outra maneira.[96] O surrealismo quebra as regras, coloca-nos em rendição, porque suas imagens e seu movimento desafiam as convenções da racionalidade, até mesmo as da percepção sensorial. Suas imagens gráficas e contorções visuais fazem o mundo ficar estranho até para os nossos hábitos afetivos, convidando-nos por meio disso a adquirir novos hábitos de visão e imaginação.

Desse modo, penso que o cinema pentecostal — e uma estética pentecostal em linhas gerais — seria uma espécie de surrealismo, resistindo constantemente ao que "eles" dizem ser possível. Esta arte representa um meio especial para concretizar o *fantástico*, mas, para fazer isso, terá que passar por vieses e visões que parecem surreais para a nossa racionalidade contemporânea. Como tal, acho que os filmes pentecostais se parecerão mais com o surrealismo fantástico e mágico de *O labirinto do fauno* do que o chamado realismo de *A paixão de Cristo*. Assim, essas produções consistiriam uma analogia do culto pentecostal: um lugar onde o Espírito Santo quebra os protocolos para proporcionar uma amostra do Reino vindouro.

---

[95]Marcuse, *Eros e civilização*, p. 137. Marcuse prossegue afirmando, referindo-se a André Breton: "Que as proposições da imaginação artística sejam inverdades, nos termos da organização real dos fatos, faz parte da própria essência da verdade de tais proposições:" (op. cit., p. 139).

[96]Talvez seja do interesse dos pentecostais que Breton, no seu primeiro Manifesto Surrealista (1924), tinha o interesse de redimir os "sonhos", por assim dizer, de sua depreciação freudiana. Para o surrealismo, os sonhos — em vez de se limitarem a ser portais para a patologia — eram um meio de visualizar o que poderia ser verdade.

CAPÍTULO **4**

QUEBRANDO PARADIGMAS PARA REENCANTAR O MUNDO

A CIÊNCIA, O ESPÍRITO SANTO
E UMA ONTOLOGIA PENTECOSTAL

PENTECOSTALISMO, MODERNIDADE E O MUNDO EM DESENCANTO

O cristianismo pentecostal e carismático constitui algo fantástico. Especialmente em suas expressões globais, o pentecostalismo habita em um mundo bem "encantado". O mundo do culto e da espiritualidade pentecostal consiste na volta ao cenário do que Bultmann descartou como o mundo "mítico" do Novo Testamento: um mundo de "sinais e maravilhas", um lugar onde a comunidade *espera* o inesperado e conta testemunhos de curas milagrosas, de revelação divina em línguas estranhas, iluminação divina, profecia e outros fenômenos "sobrenaturais". Uma das características principais da espiritualidade pentecostal é a combinação única de uma forma de adoração com os pés no chão, material e física que é aberta radicalmente à transcendência, por isso é que tenho defendido que um dos principais componentes de uma cosmovisão pentecostal é um senso de abertura radical a Deus, como um destaque especial para a operação continuada do Espírito Santo na igreja e no mundo.

No entanto, isso claramente possui implicações ontológicas que precisam ser abordadas, junto com as implicações para a contribuição pentecostal para os paradigmas dominantes no campo das ciências sociais e naturais (e na apropriação de alguns deles), bem como os paradigmas que governam o diálogo entre a ciência e a teologia. Já que a abertura à novidade de Deus é uma característica essencial da crença e da prática pentecostal, isso pressupõe um senso de que o universo e o mundo natural também têm que continuar sendo *sistemas abertos*. No entanto, essa proposta ontológica pareceria confrontar duas afirmações básicas da ciência contemporânea: (1) o que poderíamos chamar de "naturalismo metafísico", que afirma (além das provas estritamente "científicas") que o universo *é* um sistema de processos naturais determinados, fechados e imanentes; e (2) o "naturalismo metodológico", o qual, embora possa permanecer agnóstico no que diz respeito ao naturalismo metafísico, ainda assim afirma que a ciência como tal tem que operar *como se* o universo fosse um sistema fechado.

Será que, mesmo com a cosmovisão encantada do pentecostalismo, existe alguma margem para uma contribuição pentecostal à metafísica? E, mesmo com as tendências da metafísica contemporânea, qual possibilidade haveria para uma intervenção distintamente pentecostal no diálogo entre a ciência e a teologia? Ao afirmar a centralidade do "milagroso" e do fantástico, e estando basicamente comprometido com um universo aberto a surpresas, será que o pentecostalismo não perde o direito de se sentar à mesa do diálogo? Uma contribuição pentecostal para o diálogo entre a ciência e a teologia seria inevitavelmente classificada como grosseira exatamente porque transgrediria um tabu tácito na sala desse diálogo, que equivale a não questionar o lado "científico" da conversa e, especialmente, não prejudicar a conversa questionando as premissas naturalistas dominantes da ciência. Nesse tipo de ambiente, com um protocolo estabelecido de educação dominado pela deferência àquilo que "a ciência diz", os pentecostais estariam invadindo a sala como uma turma bem barulhenta, que se recusa a seguir as regras implícitas dessas reuniões burocratas. Por causa disso, a reação aos pentecostais na sala do diálogo entre a ciência e a teologia não seria diferente da que houve diante do avivamento da rua Azusa, que também foi descartada pela elite.

Com a esperança de evitar essa cena constrangedora, gostaria de abordar neste capítulo algumas implicações ontológicas de uma cosmovisão pentecostal para trazer uma contribuição preliminar ao diálogo entre a ciência e a teologia *na condição de* um mestre pentecostal trabalhando sem nenhuma preocupação apologética, partindo de uma cosmovisão pentecostal. Meu projeto parece um pouco com uma espada de dois gumes: por um lado, quero sugerir que uma cosmovisão pentecostal não precisa (nem *deve*) incluir um sobrenaturalismo "ingênuo", ainda mais quando se percebe que a linguagem do *sobre*naturalismo não passa de uma espécie de enxaqueca deísta bem problemática. Incluo neste capítulo um pouco de crítica interna, sugerindo que os pentecostais de modo fácil e frequente adotaram um "hipersobrenaturalismo" simplista. Por outro lado, a espiritualidade pentecostal é definida pelo milagroso, pelas surpresas ontológicas que o naturalismo quer negar (ou, na verdade, recusa-se a reconhecer). Assim, gostaria de sugerir que os pentecostais devem reagir contra as premissas dominantes com relação ao naturalismo, que não somente governa a prática científica, mas também de forma especial os parâmetros do diálogo entre a ciência e a teologia. De acordo com a metáfora da sala que mencionei, alguém pode dizer que minha intenção é tirar o pó do pentecostalismo e mostrar que ele não é tão grosseiro ou ingênuo como as pessoas que já estão na sala podem suspeitar. No entanto, também gostaria de propor que um engajamento científico distintamente pentecostal não deve ser visto como um visitante ilustre. Embora não tenhamos o propósito de atrapalhar o diálogo, temos o interesse de flexibilizar um pouco as coisas: um processo que pode incluir um questionamento rude à mediação.

Minha tese central é esta: existe uma cosmovisão impregnada na prática pentecostal — isto é, do seu imaginário social — cuja ontologia consiste em uma abertura radical e que resiste aos sistemas fechados e imanentistas que costumam surgir do naturalismo metafísico reducionista. Acredito que uma contribuição pentecostal para a metafísica — e, por sua vez, para o diálogo entre a ciência e a teologia — deve ter seu início e a sua base na existência da elasticidade da "natureza", devido ao fato de o Espírito Santo já ter liberdade de atuação dentro dela.[1] Essa abordagem equivale a uma espécie de empirismo que busca honrar e leva a sério a observação e a experiência de milagres (ao contrário, ironicamente, da espécie de naturalismo apriorístico que, em nome da observação científica, descarta essas experiências como algo fora do domínio da ciência). Portanto, qualquer engajamento científico pentecostal tem que partir de uma experiência com a transcendência e a renovação do Espírito Santo, que é fundamental para a natureza fantástica do culto e da espiritualidade pentecostal. No entanto, a prática pentecostal também comprova um senso profundo da *imanência* da presença e da atividade do Espírito Santo.[2] Assim, uma ontologia pentecostal contestaria tanto o sobrenaturalismo dualístico quanto o deístico, e os naturalismos de todo tipo, tanto os reducionistas quanto os não reducionistas. Essa é a razão pela qual eu gostaria de sugerir que a "compreensão" da natureza que está contida na prática pentecostal pode encontrar recursos de articulação na "ontologia participativa" elaborada pela "ortodoxia radical".

Para realizar este projeto, em primeiro lugar farei um mapa dos "naturalismos" e dos "sobrenaturalismos" correlatos que eles cuidam estar rejeitando. Posteriormente, definirei como uma ontologia pentecostal (que está implícita na prática pentecostal) rejeita as distinções por trás de todos esses naturalismos e rejeitou os sobrenaturalismos. Em vez disso, uma ontologia pentecostal — de forma parecida com a ontologia participativa da ortodoxia radical — é caracterizada por um "naturalismo encantado", que difere do naturalismo reducionista

---

[1]Essa metodologia para um engajamento distintamente pentecostal é comparável ao modelo de Alexei Nesteruk de abordar a ciência partindo da "experiência" distinta do cristianismo oriental (Nesteruk, *Light from the East: Theology, Science, and the Eastern Orthodox Tradition* [Minneapolis: Fortress, 2003], p. 4). Nesteruk destaca o "caráter especial" da relação entre a tradição ortodoxa e ciência com base nos seus princípios teológicos essenciais e distintivos com relação à natureza da pessoa humana etc., conforme pode ser entendida pela "experiência" ortodoxa. Portanto, o engajamento pentecostal no diálogo entre ciência e religião deve começar pelas características únicas da "experiência pentecostal" e pelos elementos diferenciados do imaginário social pentecostal.

[2]Amos Yong, "*Ruach*, the Primordial Waters, and the Breath of Life: Emergence Theory and the Creation Narratives in Pneumatological Perspective", em *The Work of the Spirit: Pneumatology and Pentecostalism*, ed. Michael Welker (Grand Rapids: Eerdmans, 2006), p. 183-204.

e do sobrenaturalismo ingênuo. Meu foco também será mostrar como essa ontologia pentecostal do "naturalismo encantado" (um naturalismo não intervencionista habitado pelo Espírito) é diferente de um primo próximo: o naturalismo não reducionista de Clayton e Griffin (ou monismo). Será importante observar as diferenças entre eles exatamente porque possuem muitos interesses em comum. Por fim, indicarei as oportunidades e os desafios que essa ontologia apresenta para o diálogo entre ciência e teologia.

NATURALISMO DE QUEM? QUAL SOBRENATURALISMO?

Topografia e taxonomia

Um engajamento científico pentecostal confrontará a questão do "naturalismo". Uma religião sobrenatural como esta parece entrar em conflito direto com a ortodoxia da prática científica contemporânea e com a adesão generalizada à incontestabilidade do naturalismo dentro do diálogo entre ciência e teologia. A senha para poder se assentar à mesa parece ser a renúncia a declarações extravagantes sobre fenômenos sobrenaturais justamente dos tipos que são fundamentais na prática e na espiritualidade pentecostais. É claro que existe uma compreensão de que isso faz parte de todas as tradições cristãs que afirmam, por exemplo, a ressurreição física e corporal de Cristo. No entanto, gostaria de sugerir que a questão se intensifica e é mais "corriqueira" para o pentecostalismo justamente porque não se atribui o milagre e o sobrenatural para o passado, mas também se espera (e se testifica) por eles no culto e na experiência atual. Isso parece nos levar a um impasse: ou os pentecostais desistem de suas declarações confirmando fenômenos milagrosos, ou permanecem de fora da ciência e do diálogo entre a ciência e a teologia.

No entanto, se olharmos com mais cuidado, as coisas ainda são mais complicadas. Isso se deve ao fato de o "naturalismo" ser um conceito mais questionado do que parece. Na verdade, em vez de falarmos de um "naturalismo" só, faríamos melhor em falar sobre "naturalismos". Isso traz uma consequência clara: o conceito que esses naturalismos rejeitam sob a bandeira de "sobrenaturalismo" é bem vago também. Como tal, alguém poderia perguntar de modo legítimo se o sobrenaturalismo rejeitado por Dennett, para citar um exemplo, realmente é uma descrição do "sobrenaturalismo" integrado ao imaginário social pentecostal. Por exemplo, já que o "sobrenaturalismo" para Dennett se refere a uma estrutura intervencionista (um retrato em que um Deus transcendente intervém e interrompe as "leis" da natureza) e (como espero demonstrar) a espiritualidade pentecostal rejeita de modo implícito essa estrutura intervencionista, então a rejeição de Dennett ao sobrenaturalismo intervencionista não constitui uma rejeição do sobrenaturalismo pentecostal. Para avaliar a complexidade desse terreno, precisamos perguntar (no espírito de MacIntyre): Naturalismo de quem? Qual sobrenaturalismo?

Creio que podemos identificar pelo menos dois naturalismos. O naturalismo *reducionista*[3] de autores como Dennett, Dawkins, Jaegwon Kim e outros é um naturalismo do tipo "nada além": não há "nada além" do material e do físico, e assim todos os fenômenos podem ser explicados recorrendo às leis e aos processos físicos. Não existe nenhum outro que não seja físico. Esse naturalismo é um *fisicalismo*: todas as entidades são físicas. Às vezes, isso é descrito como naturalismo "metafísico" (para diferenciar do "metodológico"), na medida em que faz declarações ontológicas sobre os tipos de coisas que constituem os móveis do universo. Alvin Plantinga (junto com outros autores) refere a isso como o "naturalismo filosófico", que ele descreve como "a crença de que não existem seres sobrenaturais".[4] De qualquer modo, esses naturalismos reducionistas são entendidos

---

[3]Para uma explicação que denuncia de forma acertada o reducionismo dessa forma de naturalismo, veja Michael Devitt, "Naturalism and the A Priori", *Philosophical Studies* 92 (1998): p. 45-65.

[4]Alvin Plantinga, "The Evolutionary Argument against Naturalism: An Initial Statement of the Argument", em *Naturalism Defeated? Essays on Plantinga's Evolutionary Argument against Naturalism*, ed. James Beilby (Ithaca, NY: Cornell University Press, 2002), p. 1-14, principalmente na página 1. Deve-se observar que a base do argumento de Plantinga contra o naturalismo surge em seu projeto epistemológico, que ele descreve como "naturalismo radical". Assim, ele busca demonstrar que o "naturalismo na epistemologia floresce melhor no contexto de uma visão teística dos seres humanos: o naturalismo na epistemologia exige o sobrenaturalismo na antropologia" (Plantinga, *Warrant and Proper Function* [Oxford: Oxford University Press, 1993], p. 46; o argumento é explicado completamente nas páginas 194-237).

144 PENSANDO EM LÍNGUAS

como o desencanto por excelência, banindo do mundo todos os espíritos, toda a mágica e todo o mistério: qualquer coisa que não seja material ou que fuja às leis da matéria.

Os naturalismos do segundo grupo podem ser denominados de naturalismos *não reducionistas* (Griffin, Clayton, Peacocke). Esses naturalismos não reducionistas estão lutando em duas frentes: por um lado, eles rejeitam o fisicalismo reducionista dos naturalismos convencionais; por outro lado, o naturalismo reducionista continua criticando muito o sobrenaturalismo. David Ray Griffin, por exemplo, critica a forma dominante de naturalismo — que chamei de naturalismo reducionista — devido a certo exagero. Assim, ele distingue esse naturalismo reducionista, que ele chama de naturalismo$_{sam}$ ("sam" como sigla de "sensacionista-ateísta-materialista") de um naturalismo mais minimalista chamado naturalismo$_{ns}$ (em que "ns" significa simplesmente "não sobrenaturalista").[5] De modo parecido, Philip Clayton articula um monismo "emergente" que simplesmente "pressupõe" o naturalismo porque, "se não adotarmos [esse postulado], a ciência conforme a conhecemos seria impossível".[6] No entanto, esse destaque ao surgimento de fatores complexos que depois funcionam como causalidades de cima para baixo gera um naturalismo que não supõe que todos os fenômenos podem ser explicados ou reduzidos a leis físicas. O que faz com que as ontologias de Griffin e de Clayton constituam "naturalismos" é o fato de que ainda continuam sendo *monismos*, avessos a qualquer dualismo que postule alguma "coisa" que não seja física. Não existe nada "sobrenatural", nada além da natureza. Logo, Clayton declara: "É forçoso reconhecer um postulado a favor do naturalismo metafísico — embora nesse aspecto a premissa é novamente mais fraca do que antes. Indico como naturalismo metafísico a ideia de que

---

[5]David Ray Griffin, *Reenchantment without Supernaturalism: A Process Philosophy of Religion* (Ithaca, NY: Cornell University Press, 2001), p. 22.

[6]Philip Clayton, *Mind and Emergence: From Quantum to Consciousness* (Oxford: Oxford University Press, 2004), p. 163. Parece que essa declaração não é válida nem técnica nem empiricamente. Tanto historicamente quanto no presente, existem cientistas que fazem trabalho experimental que não presumem o naturalismo. Clayton admite que "os argumentos quanto a isso não são decisivos" (p. 165).

não existem coisas, nem qualidades, ou causas alheias que possam ser classificadas como qualidades do próprio mundo natural ou de agentes que estejam dentro dele".[7] Parece-me que não é preciso muita suspeita filosófica para perguntar o que se entende por "natural" nessa declaração.

No entanto, é interessante que esses dois naturalismos (reducionista e não reducionista) parecem estar rejeitando o mesmo "sobrenaturalismo", o que chamaremos de sobrenaturalismo "intervencionista". (O inimigo do meu inimigo é meu amigo!) Na verdade, pode-se sugerir que o que define esses dois tipos de naturalismo é sua rejeição de qualquer sobrenaturalismo. Nesse caso, "naturalismo" parece ser definido como "antissobrenaturalismo".[8] Assim, ao definir a religião como um fenômeno "natural", Dennett diz que a declaração equivale a dizer que "a religião é natural, em oposição ao *sobrenatural*, que é um fenômeno humano composto de acontecimentos, organismos, objetos, estruturas, padrões e coisas semelhantes, tudo isso obedecendo às leis da física ou da biologia, e, por causa disso, não envolvem nenhum milagre".[9] De modo parecido, quando David Ray Griffin descreve a filosofia do processo de Whitehead como uma forma de naturalismo, ele afirma: "Dizer que é uma nova forma de *naturalismo* equivale *somente* a dizer que ela rejeita o sobrenaturalismo, dando a entender a ideia de um *ser divino que poderia (e quem sabe faça isso) interromper os processos causais mais fundamentais do mundo*".[10] Embora os naturalistas não reducionistas como Griffin e Peacocke pareçam dar lugar

---

[7]Ibid., p. 164.

[8]Michael Bergmann, "Commonsense Naturalism", em *Naturalism Defeated?* p. 83, n. 40.

[9]Daniel Dennett, *Breaking the Spell: Religion as a Natural Phenomenon* (New York: Viking, 2006), p. 25. Dennett também define "religião" como "crença num agente sobrenatural" e depois estipula que parte do credo que define os "iluminados" (a palavra que Dennett usa para a "igreja" dos anti-supernaturalistas iluminados) é que eles não acreditam no sobrenatural (p. 21). Dennett possui uma compreensão notavelmente confiante sobre o que constitui a "natureza". Ou, em vez disso, deve-se dizer que, notadamente, Dennett — como a maioria dos naturalistas — passa pouco tempo interrogando o conceito de "natureza". Eu diria que a mesma coisa tende a ser verdade com relação às análises a respeito da "natureza" no diálogo entre a ciência e a teologia.

[10]Griffin, Reenchantment without Supernaturalism, p. 21, destaque do autor.

146 PENSANDO EM LÍNGUAS

a uma diversidade maior de móveis metafísicos no universo (coisas como mentes emergentes e espíritos), eles têm uma convicção comum com o naturalismo reducionista referente à natureza robusta das "leis" naturais.

Na verdade, a essência do naturalismo geralmente é menos definida como uma concepção articulada de "natureza" e mais frequentemente como uma oposição ao sobrenaturalismo. O naturalismo não se define muito claramente, mas fica muito evidente o que ele *não* é. Isso é confirmado pela topografia do naturalismo de Owen Flanagan. Seguindo a linha de pensamento de Barry Stroud, Flanagan conclui que o "antissobrenaturalismo é, na maior parte, o único significado definido com algum conteúdo da palavra 'naturalismo'". Portanto, embora seja claro contra o quê o naturalismo luta, não é possível explicar o que ele significa de forma positiva. Em vez disso, ele continua sendo "uma tese muito genérica, longe de exprimir o significado das expressões 'natural', 'uma lei natural', 'uma força natural', 'sobrenatural', ou 'espiritual'. Todos os detalhes importantes são deixados de lado ou carecem de definição".[11] Para resumir, os naturalistas não conseguem transmitir de forma clara o que eles querem dizer com a palavra "natureza".

Portanto, todas as variedades do naturalismo são marcadas por essa rejeição severa do sobrenatural. Como resume Flanagan, por todas as variedades de naturalismo, "*exige-se* algum tipo de exclusão do sobrenatural e do espiritual".[12] Toda a gama desses naturalismos é definida por uma rejeição do dualismo ontológico (não existe nada além do "natural") e uma rejeição dos milagres como violações das "leis"

---

[11]Owen Flanagan, "Varieties of Naturalism", em *The Oxford Handbook of Religion and Science,* ed. Philip Clayton (Oxford: Oxford University Press, 2006), p. 433. Flanagan prossegue admitindo uma diferente que Griffin e outros autores não admitem, ou seja, a distinção entre naturalismo "ontológico" e "metodológico", ou o que Flanagan classifica como naturalismo "forte" contrastando com o "fraco". O naturalismo "fraco" simplesmente destaca que "se deve descartar o sobrenatural para *explicar* as coisas" (p. 434). Ele admite que alguém poderia ser, por exemplo, um naturalista fraco na teoria econômica, mas, mesmo assim, pode ser um não naturalista ontológico (p. 434-435).

[12]Flanagan, "Varieties of Naturalism", p. 433. Deve-se observar que a rejeição do sobrenatural é "exigida" *para que alguém seja um naturalista.* Flanagan só deixa de articular o motivo pelo qual se exige que alguém seja um naturalista.

naturais. Essa rejeição em comum do "sobrenaturalismo" levanta pelo menos duas questões:

1. *O que* exatamente está sendo rejeitado quando se nega o sobrenaturalismo? Já que, como expusemos antes, há uma variedade de naturalismos, então evitar o estereótipo exige que nós admitamos que existe uma variedade de *sobre*naturalismos. Já que esse é o caso, então precisamos definir qual é o tipo de sobrenaturalismo que está sendo rejeitado pelo naturalismo. Poderia haver outros modelos?
2. Qual é a razão da rejeição do sobrenaturalismo? O que motiva a rejeição do sobrenatural, que geralmente se dá de forma tão veemente?

Quanto à primeira questão, parece claro que o sobrenaturalismo que está sendo rejeitado é o que podemos classificar como sobrenaturalismo *intervencionista*. Isso pressupõe uma ontologia na qual um mundo basicamente autônomo opera na maior parte do tempo segundo uma ordem causal "normal" — mas essa ordem não está fechada, logo, o sistema está aberto a *interrupções ou intervenções* de fora do sistema, efetuadas por um Deus transcendente.[13] Essas "intervenções" são feitas para interromper a ordem causal "normal" e, portanto, não podem ser explicadas nem previstas. Logo, Griffin resume seu "naturalismo ontológico" com a estipulação de que "nunca houve nenhuma intervenção divina das relações causais *normais*" e como "a doutrina de que não pode haver interrupções das relações *normais* de causa e efeito".[14]

Portanto, é isso que explica a razão pela qual os naturalistas são tão interessados em rejeitar o sobrenaturalismo. Tendo em vista que a

---

[13]Esse também o "sobrenaturalismo" (ou modelo de milagre) rejeitado por Hume, *Uma investigação sobre os princípios de moral*, (Campinas: Ed. UNICAMP, 2013), seção X, onde ele considera a "profecia" como um exemplo de milagre. Isso deve nos lembrar de que o "sobrenatural" e o "milagroso" parecem constituir praticamente sinônimos nesse contexto — esse é o motivo pelo qual o pentecostalismo possui um interesse tão grande nessas questões.

[14]Griffin, Reenchantment without Supernaturalism, p. 182, destaque nosso.

"ciência" é governada pelo valor das regularidades da causa e do efeito (e os avanços da ciência têm sido fruto do poder preditivo somente dessa estrutura causal "normal"), toda teologia que quiser permanecer viável precisa adotar o naturalismo. Ou, colocando no sentido inverso, adotar o sobrenaturalismo equivale a invalidar a ontologia que garante o sucesso impressionante da "ciência".[15] É esse interesse principal de fazer concessões ao naturalismo da ciência que motiva a subserviência crescente ao naturalismo da parte de teólogos envolvidos no diálogo entre a ciência e a teologia.[16] Eu descreveria isso como um projeto "correlacionista": um projeto teológico que cede a "verdade" de uma esfera particular para uma ciência "secular" e supostamente neutra e racional, e depois busca "correlacionar" as declarações teológicas para aderir aos padrões estabelecidos pelo secular (Bultmann é o exemplo clássico disso).[17] Nesse caso em particular, a "ciência" passa a ser a autoridade maior e é a primeira a estipular o que poderia ser teoricamente aceitável. A teologia procura por lugares que continuem "abertos" à intervenção divina. Depois de a ciência ter feito sua primeira e proeminente reivindicação do território, a teologia pode então procurar pelos últimos limites da esfera onde possa se estabelecer. Portanto, as ciências naturais são consideradas árbitros "objetivos" das "coisas como elas *realmente* são", e da teologia (e das comunidades religiosas) esperam-se mudanças e adequações ("correlações") em suas redes de crenças e de práticas tendo em vista as dispensações do magistério científico. Quando não se fazem concessões a essas condições de engajamento, o acesso é negado à "sala" e ela é descartada como "fundamentalista".

---

[15]Griffin critica especialmente as tentativas incompletas que optam por um naturalismo "metodológico", mas se fixam em um sobrenaturalismo ontológico (Griffin, *Reenchantment without Supernaturalism*, p. 25-26).

[16]Para uma análise críticas sobre essa tendência, veja Alvin Plantinga, "What Is Intervention'?", *Theology and Science* 6 (2008): p. 369-401, especialmente as páginas 371-373.

[17]Discuto a metodologia correlacionista com maiores detalhes em Smith, *Introducing Radical Orthodoxy: Mapping a Post-secular Theology* (Grand Rapids: Baker Academic, 2004), p. 35-37. Dou uma sugestão específica sobre uma aplicação disso para o diálogo ciência/teologia na página 148, n. 19.

Esse correlacionismo é amplamente demonstrado no projeto de Arthur Peacocke, mas também no de John Polkinghorne — e, de um modo especialmente importante nesse contexto, na explicação de Polkinghorne sobre o "Espírito Santo" no cosmos.[18] Como diz, ele se dedica a "encontrar um espaço" para a teologia na cosmologia e na ontologia contemporâneas.[19] A cosmologia quântica — "que a ciência apresenta" — revela uma "nebulosidade intrínseca" e uma imprevisibilidade que dá margem para que um Espírito Santo oculto possa agir. Assim, ele conclui que "o cenário científico" está "aberto" à possibilidade da presença do Espírito Santo no mundo.[20] Entretanto, nesse cenário, a "ciência" é o vigia e o leão-de-chácara. O vigia não tolerará intervenções imprevistas, mas talvez sempre esteja aberto a dar margem para a "nebulosidade" como um espaço para as declarações teológicas ("névoa" pode ser um termo mais exato!). Em resumo, os teólogos são motivados a fazer concessões ao naturalismo porque é o preço do ingresso para a respeitabilidade científica. Isso é exemplificado várias vezes por Griffin e Peacocke.

Podemos observar o mesmo impulso metodológico na articulação rica de Clayton de um monismo emergente. Por exemplo, considere só um exemplo de uma ressignificação comum na obra de Clayton: "Presumo, por um lado, que, se alguma explicação que for dada sobre a influência mental se apresentar incompatível com a ciência natural, esse seria um argumento expressivo contra ela".[21] Assim, a postura geral é defensiva, já que, por exemplo, "o nosso conhecimento da física representa o conhecimento mais rigoroso e de princípios mais estruturados que os seres humanos possuem sobre o mundo".[22] Portanto, as declarações teológicas têm que se enfraquecer diante do conhecimento "científico", senão o estudo

---

[18]Peacocke, *All That Is: A Naturalistic Faith for the Twenty-first Century,* ed. Philip Clayton (Minneapolis: Fortress, 2007); John Polkinghorne, "The Hidden Spirit and the Cosmos", em *The Work of the Spirit,* p. 169-182.
[19]Polkinghorne, "The Hidden Spirit", p. 169.
[20]Ibidem, p. 177.
[21]Clayton, Mind and Emergence, p. 139.
[22]Ibidem, p. 188.

científico seria "descartado".[23] J. Wentzel van Huyssteen critica a estratégia de Clayton de forma correta (e, *mutatis mutandis*, a de Griffin e Peacocke). Como ele resume, o projeto de Clayton se concentra nos tipos de "noções alteradas da criação divina e da providência [que] seriam exigidas para que qualquer teologia que buscasse uma harmonização com as ciências naturais". Porém, ao fazer isso, "Clayton ainda parece ceder a uma suposta racionalidade científica superior [...] Essa atitude, levada ao extremo, poderia ser fatal para a teologia, porque revela uma subserviência total à prioridade epistêmica da ciência — à custa dos limites teológicos".[24] Ele prossegue observando um conflito: "Esses argumentos de Clayton sugerem um respeito epistêmico legítimo pelas limitações naturais do conhecimento científico, mas continuam estranhamente em conflito com sua afirmativa anterior sobre a ação divina em nível pessoal [...] Como ficou claro anteriormente, segundo essa visão a ação de Deus (e a nossa compreensão teológica sobre ela) parecia claramente ser limitada por uma explicação científica 'superior'".[25]

Logo, todas as variedades de naturalismo rejeitam o sobrenaturalismo; de forma mais específica, rejeitam um sobrenaturalismo *intervencionista*, e o fazem exatamente porque esse intervencionismo não é aceitável cientificamente. Entretanto, a partir da perspectiva pentecostal, isso levanta várias questões: Será que poderíamos imaginar outra opção ou modelo ontológico? Gostaria de sugerir que o sobrenaturalismo rejeitado por esses naturalismos não é a ontologia que está presente na espiritualidade e na prática pentecostal. Portanto, já que pode haver uma variedade de naturalismos, será que poderíamos, no outro extremo do diálogo, reconhecer alguns detalhes e diferenças entre as visões que podem ser propostas debaixo da bandeira do sobrenaturalismo? Será que poderíamos imaginar algo parecido com um "sobrenaturalismo" não intervencionista? Flanagan parece deixar

---

[23]Ibidem, p. 187.
[24]J. Wentzel van Huyssteen, "Emergence and Human Uniqueness: Limiting or Delimiting Evolutionary Explanation", *Zygon* 41 (2006): 649-664, em especial, p. 657-658.
[25]Ibidem, p. 659.

a porta aberta para essa possibilidade. Como ele estipula, o naturalismo exige a rejeição da *forma questionável* do sobrenaturalismo".[26] Essa qualidade é importante para o meu projeto. Ele prossegue para sugerir que as demandas do naturalismo não impedem afirmar a "espiritualidade ou a religião". Elas somente exigem rejeitar as versões que apresentam "a forma questionável de 'sobrenaturalismo'" ou o "sobrenaturalismo em um sentido questionável".[27] Embora Flanagan quisesse deixar essa porta aberta para as espiritualidades naturalistas, e embora eu suspeite de que ele ainda acharia as declarações pentecostais sobre os milagres altamente "questionáveis", pelo menos dá margem para alguma sofisticação ou complexidade no lado "sobrenaturalista" do diálogo. Será que ele igualmente abre a porta não somente para as espiritualidades que não são questionáveis, mas possivelmente também para a existência de um sobrenaturalismo que não seja questionável? Já que damos margem para uma variedade de sobrenaturalismos, poderíamos imaginar um modelo de "sobrenaturalismo" (tenho reservas quanto a essa palavra) que não seja barrado pelos aspectos da rejeição naturalista (a preocupação ontológica com as intervenções e as interrupções), mas que ainda assim mantenha características que não sejam aceitas nem mesmo pelo paradigma naturalista não reducionista (p. ex. milagres)?

O prefixo "sobre" já me parece equivocado. Um modelo alternativo — o qual gostaria de sugerir que está presente na espiritualidade pentecostal — tanto ampliará a noção de naturalismo quanto questionará esse prefixo. Na verdade, tenho receio de que tal uso possibilite a ideia de um dualismo intervencionista. Entretanto, tenho a mesma preocupação de que a *supressão* desse prefixo cause um colapso da transcendência, banindo o fator surpresa, e classifique de imediato a experiência de milagres uma impossibilidade. (Poderíamos dizer que esse é um desafio calcedoniano, buscando manter a imanência sem redução e a transcendência sem dualismo). Assim,

---

[26]Flanagan, "Varieties of Naturalism", p. 433, destaque nosso.
[27]Ibidem, p. 436.

em seguida proponho que esta "terceira via", em vez de ser descrita como um *sobre*naturalismo não intervencionista, poderia ser classificada de uma forma melhor como "naturalismo encantado" ou um "naturalismo espiritualizado".

Podemos resumir ou mapear o terreno da nossa análise até aqui observando pelo menos estas opções ontológicas, que se situam em uma espécie de leque contínuo:

Naturalismo reducionista (Dennett, Kim)	Naturalismo não reducionista (Clayton, Peacocke, Griffin)	Naturalismo encantado ou sobrenaturalismo não intervencionista (implícito na espiritualidade pentecostal)	Sobrenaturalismo intervencionista (frequentemente expresso na linguagem pentecostal)

O centro desse leque de opções é mais interessante e mais complexo, já que tanto (2) quanto (3) estão lutando em duas frentes diferentes. Essas opções são "próximas" uma da outra em alguns aspectos, mas diferentes em outros. Em especial, proponho que (3) — que estou sugerindo tratar da ontologia implícita na espiritualidade pentecostal — é singular com relação a todas as outras exatamente porque rejeita a noção de um "mundo" autônomo e autossuficiente que vive por seus próprios meios, por assim dizer. Em outras palavras, penso realmente que (1), (2) e (4) ironicamente possuem uma concepção de "mundo" como um sistema (basicamente) independente e fechado para o qual Deus constitui o "Outro", mas reconheço novamente que (2) é singular nesse aspecto, na medida em que o panenteísmo, que geralmente se acha presente nessa postura, destaca a *imanência* de Deus como o princípio que move o mundo. Isso difere da ontologia pentecostal (3), na medida em que o "Deus" interno a este mundo, como queiram, não age, nem agiria, muito menos pode agir, fora das "leis" da natureza. Em resumo, a diferença principal entre (2) e (3) se encontra na questão dos milagres, e eu não acredito que o naturalismo não reducionista tenha razões suficientes para rejeitar os milagres, além do desejo de fazer concessões ao que "a ciência diz" ou, nos termos que empregarei mais adiante, não acho que o naturalismo reducionista tenha questionado em algum momento se a "respeitabilidade" moderna e científica está cobrando um preço um pouco inflacionado.

Tenho de admitir que, para (4), Deus pode intervir e interromper essa ordem, mas pode-se sugerir que o "mundo" de (1) e (2) equivale ao tipo de mundo que sobraria depois que o Deus extrínseco de (4) fosse descartado.[28] Até o naturalismo não reducionista ainda faz concessões à falsa dicotomia do naturalismo reducionista de Dennett: "o natural *em oposição ao* sobrenatural"; isso acontece porque os dois funcionam dentro de uma ontologia estática de um universo *autônomo* e de uma explicação da *causalidade* que não admite surpresas. Entretanto, isso também é verdadeiro a respeito de (4): até o sobrenaturalismo intervencionista ainda funciona dentro de uma noção de "natureza" *autônoma*. Por outro lado, a ontologia de (3) descartaria essas compartimentalizações e falsas dicotomias; ela se recusaria a encarar o sobrenatural como "oposto ao" natural (e vice-versa). Na verdade, ela afirmaria que se pode possuir uma "natureza" robusta, na medida em que é impregnada pela graça. Só isso já é o suficiente para dizer que o modelo (3) funciona com um cenário ontológico "natural" bem diferente.

Na próxima seção, gostaria de afirmar que a prática e o imaginário social pentecostais contêm recursos para que se articule um sobrenaturalismo não intervencionista singular. Devo observar a esta altura (que explicarei mais adiante) que não quero dar a entender a sugestão de que os pentecostais "de banco de igreja" (ou até os que rolam no chão!) articulariam a questão dessa forma. Isto é, admito que os pentecostais, quando estão sob pressão, podem falar nos termos de um

---

[28]Resumindo, seria exatamente o tipo de mundo que surgiu depois da bifurcação de Escoto de um mundo "autônomo", culminando em Kant. Para acompanhar uma análise, leia Smith, *Introducing* Radical Orthodoxy, p. 95-103.

sobrenaturalismo intervencionista — e eu, até este ponto, tentei reconhecer essa prática. Entretanto, gostaria de sugerir que eles deveriam parar de falar desse modo *por causa de seus próprios valores pentecostais*: a estrutura ontológica que se entende pelo sobrenaturalismo intervencionista não considera a experiência pentecostal do Espírito Santo *como natural*. Parte do gênio e da identidade da experiência pentecostal equivale exatamente a não ver o cuidado e a atividade do Espírito Santo como exceções ou interrupções na ordem normal do universo. Uma das características do mundo estranho e fantástico da espiritualidade pentecostal é o senso de que o milagre é normal, que a novidade do Espírito Santo é normal, enquanto a linguagem intervencionista ainda presume a ontologia firme e estática da "natureza" que dá base tanto para o naturalismo quanto para o deísmo. Portanto, quando os pentecostais adotam a linguagem intervencionista, acredito que estejam usando uma língua estrangeira que é inadequada para articular sua própria experiência e as intuições teológicas implícitas em sua espiritualidade. Em outras palavras, penso que a espiritualidade pentecostal está impregnada de recursos para uma ontologia especial, e, tendo em vista que essa ontologia anda na corda bamba entre o naturalismo e o sobrenaturalismo, sugiro que a elucidação e a articulação desse aspecto ontológico implícito do imaginário social pentecostal encontrará ajuda na ontologia "participativa" associada com a *nouvelle théologie* e a sua versão contemporânea encontrada na "Ortodoxia Radical".

UMA INTERVENÇÃO DA ONTOLOGIA PENTECOSTAL NO DIÁLOGO ENTRE A CIÊNCIA E A TEOLOGIA

Venho destacando que a prática pentecostal está incorporada em uma "compreensão" do mundo que foge à oposição dualista[29] entre o "natural" e o "sobrenatural". A espiritualidade pentecostal não é um

---

[29]Como foi observado anteriormente, estou usando o termo "dualista" em um sentido forte, não incluindo somente a distinção entre o natural e o sobrenatural (ou entre o material e o espiritual), mas também a oposição entre os dois e a desvalorização da

misticismo escapista que descarta o corpo, nem se limita ao materialismo pragmático. Em vez disso, o culto e a prática pentecostais são caracterizados por uma espécie de materialidade com os pés no chão que dá margem à obra do Espírito Santo. Assim, alguns teólogos pentecostais descrevem que a espiritualidade pentecostal tem um caráter *sacramental*.[30] Podemos dizer que a ontologia presente na prática pentecostal é um sobrenaturalismo material ou um materialismo sobrenatural. Preciso repetir que o nosso léxico é limitado, já que o próprio prefixo "sobre" nos leva a recair em paradigmas antigos. Quem sabe precisemos adotar uma estratégia usada por Derrida quando era jovem, o qual reconhecia essas inadequações da linguagem e sugeriu que escrevêssemos *sous rature*, de forma tachada. Nesse sentido, poderia ser dito que estou articulando um materialismo sobrenatural. Como tal, minha articulação contesta a distinção entre natural e sobrenatural[31], razão pela qual defendo que precisamos rever a identificação do pentecostalismo como "sobrenaturalismo".

Nesse aspecto, a ontologia implícita na prática pentecostal é bem parecida com a visão articulada pelos teólogos associados à *nouvelle théologie*, particularmente Henri de Lubac. Assim, sugiro que sua articulação anterior acerca de um sobrenaturalismo não dualista pode fornecer recursos e ferramentas intelectuais para que os pentecostais articulem uma "compreensão" ontológica que seja integrada ao imaginário social pentecostal. Ao fugir da distinção simplista entre esferas discretas de "natureza" e "sobrenatureza", Lubac se esforçou para articular um fenômeno paradoxal, segundo o qual a natureza é orientada pelo sobrenatural e essa orientação para o sobrenatural é "natural" (i.e., constitui a natureza da criatura). John Milbank observa

---

materialidade. Assim, nesse contexto me refiro ao dualismo como um tipo de gnosticismo — que não é completamente estranho a algumas correntes da devoção evangélica tradicional.

[30]Frank Macchia, "Tongues as a Sign: Towards a Sacramental Understanding of Pentecostal Experience", *Pneuma: Journal of the Society for Pentecostal Studies* 15 (1993): p. 61-76.

[31]Amos Yong, *The Spirit Poured Out on All Flesh: Pentecostalism and the Possibility of Global Theology* (Grand Rapids: Baker Academic, 2005), p. 292-301.

a corda bamba sobre a qual Lubac estava andando: "Essa insistência poderia parecer às autoridades eclesiásticas, à primeira vista, ameaçar 'radicalmente' a gratuidade do sobrenatural e da ordem revelada, e 'de modo conservador' ameaçar a autonomia do domínio natural da razão".[32] A criação só *existe* (e a "natureza" também) na medida em que participa e é habitada por Deus, em quem nos movemos e existimos. Portanto, a forma do ofuscamento da distinção que Lubac faz entre o natural e o sobrenatural[33] encontra uma elaboração mais detalhada na ontologia "participativa" da Ortodoxia Radical, que apresenta um sentido dinâmico da relação entre Deus e o mundo que escapa tanto ao naturalismo quanto ao sobrenaturalismo.

A forma dessa ontologia teológica ou participativa é irredutível e encarnacional: por um lado, ela afirma que a matéria *conforme foi criada* excede a si mesma e só *existe* enquanto participa e é sustentada pelo Criador transcendente; por outro lado, ela afirma que existe um sentido importante no qual o transcendente é inerente à imanência. Então, as "coisas" — e a ordem criada em geral — não têm nenhum tipo de existência "absoluta" ou "autônoma", como se possuíssem algum tipo de direito inalienável de existir. Em vez disso, existir é um *dom* do Criador transcendente, de modo que as coisas só existem na medida em que participam do ser do Criador, cujo Ser é Bondade. Assim, Graham Ward sugere que as próprias palavras da instituição da Ceia do Senhor ("Este é o meu corpo") já exigem uma ontologia mais dinâmica.[34] Já que

---

[32]John Milbank, *The Suspended Middle: Henri de Lubac and the Debate concerning the Supernatural* (Grand Rapids: Eerdmans, 2005), p. 10.

[33]Na verdade, será que a própria noção de criação já não ofusca esta distinção? Veja Yong, "*Ruach*, the Primordial Waters, and the Breath of Life".

[34]Graham Ward, *Cities of God* (London: Routledge, 2001), p. 90-91. Seria interessante elaborar um quadro de semelhanças e diferenças das maneiras pelas quais Ward e Peacocke abordam a Ceia do Senhor. Para Ward, a declaração da ceia é uma ocasião da teologia para "refletir" sobre a filosofia e a ciência, especialmente sobre o legado da modernidade na questão ontológica. Por outro lado, no livro de Peacock (veja *All That Is*, cap. 8), a teologia eucarística precisa se submeter a uma revisão com base naquilo "que a ciência nos diz". Assim, Ward e Peacocke representam dois caminhos diferentes para os pentecostais no que diz respeito ao diálogo entre a teologia e a ciência. Gostaria de sugerir que seguir o caminho de Arthur Peacocke causaria um esvaziamento da essência da espiritualidade pentecostal.

QUEBRANDO PARADIGMAS PARA REENCANTAR O MUNDO **157**

se começa com um sentido radical da dependência ou do caráter concessivo da criação, então a estase autônoma da materialidade tem que ser reavaliada de tal forma que esse escândalo ontológico da declaração da Ceia possa ser incorporado a ela — do mesmo modo que as doutrinas da ressurreição e da ascensão corpórea de Cristo devem acarretar uma ontologia cristã de materialidade. Por causa disso, "existe somente uma crítica radical à modernidade: aquela que nega a existência do secular como tendo existência autônoma, essa ordenação imanente do mundo que não precisava de Deus [...] As doutrinas cristãs da encarnação e da criação se opõem claramente a sistemas fechados e imanentistas".[35] Assim, para se opor à política e à epistemologia da modernidade secular, é necessário sujeitar sua *ontologia* à crítica (e revelar sua condição de *mythos*), depois articular a única contraontologia que é capaz de fazer justiça à materialidade e à corporificação propriamente ditas. Essa ontologia participativa dá base para repensar a relação de Deus com o mundo, a natureza das "leis" científicas, uma explicação materialista não redutiva da pessoa humana e talvez até mesmo uma explicação "naturalizada" dos sacramentos. Em suma, a ontologia participativa da Ortodoxia Radical dá base para se pensar no reencantamento do mundo no diálogo com a ciência.

A chave disso tudo é que essa ontologia dinâmica e participativa nega as ontologias estáticas que presumem a autonomia da natureza. Embora eu preferisse tirar a palavra "natureza" do nosso dicionário, trabalhando com ela podemos dizer que ela sempre está pronta para ser sustentada e habitada pelo Espírito Santo, de tal modo que está sempre *preparada* para as manifestações do Espírito Santo. A prática e a espiritualidade pentecostais não se colocam em posição de espera de que Deus possa "interromper" a chamada "ordem" da natureza; em vez disso, elas partem do princípio de que o Espírito está sempre agindo na criação, animando (e reanimando) os corpos, tomando o controle das pregas vocais, ocupando aspectos da criação para manifestar a glória de Deus. Assim, Amos Yong recentemente trouxe uma

---

[35]Ward, Cities of God, p. 94.

"ajuda pneumatológica" para essa ontologia participativa, que recebi com gratidão.[36] De forma específica, Yong identifica o Espírito Santo como o agente da "sustentação", a pessoa da Trindade que sustenta o mundo material. Essa postura vem nos convidar ainda mais para ver a Ortodoxia Radical como um recurso, um aliado ou parceiro na explicação da ontologia distintamente pentecostal. Em resposta à ajuda pneumatológica de Yong, articulei uma explicação da relação entre Deus e o mundo mediante o Espírito Santo em termos das *intensidades* de participação. Embora tudo que existe participe de Deus por meio do Espírito Santo, existem locais e acontecimentos que exibem uma participação mais *intensa*. Assim, os fenômenos que podem ser descritos como "milagrosos" não são exemplos de Deus "intervindo no mundo", como se Deus estivesse fora dele antes de esses eventos acontecerem; em vez disso, eles exemplificam uma modalidade única e especial de participação, que, desde sempre, já é característica da criação.

Logo, a ontologia pneumatológica participativa que estou sugerindo *não* é um modelo "intervencionista"; em suma, não é realmente um "sobre"-naturalismo. Por causa disso, até tenho certa cautela em adotar a linguagem de uma criação "aberta", já que isso ainda parece presumir um retrato da "natureza" como algo autônomo, porém aberto à intervenção de Deus, que está fora dela. No entanto, essa linguagem de "intervenção" encerra pelo menos dois problemas:[37]

1. Um problema científico: ela não consegue fazer jus ao sucesso avassalador da ciência proposto na previsibilidade da regularidade rigorosa da natureza (ela também possui a tendência de apostar nas questões sobre a *mecânica* da intervenção).

---

[36] Amos Yong, "Radically Orthodox, Reformed, and Pentecostal: Rethinking the Intersection of Post/modernity and the Religions in Conversation with James K. A. Smith", *Journal of Pentecostal Theology* 15 (2007): 233-50; James K. A. Smith, "The Spirit, Religions, and the World as Sacrament: A Response to Amos Yong's Pneumatological Assist", *Journal of Pentecostal Theology* 15 (2007): p. 251-261.

[37] Não acho que os problemas que enumero aqui sejam os mesmos abordados em Plantinga, "What Is 'Intervention'?", p. 383-388.

2. Um problema teológico: ela parte de um retrato do mundo e da relação de Deus com o mundo que admite uma *autonomia* da ordem natural parecida com a do deísmo. Eu chamaria isso de modelo da "discrição", porque talha "o mundo" como uma esfera discreta e autônoma para onde Deus vem em alguns momentos a fim de "interromper" ou na qual Deus "intervém". Esse modelo de "discrição" — o sentido de que Deus e o mundo são "discretos" — é partilhado pelos naturalistas que rejeitam essas intervenções e pelos sobrenaturalistas que afirmam essas intervenções. Os dois grupos basicamente veem a "natureza" como um sistema autônomo; o que eles discordam é se Deus pode ou realmente intervém nesse sistema fechado e discreto.

Mas será que devemos pensar sobre o cosmo (a "natureza") como um sistema discreto, fechado e autônomo, como pensam os naturalistas e os sobrenaturalistas? Acho que essa premissa se baseia em uma teologia problemática da criação. Em particular, acho que se baseia em uma teologia da criação que não leva em conta a presença essencial, constitutiva e dinâmica de Deus, o Espírito Santo, em nenhum momento na criação.[38] Sugiro que está incluída no imaginário social pentecostal uma "compreensão" da relação entre Deus e o mundo que evita o modelo de "discrição" e se recusa a conceder à "natureza" a autonomia de um sistema fechado. Em vez disso, o Espírito Santo está sempre presente na criação. A presença do Espírito Santo não se limita a uma "visitação" pós-lapsariana ou soteriológica de uma criação que de outro modo estaria sem Deus; em vez disso, o Espírito Santo está

---

[38]Como já sugeri, um primo próximo desta posição (um naturalismo encantado ou um sobrenaturalismo intervencionista) se assemelha com o panenteísmo de Clayton. Em alguns pontos, simpatizo com esse panenteísmo (e seguiria Jonathan Edwards nesse ponto), exceto onde parte de uma rigidez ontológica à "lei natural". Isto é, acho que o panenteísmo de Clayton não parte de um senso dinâmico da *contingência* das "leis" da natureza. Isso exige uma explicação sobre a *regularidade* dos processos "naturais" sem atribuir a eles um caráter rigoroso reificado. Em geral, acho que os teólogos do processo como Griffin e Clayton tendem a ignorar questões sobre a ciência como uma instituição cultural e contingente, e são bem ingênuos sobre a *prática* científica, inclusive do papel contingente da metáfora (como a da "lei") ao descrever o mundo.

sempre em ação de modo dinâmico no cosmo, ou no mundo, ou na natureza. Deus não tem que "entrar" na natureza como visitante e estrangeiro; Deus já está sempre presente no mundo. Portanto, a criação está sempre *preparada* para a ação do Espírito.

A NATUREZA COMO ENCANTADA PELO ESPÍRITO SANTO

Segundo esta ontologia pentecostal, a natureza já é e está sempre encantada pelo Espírito. Assim, ela parte de um retrato da criação que destaca a presença essencial e dinâmica do Espírito Santo na natureza. Esse retrato detalhado, dinâmico e ontológico possibilita a explicação da *regularidade* dos processos naturais e da ação *especial* do que é milagroso (de modo diferente até mesmo do naturalismo não reducionista de Griffin e Clayton).

1. *Regularidade.* As conquistas e as descobertas da ciência têm como base a regularidade e a constância (relativa) dos processos naturais. O naturalismo afirma que isso tem que envolver uma compreensão da natureza como um sistema fechado de "leis", mas esta não é uma afirmação propriamente científica (empírica). O destaque à presença dinâmica do Espírito na criação não se opõe a reconhecer que, na maioria das vezes, esta presença é manifestada pelo cuidado firme e sustentador de Deus pelo universo seguindo padrões que se parecem com "leis". Para os pentecostais, não reconhecer isso equivaleria a desdenhar da presença fiel e firme de Deus. Portanto, acho que é importante observar que a cosmovisão pentecostal não exige rejeitar o sentido de uma presença fiel e firme do Espírito Santo na criação, mesmo que ela permaneça aberta a maneiras do agir de Deus que nos possam surpreender (surpresas ontológicas!). Isso é especialmente importante, já que algumas tradições carismáticas e pentecostais se entregaram a um tipo de sobrenaturalismo exagerado que se recusa a fazer o tratamento médico (científico) das doenças e das enfermidades. Sugiro que isto não peca somente contra a ciência, mas também contra a teologia pentecostal, partindo de uma pneumatologia que coloca o Espírito

Santo contra a criação que esse mesmo Espírito sustenta. Portanto, não há nada incoerente em partir de uma cosmovisão pentecostal e afirmar um desencanto mínimo ou um naturalismo metodológico. Acho que é importante destacar isso exatamente porque alguns pentecostais pensam que a confissão da obra dinâmica de Deus na criação exigia ignorar essa manifestação firme e parecida com uma lei da presença do Espírito Santo no mundo. Embora uma cosmovisão pentecostal apoie tanto a presença dinâmica do Espírito Santo na criação como um destaque não dualista para a cura divina, acho que algumas tradições pentecostais tentam ser mais espirituais que o próprio Espírito Santo quando rejeitam a sua atuação mais trivial que é discernida pela ciência médica. É precisamente esse sobrenaturalismo exagerado que me faz pensar que uma dose saudável de desencanto mínimo e de naturalismo metodológico pode realmente ser uma *maneira melhor* de reconhecer *todas* as maneiras pelas quais o Espírito Santo se faz presente de forma dinâmica na criação.[39]

2. *Ação especial.* Devido ao fato de a natureza ser sempre habitada pelo Espírito Santo, ela também está *preparada* (não simplesmente "aberta") a singularidades especiais ou únicas; elas não são "contrárias à natureza", porque a natureza não é uma entidade discreta e autônoma. Em vez disso, podemos pensar sobre essas manifestações "especiais" e milagrosas da presença do Espírito Santo na criação como acontecimentos mais *intensos* do Espírito na criação — ou como modalidades mais "agitadas" da presença mais regular do Espírito Santo.[40] Agostinho descreve-as como ações "extraordinárias" que têm o propósito de redirecionar nossa

---

[39]No entanto, deve-se notar que essa é uma descrição alternativa do que se passa debaixo da bandeira de "naturalismo metodológico". Não estou sugerindo que os pentecostais concordem com o naturalismo metodológico para garantir uma respeitabilidade intelectual ou para se curvar ao que "a ciência diz". Em vez disso, sugiro que o tipo de observação atenta da natureza que constitui a ciência produz bons frutos ao reconhecer a regularidade — sem partir dessa regularidade para uma condição tácita, estática e rigorosa de "lei da natureza". Quanto a isso, penso que, na verdade, concordo com David Hume.

[40]Cp. C. S. Lewis, *Milagres* (São Paulo: Ed. Vida, 2010).

162 PENSANDO EM LÍNGUAS

atenção semiótica para a natureza "milagrosa" do que é comum. O "milagre" não é um acontecimento que "quebra leis" da natureza, já que a natureza não possui esse caráter reificado; em vez disso, o milagre é a manifestação da presença do Espírito Santo que "foge do comum". No entanto, mesmo o que acontece de forma costumeira é uma manifestação da presença do Espírito Santo. Agostinho nos conclama a ver a natureza *como* um milagre.[41]

Os naturalistas (tanto os reducionistas quanto os não reducionistas) nos dizem que o preço de entrada para o diálogo entre a teologia e a ciência (isso mesmo, para a ciência e o chamado "mundo moderno") é o naturalismo. Assim, esse diálogo se torna uma espécie de posição original de Rawls que exige que os crentes deixem tudo em que acreditam do lado de fora, atendo-se somente ao que todas as pessoas "racionais" possuem em comum. No entanto, pagar esse preço de entrada exige que os pentecostais empenhem aquilo que é essencial à espiritualidade pentecostal: a novidade milagrosa do Espírito Santo. O que tento afirmar é que o chamado preço de entrada foi aumentado de forma ilegítima; que alguns guardiões da ciência (e do diálogo entre a ciência e a teologia) sugerem que o preço de entrada para a ciência (e para a "respeitabilidade científica") seria o naturalismo metafísico, ou pelo menos o monismo ontológico, acompanhado de conceitos rígidos sobre as "leis" da natureza. Tentei apresentar uma descrição alternativa da natureza que, em seu lado negativo, aponta a inflação ilegítima oriunda de uma (con)fusão entre ciência e naturalismo, e positivamente apresenta uma justificativa para uma observação e uma previsão empírica cuidadosa sem *a priori* descartar o que é milagroso. Espero que isso dê margem para os pentecostais no diálogo entre ciência e teologia, e incentive o engajamento científico dos pentecostais.[42]

---

[41]Para uma análise sobre Agostinho quanto a essa questão, veja Chris Gousmett, "Creation Order and Miracle according to Augustine", *Evangelical Quarterly* 60 (1988): p. 217-240.

[42]Para uma explicação mais profunda sobre esses temas, veja James K. A. Smith e Amos Yong, eds., *Science and the Spirit: A Pentecostal Engagement with the Sciences* (Bloomington: Indiana University Press, 2010).

CAPÍTULO **5**

A FÉ QUE LEVANTA A MÃO E VAI À FRENTE

UMA CRÍTICA PENTECOSTAL À FILOSOFIA DA RELIGIÃO

Gostaria de convidar você para uma igreja bem pequena na zona norte da Filadélfia. É o lugar de uma das recordações mais preciosas do meu ministério, mas que também constitui um acontecimento que desafia constantemente os paradigmas que herdei na filosofia da religião.

Era uma noite do início do inverno, portanto, a escuridão se impunha contra as janelas do santuário alugado, enquanto um pequeno grupo de crentes se reúne; a luz e as canções resistem àquela escuridão e escorrem das rachaduras daquela estrutura antiga e minúscula. Tínhamos nos reunido para um culto noturno de celebração, já que vários membros de uma família da vizinhança, que tinham acabado de juntar-se à igreja, estavam para se batizar. Durante os meses anteriores havíamos presenciado uma transformação na vida da mulher e de alguns de seus filhos, e naquela noite eles estavam fazendo sua confissão pública da fé de que tinham acabado de receber, morrendo e ressuscitando nas águas batismais. O pai e alguns tios tinham ido para o culto para honrar aqueles que estavam sendo batizados, mas, comportando-se de modo semelhante às visitas que eles tinham feito ao culto de domingo de manhã, permaneciam indiferentes, distantes e deslocados. Entretanto, naquela noite, isso começou a mudar.

O batismo em uma igreja pentecostal combina o carismático com o sacramental: o batismo deles estava situado em uma narrativa aplicada pela música e pela pregação, espelhada na história dos seus testemunhos que eles contam ao se candidatarem à cerimônia. Além disso, no momento do batismo, o pastor se baseia no lado material e físico do sacramento para apresentar um retrato do próprio evangelho. Aquela noite não era para se *contar* uma história, era para *representá-la*. Enquanto a mulher emergia das águas, era como se estivéssemos testemunhando a ressurreição em si. O pastor e o novo membro se abraçaram chorando enquanto a congregação não se continha em seus gritos de "aleluia" e "glória a Deus"; suas músicas e orações se transformaram na trilha sonora da ressurreição: ele ressuscitou! Ela ressuscitou! Cada adolescente que se batiza está renunciando ao maligno e jurando fidelidade ao Rei vindouro. Eles passam a ter uma nova história, um novo amor e um novo desejo.

Exatamente nesse momento que vagarosamente o pai foi para a frente do santuário. Ele tinha sido levado por algo que contou depois para todos. Quando as pessoas notaram, um silêncio pairou sobre toda a congregação. Seus irmãos foram com ele, o pai falou bem baixo com o pastor, mas com um tom urgente, e, depois disso, o pastor soltou uma risada de surpresa e alegria enquanto ele abraçava o pai e o apoiava, dizendo: "É claro que sim!" Os homens se aproximaram para dizer: "O senhor pode-nos batizar também? Nós podemos também ser cristãos?" As águas do batismo se agitaram mais uma vez e a trilha sonora da ressurreição ecoou com um volume ainda maior enquanto mais uma família na sua totalidade era acolhida na família de Deus.

O que aconteceu exatamente naquele lugar? Para ir mais direto ao ponto, até onde os paradigmas dominantes na filosofia da religião entendem ou explicam uma cena como aquela? O desejo do pai de abraçar a narrativa cristã — e ser abraçado por Cristo — não foi um exemplo de decisão intelectual. Cristo não era uma "resposta" para uma "pergunta". Jorge não foi levado ao "teísmo" e, quando ele também emergiu das águas do batismo, ele não saiu com uma nova "perspectiva" ou "cosmovisão". Ele não morreu para o ceticismo e ressuscitou para o "conhecimento" (cf. Rm 6:1-14). Outra coisa, algo diferente, tanto comum quanto extraordinário, foi testemunhado naquele lugar. Será que as estruturas dominantes da filosofia da religião são capazes de fazer justiça ao que aconteceu lá naquele santuário minúsculo em uma noite de inverno? Ou eles são assolados por um tipo de reducionismo ou de racionalismo que não estão muito bem calibrados para entender um cenário como esse? Qual é o retrato do "crente" que se supõe nas nossas filosofias da religião? Neste capítulo, quero considerar como a espiritualidade pentecostal funciona como um caso liminar que amplia as premissas conceituais empregadas na filosofia contemporânea da religião.

LIMITES DO "RENASCIMENTO" NA FILOSOFIA DA RELIGIÃO

Tem havido muita discussão sobre o "renascimento" na filosofia da religião nas últimas décadas do século XX. Depois do último suspiro do positivismo e da tentativa final de policiar o discurso filosófico por meio da filosofia de linguagem ordinária, surgiu o espaço para uma consideração renovada sobre a religião dentro das salas da filosofia em dois sentidos: por um lado, os temas e as questões religiosas se tornaram mais uma vez tópicos legítimos para a reflexão filosófica; por outro lado, e talvez de forma mais radical, a crítica da suposta neutralidade e objetividade da razão filosófica abriu espaço para a filosofia *religiosa* — isto é, a reflexão filosófica realizada a partir de uma perspectiva e de uma orientação indisfarçadamente religiosa e confessional. A preposição "de" dessa renovação da filosofia *da* religião era tanto de um genitivo objetivo quanto subjetivo: a religião foi reintroduzida como um tema convencional legítimo para consideração (genitivo objetivo), e a religião foi reconhecida como uma perspectiva orientadora legítima para a pesquisa e a reflexão filosófica (genitivo subjetivo).

As obras mais tradicionais giravam em torno de um interesse renovado nos fenômenos religiosos como os milagres, o problema perene do mal, bem como as condições de viabilidade da linguagem religiosa ou do "discurso acerca de Deus".[1] Isso evoluiu para uma reno-vação mais robusta da "teologia filosófica", que tem atualmente como seus melhores exemplos a obra de Eleonore Stump, Marilyn Adams, Stephen Davis, Brian Hebblethwaite, Brian Leftow e muitos outros.[2]

As novidades mais recentes na área da filosofia *religiosa* estão intimamente ligadas à elaboração de uma "epistemologia reformada" conforme a articulação de Nicholas Wolterstorff e Alvin Plantinga — um projeto epistemológico distintamente não fundacionalista que buscava questionar os critérios de "racionalidade" que têm sido impostos para excluir a crença religiosa tanto da esfera filosófica quanto da opinião pública.[3] Articulando uma crítica à suposta neutralidade e autonomia da razão, Wolterstorff e Plantinga afirmam que a crença religiosa era tão "avalizada" como outras premissas da filosofia que, na verdade, possuem a mesma condição epistêmica.[4] Assim, a epistemologia

---

[1]Como um exemplo dessa tendência recente, considere, por exemplo, a obra de Antony Flew: *Hume's Philosophy of Belief* (London: Routledge, 1961); *God and Philosophy* (New York: Dell, 1966); e Antony Flew e Alasdair MacIntyre, eds., *New Essays in Philosophical Theology* (London: SCM, 1955).

[2]Para ter uma amostra da obra representativa nessa vertente, veja Kelly James Clark, ed., *Our Knowledge of God: Essays on Natural and Philosophical Theology* (The Hague: Kluwer, 1992); Eleonore Stump, ed., *Reasoned Faith: Essays in Philosophical Theology in Honor of Norman Kretzmann* (Ithaca, NY: Cornell University Press, 1993); Marilyn McCord Adams, *Horrendous Evils and the Goodness of God* (Ithaca, NY: Cornell University Press, 2000); Brian Hebblethwaite, *Philosophical Theology and Christian Doctrine* (Oxford: Blackwell, 2005); e Stephen T. Davis, *Christian Philosophical Theology* (Oxford: Oxford University Press, 2006).

[3]Existe também uma história católica europeia a ser contada relacionada com as afir-mativas de Blondel e, posteriormente, com as declarações de Gilson a respeito de uma "filosofia cristã". Como sempre, o que está em jogo nisso é o legado de Tomás de Aquino — um debate que veio à tona novamente com os resgates contemporâneos da *nouvelle théologie*. No entanto, não dá para fazer jus a essas questões neste livro. Para acompanhar análises importantes, veja Francesca Aran Murphy, "Gilson and Chenu: The Structure of the *Summa* and the Shape of Dominican Life", *New Blackfriars* 85 (2004): p. 290-303; D. Stephen Long, "The Way of Aquinas: Its Importance for Moral Theology", *Studies in Christian Ethics* 19 (2006): 339-356; and Adam C. English, *The Possibility of Christian Philosophy: Maurice Blondel at the Intersection of Theology and Philosophy*, Radical Orthodoxy Series (London: Routledge, 2006).

[4]Uma afirmação de Plantinga que teve mais repercussão foi seu destaque à analogia entre o *status* epistêmico da crença em "outras mentes" e da crença em Deus. Veja Alvin Plantinga, *God and Other Minds: A Study of Rational Justification of Belief in God* (Ithaca, NY: Cornell University Press, 1967).

reformada refutou o racionalismo fundacionalista da filosofia, abrindo a partir daí um caminho de legitimação para a reflexão filosófica orientada e baseada nas premissas religiosas. Essa crítica do fundacionalismo e da neutralidade se alinhou com outras novidades na filosofia, inclusive a explicação de Alasdair MacIntyre sobre a natureza "institucionalizada" da racionalidade,[5] bem como a tradição da filosofia "hermenêutica" associada com Heidegger e Gadamer que destacava o papel constitutivo das premissas para moldar a racionalidade, antecipando o formato de uma crítica "pós-moderna" da razão fundacionalista.[6] Embora essas escolas de pensamento diferentes não sejam geralmente associadas umas às outras (na verdade, a epistemologia reformada continua virulentamente avessa ao "pós-modernismo"), gostaria de sugerir que, na verdade, esse conflito representa uma espécie de rivalidade entre irmãos.[7] Sua obra, conforme já observei, abriu caminho para a própria ideia de uma "filosofia cristã", que, por sua vez, deu margem à ideia de uma "filosofia pentecostal".

Neste capítulo, gostaria de apresentar uma crítica reflexiva a essas novidades na filosofia da religião. Mesmo tendo minha dívida de gratidão com essa obra anterior, gostaria de sugerir que existe uma lacuna, ou mesmo um ponto cego, na ausência de qualquer consideração rigorosa sobre o culto, a liturgia ou as *práticas* das comunidades religiosas. Resumindo, pode-se afirmar que a filosofia da religião só presta atenção às *crenças*, mas não aos *fiéis*. Ela tem sido caracterizada

---

[5]MacIntyre, *Whose Justice? Which Rationality?* (South Bend, IN: University of Notre Dame Press, 1989).

[6]Para um resumo disso relacionado à filosofia da religião, veja James K. A. Smith, *The Fall of Interpretation: Philosophical Foundations for a Creational Hermeneutic* (Downers Grove, IL: InterVarsity, 2000), e Smith, "The Art of Christian Atheism: Faith and Philosophy in Early Heidegger", *Faith and Philosophy* 14 (1997): p. 71-81.

[7]Ainda será preciso realizar muito trabalho nesse particular, e não tenho como prosseguir neste capítulo. Basta dizer que a crítica que Plantinga faz do "pós-modernismo" (na parte III do livro *Crença cristã avalizada* [São Paulo: Ed. Vida Nova, 2018]) equivale a uma rejeição do seu estereótipo, e que, na verdade, sua explicação não fundacionalista da crença avalizada tem muitas coisas em comum com Heidegger, Rorty e possivelmente com Derrida. Para alguns indícios nessa direção, veja a análise de Plantinga e Rorty em G. Elijah Dann, *After Rorty: The Possibilities for Ethics and Religious Belief* (London: Continuum, 2006).

por um tipo de fixação epistemológica que destaca de forma míope tanto a condição epistêmica da crença religiosa quanto uma explicação do conteúdo proposicional de crenças específicas (p. ex. a bondade de Deus, a eternidade divina ou a ressurreição). Entretanto, a filosofia da religião não tem dado o devido tempo para observar como os fiéis corporificados, de carne e osso, vivenciam a religião a princípio como uma questão de estilo. Um aspecto formativo e geralmente fundamental dessa forma de vida (em todas as tradições religiosas) é a participação no culto coletivo, nas práticas litúrgicas, e outras formas comuns de disciplina espiritual. Em outras palavras, os fiéis tendem a destacar a fé como estilo de vida ("o que *se faz*"), enquanto a filosofia contemporânea da religião se inclina a estudar a fé como uma maneira de pensar ("o que *se acredita*"). Quanto a isso, penso que a experiência pentecostal pode ser útil como um estudo de caso que motivará um modo mais avançado de filosofia da religião que busca eliminar esse ponto cego e direcionar a atenção dessa produção filosófica para a *prática*.

OS FANTASMAS CARTESIANOS: UM RACIONALISMO PERSISTENTE NA FILOSOFIA DA RELIGIÃO

Ficou famosa a observação de Levinas de que o Dasein nunca passa fome.[8] E daí? Será que o Dasein nunca se alimenta? Seguindo o mesmo raciocínio, podemos perguntar: Será que o Dasein nunca vai ao culto? Ou, de forma mais específica, será que os fiéis retratados na filosofia contemporânea da religião não se ajoelham ou cantam?[9] Ou mesmo vão à frente da igreja no apelo? Na verdade, será que os *fiéis* aparecem em algum momento na filosofia da religião? Será que eles não são, na

---

[8]Emmanuel Levinas, *Totalidade e infinito* (São Paulo: Almedina Brasil, 2008).
[9]Deve ser observado a favor de Heidegger que, nas suas últimas obras, os fiéis dançam e oram. Veja Martin Heidegger, "The Onto-Theo-logical Constitution of Metaphysics", em *Identity and Difference,* trad. Joan Stambaugh (San Francisco: Harper and Row, 1969), p. 72. Para uma análise mais profunda, veja Merold Westphal, "Overcoming Onto-Theology", em *God, the Gift, and Postmodernism,* ed. John D. Caputo and Michael Scanlon (Bloomington: Indiana University Press, 1999), p. 146-163.

maioria das vezes, substituídos por *crenças*? A julgar pelo modo como o diálogo é realizado na filosofia contemporânea da religião, poderia se achar que a "religião" é a característica de um cérebro em um tubo de ensaio, participando num ambiente etéreo e espiritual, mas nunca realmente convivendo com o cotidiano das práticas e da comunidade. Na verdade, imagina-se se esses "fiéis" até precisam de verdade passar pelo incômodo de acordar cedo no domingo de manhã. Depois que se faz o "depósito" das crenças, é difícil perceber o que mais é necessário para constituir a vida do fiel.

Minha provocação consiste em dizer que o renascimento da filosofia da religião nos últimos trinta anos tem sido visto como o racionalismo teimoso que sofre pelo menos um terrorismo (se é que isso não trata de uma *tirania*) de uma espécie de antropologia cartesiana que possui a tendência de interpretar a pessoa humana como, em essência, uma "coisa pensante". Por uma antropologia filosófica que privilegia o lado cognitivo e o lado racional (uma antropologia que já foi criticada no terceiro capítulo), a filosofia da religião acaba interpretando a religião como um fenômeno principalmente epistemológico. Por causa disso, a "religião" dentro da filosofia *da religião* não passa de um fenômeno muito cognitivo, muito "intelectual", reduzido a crenças, proposições e conteúdos cognitivos, que constituem os únicos fenômenos que podem ser detectados no radar restrito que é utilizado por esse racionalismo. Os fiéis, quando são retratados, parecem não passar de cabeças que falam, o que acaba desembocando em um reducionismo: a religião, que é a princípio uma "forma de vida" e uma experiência vivida, é resumida aos fenômenos mais abstratos das crenças e das doutrinas. A experiência rica, dinâmica e vivenciada das comunidades adoradoras é reduzida a proposições que podem ser extraídas dos artefatos produzidos por essas comunidades (p. ex. documentos, credos, escrituras). Nos casos raros em que a filosofia da religião dá atenção à liturgia ou a outras práticas religiosas, geralmente é somente para descobrir as novidades em artefatos litúrgicos para ter novas ideias e proposições.

Logo, o modo como tem sido conduzida a filosofia da religião tende a refletir uma premissa prática (ou pelo menos funcional) de que a

170 PENSANDO EM LÍNGUAS

doutrina vem antes do culto, e assim as ideias e proposições atropelam as práticas. Quando segue esse procedimento racionalista, a filosofia da religião encontra uma proporcionalidade fixa às doutrinas teológicas, às ideias e proposições. Por causa disso, a produção da filosofia da religião acaba constituindo uma teologia filosófica em algum sentido.[10] Na melhor das hipóteses, isso leva a uma redução da "religião" ao pensamento proposicional, a uma limitação da riqueza da experiência vivenciada na religião, e, na pior delas, o resultado não se limita a um "emagrecimento" da religião, mas acaba tratando de uma falsificação porque, na medida em que a religião é interpretada primeiramente como um fenômeno cognitivo, proposicional ou epistemológico, não se consegue discernir o coração da religião como prática. Geralmente se trata de uma reflexão sobre as ferramentas. Se tudo o que tenho se resume a um martelo e pregos, não estou equipado para trabalhar com um circuito elétrico. Seguindo esse raciocínio, a filosofia contemporânea da religião utiliza uma caixa de ferramentas feita para pensar só sobre o processo de pensamento, restringindo a análise a só um tipo de conceitos. Por causa disso, o filósofo da religião só está equipado para "abordar" a religião na medida em que possa ser trabalhada (em um processo de corte) na esfera do pensamento cognitivo e conceitual.[11] Será necessária uma nova caixa de ferramentas, ou pelo

---

[10]Por exemplo, quando os filósofos da religião refletem sobre a oração, eles destacam principalmente os desafios epistemológicos, ou o modo como a oração pode se encaixar nas doutrinas da onisciência e na onipotência de Deus. Veja, por exemplo, os artigos de Eleonore Stump, "Petitionary Prayer", *American Philosophical Quarterly* 16 (1979): p. 81-91, e Lawrence Masek, "Petitionary Prayer to an Omnipotent and Omnibenevolent God", em *Philosophical Theology: Reason and Theological Doctrine*, Proceedings of the American Catholic Philosophical Association 74 (2000): p. 273-283. Para um engajamento diferente com relação à oração, veja Peter Ochs, "Morning Prayer as Redemptive Thinking", em *Liturgy, Time, and the Politics of Redemption*, ed. C. C. Pecknold and Randi Rashkover (Grand Rapids: Eerdmans, 2006), p. 50-90. Para uma análise mais profunda da obra de Ochs quanto a isso, veja James K. A. Smith, "How Religious Practices Matter: Peter Ochs' 'Alternative Nurturance' of Philosophy of Religion", *Modern Theology* 24 (2008): p. 469-478.
[11]Não acho que este seja um fenômeno exclusivo à filosofia "analítica" ou anglo-americana. Boa parte da filosofia "continental" da religião também demonstra uma fixação epistemológica.

menos uma caixa ampliada, para se dar atenção aos aspectos da religião como forma de vida.[12]

É possível dar início a um renascimento na filosofia da religião invertendo essa premissa e levando a sério a prioridade da prática religiosa sobre as formulações doutrinárias. Tenho descrito o pentecostalismo como uma "espiritualidade" (em vez de um sistema de doutrinas) para apreciar o fato de que o pentecostalismo é aquilo que Wittgenstein descreveria como uma "forma de vida", uma constelação de práticas, rituais e hábitos corporificados que "transmitem" uma narrativa e uma compreensão. A filosofia da religião que faz jus à experiência pentecostal é aquela que resgata o sentido da religião como forma de vida e de experiência corporificada, e isso exige questionar a filosofia contemporânea da religião. De certo modo, a espiritualidade pentecostal sempre faz isso: a experiência pentecostal (e os modos de vida relacionados às comunidades pentecostais) resiste à redução racionalista e apresenta um modo de estar-no-mundo que manifesta a natureza fundamentalmente afetiva da pessoa humana.[13]

Em síntese, esse é exatamente o fenômeno da vida religiosa que aponta para a pobreza e a debilidade da "coisa pensante" cartesiana como um monstro nada natural. Isso não quer dizer que uma antropologia filosófica cognitivista seja estreita ou seletiva demais, mas que acaba deixando de representar o caráter engajado e corporificado do nosso estar-no-mundo. Portanto, a observação da religião *como* uma forma de vida e o nexo das práticas litúrgicas nos leva a deparar com um fenômeno que questiona e desconstrói as antropologias que continuam a moldar o método na filosofia da religião. Pode-se dizer que

---

[12]Em *Speech and Theology: Language and the Logic of Incarnation* (London: Routledge, 2002), afirmo que este era exatamente o projeto do jovem Heidegger: apresentar um novo "conceito" que fizesse jus às riquezas da experiência vivenciada, especialmente da experiência *religiosa* que é vivenciada. (veja p. 67-113).

[13]As explicações sociocientíficas da espiritualidade pentecostal precisam enfrentar um desafio semelhante. Para uma análise importante a esse respeito, veja o apêndice metodológico detalhado em Ralph W. Hood, Jr., and W. Paul Williamson, *Them That Believe: The Power and Meaning of the Christian Serpent-Handling Tradition* (Berkeley: University of California Press, 2008), p. 247-256.

172 PENSANDO EM LÍNGUAS

existe uma antropologia filosófica diferente, que não é racionalista e está presente na espiritualidade pentecostal, de tal modo que o culto passa a ser um catalisador, até mesmo uma "revelação" que abala os retratos exageradamente cognitivistas da pessoa humana. Resumindo, é o próprio fenômeno da religião, como prática litúrgica, que funciona como um incentivo para que a filosofia da religião, apelando para que a antropologia filosófica honre nossa modalidade afetiva, pré-cognitiva, comunal e vivenciada de estar-no-mundo. Assim, existe a percepção de uma relação dialética entre a filosofia e a liturgia: por um lado, a experiência religiosa vivenciada e corporificada na prática litúrgica aponta para a necessidade de uma antropologia filosófica afetiva (não racionalista); por outro lado, o desenvolvimento e o pressuposto de uma antropologia filosófica afetiva prepararão a filosofia da religião para lidar melhor com os fenômenos mais fundamentais relacionados com a religião, que consiste mais nas práticas do que nas doutrinas.

Na verdade, foi exatamente esse impulso, esse apelo à experiência religiosa viva e corporificada como uma "sacudida" no método filosófico dominante, a deixa para a crítica do jovem Heidegger ao racionalismo cartesiano teimoso que caracterizou a fenomenologia inicial de Husserl.[14] Assim, podemos encontrar os recursos para esse reaparelhamento da filosofia da religião refletindo com os mesmos critérios dos elementos rudimentares da crítica de Heidegger a Descartes e Husserl. Um aspecto central do projeto de Heidegger em *Ser e tempo* foi questionar a antropologia racionalista presumida por Husserl, que ainda tinha a tendência de ver os seres humanos como coisas principalmente perceptivas, como se habitássemos no mundo como observadores e espectadores que passam o tempo todo *pensando* sobre ele. Contudo, Heidegger afirmava que, a princípio e na maior parte do tempo, nós não *pensamos* sobre um mundo de objetos, antes *somos envolvidos* com o mundo como pessoas que agem dentro de uma tradição. O mundo é o

---

[14]Outro impulso foi a desordem da experiência ética vivenciada, que foi analisada por Aristóteles. Para uma análise de Aristóteles sobre esta questão, veja Martin Heidegger, *Interpretações fenomenológicas sobre Aristóteles: introdução sobre a pesquisa fenomenológica* (Petrópolis: Ed. Vozes, 2011).

ambiente no qual nadamos, não um retrato para o qual olhamos como observadores distantes.[15]

A atenção fenomenológica à dinâmica da vida religiosa — isto é, da religião como modo de vida (Hadot) ou como forma de vida (Wittgenstein) — manifesta algo sobre a natureza do estar-no-mundo humano que passa despercebido pelos paradigmas exageradamente cognitivistas que governam a filosofia da religião nos dias de hoje. Em especial, as práticas comunais que moldam a religião nos mostram que o estar-no-mundo humano é orientado de modo mais fundamental pelo desejo do que pelo pensamento, e se manifesta mais no que fazemos do que no que pensamos.[16] Assim, é exatamente a natureza visceral e corporificada da vida religiosa[17] que pede uma revisão do método filosófico empregado na "filosofia da religião".

CONTRA O TEÍSMO MINIMALISTA: O DIÁLOGO ENTRE A FILOSOFIA PENTECOSTAL E O TEÍSMO CANÔNICO

Quero terminar sugerindo que uma filosofia pentecostal da religião encontrará um aliado na obra de William Abraham, *Crossing the Threshold of Divine Revelation* (Cruzando a barreira da revelação divina), especialmente porque acredito que ele dá dicas para

---

[15]Expliquei isto com mais detalhes em *Speech and Theology*, p. 67-82.

[16]A religião como forma de vida ("o que fazemos") também confirma progressos importantes na filosofia da mente, na ciência cognitiva e na neuroplasticidade, que destacam o modo e a extensão em que nossa postura diante do mundo se configura em teor corporal, tátil e pré-consciente. A filosofia da religião ainda não se envolveu neste diálogo, mas recorrer à liturgia apresenta um catalisador para essas reflexões. Para análises importantes, veja Timothy D. Wilson, *Strangers to Ourselves: Discovering the Adaptive Unconscious* (Cambridge, MA: Harvard University Press, 2002), e Shaun Gallagher, *How the Body Shapes the Mind* (Oxford: Clarendon, 2005). Isso se resume a exigir que a filosofia da religião leve a corporificação a sério. Para os primeiros passos nessa direção importante, veja Sarah Coakley, ed., *Religion and the Body* (Cambridge: Cambridge University Press, 2003).

[17]Devo explicar que penso que todas as modalidades de vida religiosa são corporificadas —pentecostal, católica, muçulmana ou budista. Quero sugerir que esse aspecto da prática religiosa é destacado (e encorajado) na espiritualidade pentecostal, fazendo do pentecostalismo um catalisador frutífero para incentivar essa mudança no paradigma metodológico da filosofia da religião.

174 PENSANDO EM LÍNGUAS

uma mudança de paradigma que tem tudo para fazer jus à experiência religiosa dos "fiéis comuns".[18] Em um espírito de crítica generosa, coragem humilde, e em um irenismo sem tabus, ele consegue repreender quase todas as escolas existentes da filosofia da religião atual por adotar sem pensar várias versões de "estratégia padrão" que ofuscam a natureza da fé exatamente mediante a canonização de alguma teoria epistemológica. Temos que reconhecer que o encanto de Abraham pode distrair-nos para que não percebamos que ele nos está chamando a atenção por renunciarmos a nossos valores mais preciosos em nome de qualquer epistemologia que tenha mais prestígio no mundo acadêmico.[19] A "estratégia padrão", conforme Abraham a descreve, é um projeto abrangente que busca "garantir a racionalidade do teísmo" articulando, a princípio, uma epistemologia "geral" que viabilize a demonstração da racionalidade da crença teísta. A epistemologia geral dá uma "base independente da teologia" que funciona como âncora na qual a crença teísta pode ser fundamentada (p. 6).[20] Essa estratégia padrão é comum a uma gama ampla de teorias epistemológicas específicas; é uma grande tenda onde se pode achar uma turma bem eclética, partindo de teólogos naturais clássicos e "fideístas wittgensteinianos" até Schubert, Ogden e os epistemólogos reformados (muitos desses colegas ficariam surpresos em se encontrarem no mesmo time, por assim dizer).

Não tenho como me pronunciar sobre as afirmações de Abraham a respeito de quem é ou de quem não é praticante da estratégia padrão.

---

[18]William J. Abraham, *Crossing the Threshold of Divine Revelation* (Grand Rapids: Eerdmans, 2006). As referências parentéticas posteriores no texto se referem a esse livro.

[19]Acabo de me lembrar do gracejo de Kierkegaard sobre a teologia se vendendo para a filosofia: "A teologia fica sentada à janela com pó e ruge no rosto e lança seu charme, oferecendo seus encantos para a filosofia". Kierkegaard, *Fear and Trembling/Repetition*, ed. e trad. Howard V. Hong e Edna H. Hong (Princeton, NJ: Princeton University Press, 1983), p. 32. A crítica de Abraham sugere que a "filosofia cristã" pode estar agindo como alcoviteira, mediando esse processo.

[20]Pode-se pensar se existe algum retorno à estratégia padrão na explicação de Abraham sobre a revelação divina, que começa situando-a "no campo conceitual da revelação" propriamente dito (p. 60) ou partindo daquilo que sabemos sobre "os agentes pessoais humanos que conhecemos" (p. 65). No entanto, não me aterei a isso nesta obra.

A FÉ QUE LEVANTA A MÃO E VAI À FRENTE **175**

Estou mais interessado em sua crítica perspicaz de dois problemas importantes que sempre surgem dessa estratégia. O primeiro que ele descreve consiste no "metodismo" (com certeza uma sugestão divertida a se fazer na Universidade de Saint Mary). A estratégia padrão opta por um tipo de epistemologia genérica que estabelece os critérios gerais para o conhecimento, que geralmente são exigentes demais (beirando à impossibilidade).[21] Por causa disso, todo tipo de crença que não se aplica a esses critérios ou não chega a esse nível é descartado como uma simples opinião, "fé", sendo assim objeto de suspeita. O que acontece aqui é uma tentativa de dar uma "cremosidade" à epistemologia: o mapa do conhecimento é plano e monolítico. Não parece dar atenção à textura, à profundidade ou às gradações do terreno epistêmico. De modo diferente do metodista, o "particularista" chega para questionar com um mapa mais detalhado do panorama epistêmico. Ele rejeita as premissas monolíticas (e hegemônicas) da epistemologia genérica do metodista e adota, em vez disso, um princípio aristotélico (p. 29, n. 10) do "encaixe epistêmico adequado", que significa que ela está preparada para "procurar por diferenças importantes no modo como avaliamos tipos diferentes de declaração" (p. 45).[22] O particularista é um pluralista epistêmico e espera encontrar hábitos diferentes de crença e de justificação quando estamos lidando com disciplinas e objetos de crença diferentes. Enquanto o metodista é um "epistêmico austero" (p. 34) que só tolera uma pequena gama de modalidades legítimas de crença, o particularista é um epistêmico generoso que não se

---

[21] Esta é a razão pela qual o metodismo gera ceticismo (p. 33). Acho que a crítica que Abraham faz do ceticismo se aplica bem a certas escolas da filosofia "pós-moderna" da religião (p. 39, n. 24), embora ache que ele não entende bem a Ortodoxia Radical nesse aspecto.

[22] Com o propósito de transpor a divisão entre a escola analítica e a escola continental da filosofia da religião, pode ser interessante observar que o jovem Heidegger, cujos avanços teóricos foram motivados em grande parte por um desejo de fazer jus às realidades das experiências religiosas do cotidiano, foi diretamente influenciado pelo mesmo princípio aristotélico de encontrar conceitos "adequados" à disciplina (Sache) em consideração (Aristóteles, *Ética a Nicômaco*, 1094.24-25). Veja Heidegger, "Phenomenological Interpretations with Respect to Aristotle". Para uma análise importante, veja Smith, *Speech and Theology*, p. 75-79.

176 PENSANDO EM LÍNGUAS

surpreende com hábitos epistemológicos diferentes no que se refere a áreas diferentes do conhecimento.

Tendo em vista que a filosofia da religião é dominada pelos metodistas (apesar da predominância dos epistemólogos reformados), os paradigmas contemporâneos na filosofia da religião tendem a impor sobre a crença religiosa alguns critérios epistêmicos que são inadequados para a tarefa em questão. Animados pela estratégia padrão, os metodistas na filosofia da religião adotam uma epistemologia genérica e depois exigem que os "fiéis" apresentem essas modalidades de crença e de conhecimento. Além disso, é justamente esse metodismo genérico que leva os filósofos da religião a ignorar ou mesmo descartar categoricamente declarações *particulares* dos cristãos como "revelação". Assim, o projeto corajoso de Abraham de fazer da particularidade e da especificidade da revelação divina um dos fatores principais da epistemologia cristã é resultado do seu desejo de guardar o princípio particularista do encaixe epistêmico apropriado, um princípio rejeitado pelos metodistas.

Existe um segundo resultado importante da estratégia padrão na filosofia da religião: o que surge do outro lado do projeto é uma versão bem "raquítica" da crença religiosa, uma "versão minimalista do teísmo" (p. 10) na qual "as declarações teológicas fundamentais são ignoradas sistematicamente ou descartadas porque não se encaixam no esquema de trabalho" (p. 9). Abraham descreve isso de forma adequada como "um teísmo puro e simples" da filosofia contemporânea da religião, o qual não consegue fazer jus à "profundidade" e à particularidade da fé cristã, nem faz jus ao "*modo* pelo qual uma multidão de fiéis cristãos de fato crê" (p. 10, destaque nosso). A essa altura, Abraham menciona um problema que me motivou a escrever este capítulo: que espécie de animal é retratado quando a filosofia contemporânea da religião fala sobre os "fiéis"? Além disso, acho que o aspecto mais radical e promissor do projeto de Abraham é o apelo veemente para que a filosofia da religião faça "uma explicação que comece a fazer jus tanto à fé do cristão comum quanto à fé dos santos e dos mártires" (p. 10). Isso exigirá um reaparelhamento da estrutura conceitual na filosofia da religião para a profundidade e para a particularidade da fé cristã, que Abraham descreve como "teísmo canônico",[23] em contraste com o teísmo raquítico e simples que geralmente é a norma dos filósofos da religião. O teísmo canônico é:

> [...] essa visão rica sobre Deus, a criação e a redenção desenvolvida com o passar do tempo nas Escrituras, articulada no Credo de Niceia, celebrada na liturgia da igreja, aplicada à vida dos santos, transmitida e recebida nos sacramentos, retratada na iconografia, articulada pelos mestres canônicos, refletida pelos Pais da Igreja, e valorizada, preservada e guardada pelo episcopado (p. 43).[24]

O cristão não acredita somente em Deus como *causa sui* ou um regulador do universo; ele crê no Deus de Abraão, de Isaque e de Jesus Cristo. A articulação de Abraham de um teísmo especificamente canônico pode ser vista como uma espécie de projeto de Pascal.

Além da profundidade e da especificidade do *conteúdo* do teísmo canônico, Abraham também dá atenção ao modo *como* os cristãos começam a acreditar. Não se chega à fé canônica de forma mágica ou por uma simples atuação interior do Espírito Santo (afirmação que contraria Plantinga). A proposta de Abraham flui diretamente da sua obra sobre a história do evangelismo e da conversão, que fala principalmente sobre o papel da catequese e das práticas materiais de formação (p. 51).[25] Com base nisso, ele se convenceu "de que o primeiro passo para se tornar cristão — ou melhor, da iniciação cristã — não tratava principalmente da aquisição de uma teoria de conhecimento, mas do amor ao Deus identificado na rica herança canônica da igreja. Ao trazer as pessoas à fé, a igreja articulou uma visão bem particular sobre Deus,

---

[23]Não tenho como dar o devido espaço a suas articulações anteriores desta noção. Em *Crossing the Threshold*, Abraham se refere de modo útil a explicações anteriores sobre o teísmo canônico em Abraham, *The Logic of Evangelism* (Grand Rapids: Eerdmans, 1988) e *Canon and Criterion in Christian Theology* (Oxford: Clarendon, 1998). Para análises mais profundas, veja William J. Abraham, Jason E. Vickers, e Natalie B. Van Kirk, eds., *Canonical Theism: A Proposal for Theology and the Church* (Grand Rapids: Eerdmans, 2008).

[24]Pode-se observar que o teísmo puro não possui bispos.

[25]Veja Abraham, *The Logic of Evangelism*.

178 PENSANDO EM LÍNGUAS

a criação e a redenção, a qual tinha que ser vista como um todo e recebida como um todo" (p. xiii). Por causa do seu racionalismo e do seu intelectualismo, a filosofia da religião não tem prestado atenção às práticas materiais que alimentam e originam a particularidade profunda da fé cristã.[26] Assim, Abraham faz um apelo correto e persistente para uma explicação da crença e do conhecimento que possa "levar a sério o tipo de sugestões epistêmicas promovidas pelo cristão comum" (p. 45).[27] O motivo exato pelo qual também tentei apresentar uma breve exposição desse projeto é porque penso que ele sugere uma mudança de paradigma na filosofia da religião que pode fazer jus à compreensão exata do que estava acontecendo naquela noite de ressurreição batismal no meio do inverno, de um modo que os paradigmas intelectualistas não têm como fazer. Portanto, sugiro que Abraham começa a articular uma epistemologia para o restante de nós. Nesse aspecto, me vem à lembrança o livro *How the Other Half Worships* (A devoção da outra metade),[28] um ensaio fotográfico documentando os locais de adoração variados onde os cristãos cultuam a Deus. Fora a minoria que realmente adora a Deus em catedrais e santuários de madeira colonial impecáveis, a maioria dos cristãos adoram ao Senhor ressuscitado em salões, cabanas de argila, barracos improvisados e porões sujos. A filosofia intelectualista da religião produz epistemologias de catedral, o teísmo canônico de Abraham aponta para uma epistemologia dos salões de culto.

Minha profunda simpatia a esse projeto me leva a uma questão fundamental: Será que os "fiéis comuns" são realmente teístas canônicos? Ou será que existe algum outro teísmo — embora sendo profundo

---

[26]Acho que Evan Fales articula uma crítica semelhante a Plantinga em "Proper Basicality", *Philosophy and Phenomenological Research* 68 (2004): p. 373-383.

[27]Os interesses ou as preocupações do "cristão comum" não são as mesmas de quem possui títulos acadêmicos: "Aqueles que ouviram a palavra de Deus tinham mais para pensar do que simplesmente recordar as características fenomenológicas de sua experiência (p. 61). Na frente oposta, Abraham também nos lembra com propriedade de que a Palavra não se fez carne para que se façam dissertações sobre epistemologia: "Muito menos Deus enviou seu Filho para pudéssemos ter seminários prolongados sobre ontologia e metafísica" (p. 63).

[28]Camilo Jose Vergara, *How the Other Half Worships* (New Brunswick, NJ: Rutgers University Press, 2005).

e particular — que constitua realmente uma alternativa radical ao teísmo "simples" que tem sido o padrão da filosofia da religião? Será que o teísmo canônico ainda continua sendo intelectualista? Pretendo a essa altura somente convidar Abraham para refletir como seria levar seu projeto ainda mais longe.[29] Embora ele rejeite com propriedade o cognitivismo ou o intelectualismo que prevalece na filosofia contemporânea da religião, será que a preocupação com o *teísmo* canônico ainda continua bem distante da religião que os "fiéis comuns" vivenciam? Embora ele questione a "primazia da epistemologia" de forma correta (p. 21), será que os "cristãos comuns" de Abraham ainda continuam a se fixar um pouco no conteúdo proposicional (p. 43) e nas declarações doutrinárias (p. 41) inseridas no teísmo canônico? Apesar de ele estar certo em observar que "é estranho pensar em Jesus fazendo seminários sobre epistemologia com seus discípulos" (p. 20), não será estranho também pensar que Jorge foi levado ao tanque batismal porque queria ser um "teísta canônico"? Suspeito que, na verdade, Jorge teria muita dificuldade de entender o que é ser um teísta canônico e ficaria surpreso em descobrir que ele se enquadra nessa definição. Acho que Jorge ficaria mais surpreso ainda em descobrir que "o teísmo canônico é, acima de tudo, uma ontologia rica" (p. 44).

O meu receio é que Abraham não tenha seguido suas próprias sugestões para uma mudança de paradigma. Em vez disso, a explicação continua com a sua fixação no "conteúdo intelectual" do teísmo canônico (p. 41, 45) e nas "declarações" e "proposições" que o tornam uma "entidade intelectual", de modo que continua sendo alheio (creio eu) aos "cristãos comuns". Isso se cristaliza, por exemplo, em sua explicação detalhada sobre a "lógica ou a gramática da revelação" (p. 81). Embora Abraham critique a "hipótese explicativa" como "intelectual e racionalista demais" por interpretar a formação da fé como "basicamente uma questão de formar teorias para depois testá-las com dados e evidências" (p. 71), a minha preocupação é que sua própria fenomenologia da revelação divina ainda interprete a abordagem como uma

---

[29]Para uma resposta, veja William J. Abraham, "Response to Professors Long, Smith, and Beilby", *Philosophia Christi* 10 (2008): p. 363-376.

questão *cognitiva* ou *intelectual*.[30] Ao sugerir que o "significado principal" da revelação é o seu "caráter público" (p. 84), ele mantém uma ligação bem forte da revelação, com uma linguagem teórica e intelectual, uma questão de "ver" as coisas de forma diferente — como se o *telos* principal da revelação fosse gerar a "crença". Ele interpreta que a "revelação inclui cruzar uma barreira intelectual" (p. 92, destaque nosso). Ou, em outras palavras, "a aceitação da revelação divina" é uma "experiência que faz o fiel construir seu mundo" (p. 92).

A minha dúvida é se a fenomenologia do *confronto* (p. 64) que caracteriza a revelação divina é representada de forma hábil ou adequada em termos do conteúdo intelectual. Será que a interpretação da revelação divina ou do confronto divino como um acontecimento intelectual indica um intelectualismo teimoso que caracteriza o teísmo canônico? Será que o acontecimento da revelação e do confronto divinos é primeiramente um acontecimento de iluminação e um cruzamento de uma "barreira intelectual"? Ou a nossa fenomenologia da revelação a reconhece, acima de tudo, como um *arrebatamento* do nosso desejo, uma *captura* da nossa imaginação em um registro que não é facilmente alcançável pelo intelecto? Uma rejeição mais persistente do intelectualismo e do racionalismo na filosofia da religião evitará retratos intelectualistas da pessoa humana e, em vez disso, destacar que somos primeiramente animais com afeto e desejo — e que a profundidade e a particularidade do evangelho (que me parece mais profundo do que o "teísmo canônico") mexem com o "coração" antes de ser articuladas como um "teísmo" — até mesmo um teísmo rico e canônico.[31] Embora o acontecimento da revelação divina ou do confronto divino "constitua

---

[30]Abraham sugere que "um profeta ou apóstolo ocupa um lugar intelectual completamente diferente [...] O que destaca um profeta é a epistemologia. O apelo básico se baseia na presença de Deus e na fala divina" (p. 82). Embora ele queira destacar que se trata de um espaço ou de um apelo intelectual diferente, pergunto se, acima de tudo, devemos pensar nisso como um acontecimento *intelectual*.

[31]Quero me referir à declaração de Charles Taylor a respeito dos "imaginários sociais": "Os seres humanos já trabalhavam com um imaginário social bem antes de se dedicarem a teorizar sobre si mesmos" (Taylor, *Imaginários sociais modernos* [Lisboa: Texto e Grafia, 2010], p. 26). Não trarei mais comentários nesta obra, mas analiso isso com mais detalhes em Smith, *Desejando o reino*, capítulo 5.

o mundo" do fiel, é importante destacar, seguindo Heidegger, que essa constituição acontece no nível pré-cognitivo. Antes de passar a ser "intelectual", o "cristão comum" é tocado pela revelação divina de um modo que é irredutível para o nosso lado cognitivo.[32]

DESDOBRAMENTOS FILOSÓFICOS

O projeto de William Abraham é motivado por um desejo de que a filosofia da religião se lembre dos "cristãos comuns" e pelo modo como as pessoas começam a ter fé em Jesus Cristo. Isso se baseia na sua compreensão histórica da conversão e da catequese na Igreja Primitiva, mas também por uma sensibilidade para a dinâmica da conversão (sétimo capítulo).[33] Nossas explicações filosóficas sobre a natureza da crença cristã só serão adequadas e esclarecedoras até onde possam nos ajudar a entender como as pessoas "comuns" creem, isto é, pessoas sem doutorado nem diploma, que não sofrem da obsessão que os filósofos têm pela epistemologia. Com uma enorme frequência, nosso filosofar cristão revela o fato de que temos a tendência de pintar todos os fiéis à nossa própria imagem racionalista, como se todos os cristãos passassem o tempo se preocupando com explicações coerentistas sobre a verdade, ou se perturbassem com questões do aval que assolam o testemunho, ou morressem de medo do fantasma do antirrealismo. Faremos bem em recordar o contrário, disciplinar nossa reflexão teórica sempre confrontando-a com os cristãos "comuns" com os quais congregamos todo domingo.[34]

---

[32]Minha ideia não é sugerir que isto só acontece com fiéis "simples" ou sem escolaridade. Acho que isso também continua válido para os teólogos com credencias acadêmicas, apesar das histórias ou teorias que possamos desenvolver que apontem para outros caminhos, teorias que nos pintam como animais principalmente cognitivos.

[33]O meu parecer é que raramente encontramos com uma maior frequência do que se gostaria na literatura da epistemologia reformada "fiéis" prototípicos que são *convertidos*. "João" e "Maria" não se percebem como crentes, mas simplesmente nunca deixaram de acreditar. Será que isso indica que as experiências teológicas e eclesiásticas fundamentam o nosso filosofar?

[34]Infelizmente, o culto de domingo nem sempre é um bom aferidor nesse aspecto, dadas as realidades da divisão de classes e do fenômeno comum da "igreja da universidade", uma congregação onde, na verdade, muitos apresentam os tipos de "crença" que se imagina no paradigma dominante na filosofia da religião.

182 PENSANDO EM LÍNGUAS

Ao pensar sobre essas questões, tento sempre perguntar a mim mesmo: Será que isso se aplica ao Tom? O Tom é meu vizinho do lado oeste da nossa casa. Ele mora em uma casa que abriga um pessoal eclético que varia muito (digamos que a polícia conheça muito bem esse endereço). Seu rosto é marcado por rugas que revelam uma vida difícil circulando debaixo da sombra do conforto da classe média que a maioria de nós ignora. Não temos muito em comum, mas podemos conversar por uma hora sobre duas coisas: corridas de *stock car* e Jesus. Há vários anos, o Tom recebeu a Jesus, e desde aquela época ele tem sido a testemunha mais expressiva da nossa vizinhança. Pelo que sei, o seu catecismo é uma mistura de cursos Alpha, um programa de doze passos, com *A Paixão de Cristo*, de Mel Gibson. No entanto, ele sempre está disposto a me visitar e contar histórias sobre "o Poderoso"; nunca serei tão *cristão* quanto ele. É óbvio que o evangelho para ele não é uma ontologia ou uma epistemologia, nem mesmo uma "resposta" para suas "perguntas". Trata-se das boas notícias de alguém que o ama, e de que o Deus do céu passou por uma morte de cruz para recebê-lo. Para o Tom, a fé não é questão de conhecimento; é questão de amor. Tenho em cima da mesa a xerocópia de uma imagem de Jesus que o Tom fez para mim, uma dessas imagens terrivelmente tolas e sentimentais que parecem ter sido xerocadas mil vezes. Entretanto, para o Tom, essa é uma imagem, a presença verdadeira do Deus de amor. Podemos dizer que, metaforicamente, o projeto de William Abraham nos convida a fazer a mesma coisa: pendurar um retrato xerocado de Jesus sobre a mesa para se lembrar de que talvez a igreja seja mais do Tom do que nossa, e depois colocar as mãos na massa para articular uma epistemologia para o restante de nós.

CAPÍTULO **6**

REPENSANDO OS LIMITES DA FALA

UMA CONTRIBUIÇÃO PENTECOSTAL
PARA A FILOSOFIA DA LINGUAGEM

É possível que nada reflita tão bem o pentecostalismo quanto "falar em línguas". Entretanto, para que o pentecostalismo não seja reduzido a essa prática reconhecidamente estranha, deixei a reflexão sobre a glossolalia para este capítulo final. Recorrendo ao mesmo procedimento anterior de "estudo de caso", gostaria de refletir sobre o falar em línguas como um caso liminar na filosofia da linguagem. Do modo como ela tem sido dominada (pelo menos nos círculos angloanalíticos) por uma valorização da "filosofia da linguagem convencional", ela não tem dado muita margem a fenômenos como a glossolalia. Como um tipo de fala ou discurso que gravita bem no limite da linguagem, existe um senso profundo no qual o falar em línguas resiste à análise filosófica ou à descrição conceitual. Entretanto, neste capítulo, gostaria de afirmar que essa natureza resistente do falar em línguas é justamente o que traz o maior interesse filosófico — faz parte da própria natureza do falar em línguas um discurso de resistência em dois sentidos: por um lado, é um tipo de fala (ou, como diremos mais adiantes, um ato de fala) que resiste às categorias em voga atualmente na filosofia da linguagem; por outro lado, também gostaria de afirmar que o falar em línguas é um tipo de discurso que surge da resistência a certas normas e instituições culturais. Em outras palavras, podemos dizer que o falar em línguas é a linguagem das comunidades de resistência que buscam desafiar os "poderes institucionais". Portanto, descrever as línguas como um discurso de resistência equivale a indicar tanto um aspecto *conceitual* quanto um aspecto *ético*. Assim, nessa análise filosófica do falar em línguas, gostaria de adotar uma visão mais ampla, não a considerando apenas dentro do âmbito da filosofia da linguagem, mas também com uma passagem rápida pela ética e pela filosofia social.

Primeiramente, apresentarei uma explicação do falar em línguas sob a ótica da filosofia da linguagem: de forma mais específica, reflito sobre a glossolalia à luz de três modalidades contemporâneas da análise filosófica da linguagem: (1) a fenomenologia, recorrendo a Husserl e Derrida em especial; (2) a hermenêutica filosófica, com base em Heidegger em Gadamer; e (3) a teoria dos atos de fala na vertente de Austin e Searle. Na seção final (a parte mais "experimental" do capítulo), recorro às implicações éticas e sociais do falar em línguas, vistas sob a ótica do que poderíamos descrever amplamente como teoria crítica, socialismo ou mesmo as categorias da "nova esquerda".

Antes de continuar, deixe-me fazer uma observação metodológica introdutória: evitei as questões teológicas específicas sobre a glossolalia na maior parte das linhas que se seguem. Minha análise, por exemplo, não assume nenhuma posição para dizer se as línguas constituem a "evidência física inicial do batismo no Espírito Santo" (como os pentecostais clássicos afirmariam) ou se isso é simplesmente um dos dons carismáticos que permanecem disponíveis para a *ekklesia*.[1] Nem estarei me posicionando sobre a questão de a glossolalia se tratar da fala de idiomas existentes que o falante desconhece (*xenolalia*) ou simplesmente de uma fala extática pronunciada pelo poder do Espírito Santo (embora nossa análise que se segue exija as deduções dessas

---

[1]Entretanto, isto não quer dizer que não tenha uma posição a respeito. Como um cristão "carismático" — não pentecostal —, rejeito a declaração de que as línguas sejam a única evidência física do batismo no Espírito Santo (e também sugeriria, filosoficamente, que essa linguagem da "evidência" está associada a uma epistemologia problemática, modernista e fundacionalista — mas tenho como dar mais explicações neste contexto). No entanto, esses aspectos não são relevantes para esta tese em questão.

explicações).[2] Na medida em que espero que minha análise não seja simplesmente clássica ou histórica, a única premissa teológica importante para este capítulo é que o falar em línguas continua sendo uma modalidade de discurso viável e autêntica para a *ekklesia* cristã, que é a comunidade dos que creem.[3] Entretanto, a pessoa que não parte dessa premissa teológica, mas, mesmo assim, acredita que falar em línguas era uma modalidade viável de discurso guiada pelo Espírito Santo (como um cessacionista, por exemplo) pode encontrar pelo menos uma importância histórica na minha análise. Em ambos os casos, espero que o falar em línguas possa funcionar como um tipo de estudo de caso limite que explicará questões da filosofia da linguagem, isto é, um caso ou exemplo de discurso que desafia as categorias conceituais contemporâneas desse ramo da filosofia e, assim, possa nos incentivar a ultrapassar os limites dessas categorias. Portanto, poderia até mesmo ser possível que alguém que não apoie teologicamente o falar em línguas possa ainda achar essa noção uma especulação produtiva para a filosofia da linguagem.

Como parte final do meu prefácio metodológico, quero dizer que minha análise do falar em línguas será algo como uma fenomenologia da glossolalia. Assim, gostaria de levar a sério as explicações normativas da prática no Novo Testamento, mas também considerar o modo como o falar em línguas está sendo praticado atualmente nas comunidades pentecostais. Em alguns pontos, é difícil estabelecer um vínculo entre a prática contemporânea e o relato normativo do Novo Testamento, e as tentativas para legitimar a prática contemporânea geralmente envolvem algum tipo de injustiça interpretativa com esses textos do Novo Testamento. Entretanto, já que o falar em línguas constitui um estudo de caso limite esclarecedor, então esses exemplos de

---

[2]Nas análises que se seguem, minha inclinação é destacar a fala extática. Isso se deve ao fato de os exemplos de línguas como *xenolalia* poderem ser facilmente incluídos debaixo das categorias existentes à disposição na atualidade.

[3]Repito aqui meu esclarecimento de que, na maior parte desta análise, agruparei — tanto quanto for possível — as avaliações teológicas que discutem se o que se pratica atualmente nas congregações carismáticas e pentecostais podem ser classificadas como falar em línguas.

186 PENSANDO EM LÍNGUAS

resistência esclarecedora podem ser encontrados também nas práticas contemporâneas.

RESISTINDO (E PRODUZINDO) CONCEITOS: AS LÍNGUAS E A FILOSOFIA DA LINGUAGEM

Embora queira afirmar que o falar em línguas resiste às categorias de análise atualmente empregadas na filosofia da linguagem, gostaria de sugerir que essa resistência às categorias propostas realmente é *produtiva* filosoficamente;[4] em outras palavras, como o falar em línguas trata de um caso limítrofe para as modalidades disponíveis da análise filosófica, esse fenômeno proporciona uma oportunidade para repensar, ampliar e revisar essas metodologias e a própria linguagem desses conceitos. O fato de que a glossolalia não pode se encaixar facilmente nas categorias existentes talvez seja uma oportunidade para reformular essas categorias e questionar o paradigma dominante (embora tenhamos de reconhecer que também pode ser uma ocasião para se descartar a glossolalia).[5] A resistência do falar em línguas à análise pode ser um momento de esclarecimento.

Nesta seção, analisarei o falar em línguas segundo três modalidades proeminentes de análise na filosofia da linguagem, de acordo com a ordem do seu surgimento histórico.[6] Cada uma delas coloca

---

[4]Gilles Deleuze e Felix Guattari sugerem que a essência do projeto filosófico é a produção de conceitos. Veja Deleuze e Guattari, *What Is Philosophy?* trad. Hugh Tomlinson (New York: Columbia University Press, 1996).

[5]Podemos aqui recordar a explicação de Thomas Kuhn sobre o modo como os paradigmas existentes tendem a simplesmente ignorar o que não se encaixa em suas expectativas (em *A estrutura das revoluções científicas* [São Paulo: Ed. Perspectiva, 2017]). A "ciência normal" (que Kuhn descreve como a "ortodoxia" dominante dentro de uma disciplina) na filosofia da linguagem, aliada a um preconceito geral contra fenômenos religiosos distintos (e reconhecidamente estranhos) como o falar em línguas, quase garantiu que a glossolalia não fosse sugerida para um campo de pesquisa. Esperamos que a tese que apresentamos possa de algum modo resistir a essa tendência.

[6]Poderia se considerar o falar em línguas dentro das explicações da oralidade e do letramento desenvolvidas por Walter Ong e por outros estudiosos. Não seguirei essa linha de pesquisa nesta obra, mas pode-se encontrar um resumo dela em James K. A. Smith, "The Closing of the Book: Pentecostals, Evangelicals, and the Sacred Writings", *Journal of Pentecostal Theology* 11 (1997): p. 49-71.

uma pergunta importante quanto ao falar em línguas; e esse fenômeno impõe desafios às categorias conceituais dessas análises filosóficas. A análise fenomenológica de Husserl possivelmente coloca a pergunta mais básica: *O que é* falar em línguas? O que quer dizer "falar" em línguas? A hermenêutica levanta a questão da interpretação ou do sentido: Como isso é "entendido"? O que "se expressa" nestas línguas? E a teoria dos atos de fala coloca a pergunta sobre a *ação*: O que "se faz" quando se fala em línguas? O que a glossolalia *produz*?

Essas três modalidades da análise filosófica se completam, mas também são discretas. Cada seção busca trazer respectivamente uma explicação sobre o falar em línguas partindo de um campo específico dentro da filosofia da linguagem contemporânea. Acho que é importante usar todas as três abordagens porque cada uma delas apresenta um ângulo especial sobre o fenômeno; mas, quando se juntam, elas proporcionam um engajamento filosófico bem abrangente.[7]

"As línguas como um signo": a explicação fenomenológica

A tradição mais longa e rica da reflexão filosófica sobre a linguagem é o que descreveremos de forma bem genérica como "semiótica", uma explicação da linguagem em termos de *signos* (*semeia*). Embora a noção de semiótica seja associada com uma frequência maior a expoentes como Ferdinand de Saussure e C. S. Peirce, essa tradição de reflexão possui uma linhagem bem antiga, que remonta aos estoicos por meio de Agostinho.[8] Uma das reformulações mais poderosas e influentes

---

[7] Isto não quer dizer que eu esteja trazendo uma explicação que esgote o assunto. A pesquisa mais profunda deve refletir sobre as línguas dentro da perspectiva da semiótica pragmática de Peirce e da noção de Wittgenstein de "jogos de linguagem". Entretanto, o espaço desta obra não permite essa investigação.

[8] Para um relato de uma semiótica agostiniana (e referências a literatura relevante), veja James K. A. Smith Speech and Theology: Language and the Logic of Incarnation. Radical Orthodoxy Series (London: Routledge, 2002, cap. 4. Para uma introdução lúcida à teoria semiótica em um contexto relacionado ao falar em línguas, veja Graham Hughes, Worship as Meaning: A Liturgical Theology for LateModernity (Cambridge: Cambridge University Press, 2003), especialmente o cap. 3.

188 PENSANDO EM LÍNGUAS

dessa análise da linguagem foi trazida por Edmund Husserl, de modo mais especial em uma das suas primeiras obras: *A origem da geometria*.[9] Tendo em vista que a fenomenologia da linguagem de Husserl tenha sido tão fundamental para boa parte do trabalho que se seguiria no século XX, e considerando que ela tenha dado o primeiro impulso para o meu pensamento sobre a relação entre o falar em línguas e a filosofia da linguagem, gostaria de examinar essa estrutura filosófica com uma atenção redobrada.[10]

Na primeira das *investigações filosóficas* ("Expressão e significado"), Husserl busca mapear as modalidades diferentes de expressão e de fala ao afirmar várias distinções. Para ele, a categoria mais abrangente é a dos *signos*, portanto, o que obtemos na Primeira Investigação não é realmente sua explicação da linguagem, mas, de forma mais específica (de forma ainda mais ampla), sua teoria de signos, dentro da qual a linguagem não passa de um subconjunto. Dentro da categoria ampla dos "signos" (*Zeigen*), Husserl afirma uma primeira distinção fundamental entre os signos que *expressam* alguma coisa — uma "expressão" (*Ausdruck*) — e os sinais que não expressam ou "indicam" nada — o que ele chama de "índices" (*Anzeigen*). As expressões são "importantes" na medida em que "significam" (*Bedeuten*) ou "indicam" alguma coisa, enquanto os índices só possuem caráter "indicativo" e só servem como dicas (*IL*, p. 269). Entretanto, não há como exagerar ou confundir essa distinção entre "expressão" e "índice". Por exemplo,

---

[9]Edmund Husserl, *Investigações lógicas,* trans. J. N. Findlay (Rio de Janeiro: Ed. Forense Universitária, 2012, a partir de agora abreviada no texto como *IL;* Husserl, "A origem da geometria" na revista eletrônica "Em construção" (arquivos de epistemologia histórica e estudos de ciência) da UERJ, <www.e-publicacoes.uerj.br>, acesso em julho de 2020. Essas duas obras chamaram a atenção do jovem Jacques Derrida. Sobre *Investigações lógicas,* veja o livro de Derrida *Speech and Phenomena,* trad. D. B. Allison (Evanston, IL: Northwestern University Press, 1973). Derrida foi o tradutor de "A origem da geometria" para o francês (1962), e sua introdução abrangente dessa tradução foi sua primeira publicação importante (veja Derrida, *An Introduction to Husserl's "Origin of Geometry",* trad. John P. Leavey, Jr. [Lincoln: University of Nebraska Press, 1989]).

[10]Outros autores veem as línguas como "signo", sem propriamente partir de um contexto semiótico. Veja, por exemplo, Frank D. Macchia, "Tongues as a Sign: Towards a Sacramental Understanding of Pentecostal Experience", *Pneuma: Journal of the Society for Pentecostal Studies* 15 (1993): p. 61-76.

REPENSANDO OS LIMITES DA FALA **189**

as duas não são mutuamente exclusivas: Husserl observa que é possível que um signo seja um índice, mas também "circunstancialmente cumpra uma função significante". Além disso, a distinção entre expressão e índice não deve ser entendida com o registro de gênero e de espécie; não é o caso de a expressão constituir realmente algum tipo particular de índice.[11] Na verdade, a declaração mais surpreendente (e mais criticada) de Husserl é que podem haver modalidades de expressão que não envolvem nenhum aspecto de indicação: em outras palavras, existe uma esfera, a qual Husserl classifica como "vida mental isolada", na qual existe sentido sem índices.[12]

Os índices são indicadores que representam alguma outra coisa; Husserl observa, nesse sentido, que "a marca é o signo do escravo, a bandeira é o signo de uma nação" (p. 270): os índices nos ajudam a reconhecer alguma coisa à qual o signo está vinculado. Em alguns casos, esse vínculo é contingente, até mesmo arbitrário (como no caso de uma bandeira ou marca); mas existem vínculos do signo a seu referente que são mais "naturais"; é nesse sentido que podemos dizer: "os canais de Marte são sinais da existência de vida inteligente em Marte"; ou "as vértebras nos fósseis são sinais da existência de animais pré-diluvianos" (p. 270). De modo resumido, a fumaça é um signo de fogo no sentido de que constitui um *índice* (*Anzeige*). A relação entre o índice e o seu referente é *motivacional*: o que é *transmitido* (o índice) me motiva a refletir sobre o que não foi passado, mas que apenas se indica com a sua ausência: o referente. Em um pódio na Grécia, a bandeira dos Estados Unidos leva a pensar sobre um estado-nação do outro lado do mundo, e assim por diante. Portanto, é fundamental

---

[11]"Portanto, as duas noções sobre o signo não subsistem na relação mais abrangente de gênero com os tipos mais restritos" (*IL*, p. 269).

[12]É precisamente esta declaração fundamental que leva a uma crítica implacável no livro de Derrida, *Speech and Phenomena*. Na verdade, a tese principal do livro *Speech and Phenomena* é que existe um "entrelaçamento" essencial (*Verflechtung*) entre a expressão e a indicação. Abordei a crítica de Derrida com detalhes em James K. A. Smith, "A Principle of Incarnation in Derrida's (*Theologische?*) *Jugendschriften*", *Modern Theology* 18 (2002): p. 217-230. Para Husserl, o significado sempre está "amarrado" à indicação somente na situação da fala *comunicativa* (*IL*, p. 269). Conforme veremos mais adiante, isso possui implicações no que diz respeito ao falar em línguas.

190 PENSANDO EM LÍNGUAS

para o caráter indicial a *ausência* do referente; o índice funciona com base em algo que falta.[13]

Os índices devem ser diferenciados das *expressões*, que são "signos com *significado*" (p. 275). Assim, Husserl quer reservar o termo "expressão" para um caso específico de significado, limitando de forma radical o que podemos descrever, na linguagem comum, como um índice. Por exemplo, geralmente falamos de "expressões faciais", mas, de acordo com o registro de Husserl, elas não consistem propriamente *Ausdrucken* ("expressões"), porque, de acordo com ele, esses signos corporais "acompanham involuntariamente a fala sem nenhuma intenção comunicativa" (p. 275).[14] Ele prossegue dizendo: "Nessas manifestações, o homem não comunica nada ao outro: sua elocução não envolve intenção nenhuma de registrar algum 'pensamento' de forma expressiva, seja para o próprio homem [isto é, aquele que fez o gesto corporal], em seu estado solitário, seja para os outros. Essas 'expressões', em suma, não possuem rigorosamente *nenhum significado*". (p. 275, destaque do autor). Em outras palavras, elas não são expressões propriamente ditas porque não possuem caráter comunicativo. A questão é se esses gestos corporais ainda constituem uma modalidade de *linguagem*. Será que é possível haver alguma situação de *linguagem* em que não se comunica ou não se expressa? Qual seria essa situação? Voltaremos a esse assunto mais adiante.

Quando Husserl reflete sobre a expressão, seu foco está na *fala*, porque é na fala que encontramos a *intenção*: o falante, por meio de um signo, tem a intenção de comunicar algo a um ouvinte. Poderíamos dizer que o elo entre o signo e o referente com respeito à expressão é "mais próximo" do que no índice; no pensamento de Husserl, na fala os signos transmitidos (as "expressões") "se integram fenomenalmente com as experiências manifestadas por meio delas na consciência do homem

---

[13]É óbvio que este é um tema central na crítica de Derrida (e motiva o que ele descreverá como "a metafísica da presença").

[14]Deve-se observar que Husserl não possui um senso de "consciente" e "inconsciente", algo que podemos quase deduzir em uma época pós-freudiana e psicanalítica. Para Husserl, o "ato falho" e a linguagem corporal não possuem sentido algum (ao passo que, para Freud, eles trazem um acesso oblíquo para o que a pessoa realmente quer dizer).

que a manifesta" (p. 275). Existe quase um sentido no qual o referente deduz por meio do signo expressivo de um modo que não se percebe no índice. Na verdade, ele prossegue descrevendo uma expressão como "um som verbal *impregnado* de sentido" (p. 281, destaque nosso). Assim, Husserl privilegia a fala como o local da expressão.

Entretanto, aqui percebemos uma mudança de rumo interessante (que também constitui o ponto de apoio da crítica de Derrida). A fala é o melhor exemplo da expressão para Husserl, mas, para ele, nem toda fala é comunicativa. Na verdade, na medida em que a fala é comunicativa (isto é, envolve a troca intersubjetiva de expressões), ela necessariamente carrega algum *índice*. "Todas as expressões na fala comunicativa funcionam como índice" (p. 277). Isso se deve ao fato de que existe uma espécie de *ausência* essencial na relação intersubjetiva entre quem fala e quem ouve. As palavras-signo que pronuncio são transmitidas para o ouvinte, e assim se fazem *presentes* para o ouvinte, mas elas servem para *indicar* o que nunca pode estar presente para a outra pessoa, ou seja, meus pensamentos e consciência íntimos. Mesmo assim, na medida em que essas elocuções são transmitidas intencionalmente por mim para comunicar ou expressar significado, elas contam como expressão. A fala comunicativa envolve o entrelaçamento entre a expressão e a indicação.

Porém, qual outro tipo de fala poderia existir? Se a comunicação intersubjetiva sempre inclui o índice, poderia haver um tipo de expressão que nem sempre está previamente "amarrado" ao índice? Poderia haver a possibilidade de uma "expressão pura"? Husserl responde de forma afirmativa, e encontramos isso na "vida mental solitária", no solilóquio interno da consciência (p. 278-279). De forma adequada, para Husserl, que, reiteramos, não admitia a existência do inconsciente, nós não "falamos conosco mesmos" em nossa vida mental interior;[15] não precisamos empregar signos (como índices) da nossa própria experiência interior. Isso se deve ao fato de que ele vê a vida mental interior como algo caracterizado por uma espécie de presença própria imediata, que não admite nenhuma ausência ou perda. Não existem partes secretas da consciência para Husserl. Para ele, somos senhores de nossos pensamentos e intenções. Portanto, na medida em que o índice é um tipo de signo transmitido para apontar o que está *ausente*, esses signos seriam supérfluos para a consciência interior. O ponto principal é que Husserl vê esse solilóquio interior da consciência como o local da expressão "pura" (p. 279-280).

Na figura anterior, tentei expressar um pouco do mapa da teoria de signos de Husserl. Embora, para Derrida, a parte mais interessante (e mais problemática) da explicação de Husserl é a sugestão relacionada à "expressão pura" (a qual Derrida não concorda), estou mais interessado, para o nosso estudo acerca de glossolalia, no quadrante instável desse mapa: as dicas de Husserl sobre uma espécie de fala que não expressa coisa nenhuma. Na explicação de Husserl, existem indicações que não expressam nada (p. ex. gestos corporais); por outro lado, existem expressões que não são indiciais (p. ex. o solilóquio da vida mental solitária); existe também uma terceira categoria intermediária, que constitui a maior parte do que consideramos "comunicação" ou fala — a comunicação intersubjetiva —, que envolve tanto a expressão quanto o índice. Quando sobrepomos isso a uma reflexão sobre a "fala"

---

[15]Husserl não admite que alguém pudesse, de forma bem ampla, falar "consigo mesmo", mas isso só poderia ser considerado como metáfora ou como analogia (*IL*, p. 279-280).

em particular, Husserl afirmaria que a fala é essencialmente comunicativa, e, assim, essencialmente indicativa (p. 277); quanto ao solilóquio da vida mental solitária, "não existe fala nesses casos" (p. 280).

Contudo, as distinções precisas de Husserl começam a se desestabilizar nessa situação, em vários níveis. Em primeiro lugar, a "fala", embora seja claramente uma categoria importante para a sua explicação, fica praticamente indefinida. Assim, ele parece simplesmente associar a fala com a "elocução verbal" — ainda que queira claramente especificar isso como a uma "elocução verbal *com sentido*" (isto é, impregnada com intenção). A questão é se Husserl pode ter o que quer. Será que a "fala" como elocução sempre tem que se encaixar nos padrões de uma linguagem discernível para ser considerada *como* "fala" propriamente dita? Husserl estipula que o "complexo articulado de sons, o signo escrito etc., primeiramente se torna uma palavra falada, ou um pedaço da fala, quando um falante a produz com a intenção de 'se expressar sobre alguma coisa' por esse meio" (p. 276-277, destaque nosso). Mas o que é classificado como palavra? Acaso o significado da elocução tem que ser "intencional" — e somente ter a intenção de comunicar um "pensamento" — para ser considerada uma "palavra"? Será que a elocução não poderia *significar* sem que o referente desse significado fosse um "pensamento" na consciência (intencional) daquele que a profere?

Em segundo lugar, a explicação de Husserl se baseia em uma rejeição altamente questionável da comunicabilidade das expressões faciais e dos gestos corporais; para ele, isso não possui significado porque não comunica absolutamente nada (p. 275). Embora se possa contestar isso questionando a teoria da consciência sempre presente que está por trás dessa declaração,[16] podemos também citar casos que a desmentem. Por exemplo, nos debates presidenciais norte-americanos de 1988, quando George H. W. Bush deu uma olhada rápida no

---

[16]Este é um dos principais aspectos da crítica que Derrida faz a Husserl em *Speech and Phenomena*. Além disso, pode se dizer que Derrida se dedica a demonstrar que todas as "palavras" funcionam como "gestos", apagando a distinção hierárquica feita por Husserl. Veja *Speech and Phenomena*, p. 37-38.

seu relógio durante a transmissão, acabou trazendo uma mensagem clara para o público dos Estados Unidos (o gesto foi citado com frequência até depois de Clinton já ter vencido a eleição). Esse gesto, embora provavelmente não tenha sido "intencional", mesmo assim expressou alguma coisa. Isso não quer dizer que todos os movimentos corporais "queiram dizer" alguma coisa; obviamente um tique nervoso ou o estender do braço para alcançar um copo de leite não têm nenhum significado nesse sentido. Entretanto, a questão é se é legítimo para Husserl banir *todos* os gestos corporais da categoria do índice simples.

Dentro desse esquema, onde poderíamos posicionar o falar em línguas? Será que a glossolalia poderia ser um caso que nos ajudaria a reformular o esquema de Husserl de acordo com as dicas que já abordamos? Será que se trata de uma "fala" propriamente dita? Ou é uma modalidade de expressão vinculada a um índice (como a fala nossa de cada dia)? Na medida em que envolve a vocalização, podemos ter certeza de que não se trata da "expressão pura" do solilóquio.[17] Para ir ainda mais além, devemos voltar a uma pergunta teológica que destaquei anteriormente: se pensarmos nas línguas como *xenolalia* (a elocução de um idioma identificável por alguém sem conhecimento prévio da pessoa que fala), então o falar em línguas seria um exemplo de fala comunicativa. Obviamente esse é o caso do derramamento do Espírito Santo em Atos 2. Na verdade, nesse caso, é claro que a primeira razão para o milagre da glossolalia consistia em viabilizar o testemunho do evangelho de tal modo que pudesse ser facilmente recebido

---

[17]Agruparei nesta nota todas as considerações sobre a possibilidade de falar em línguas "para si mesmo" ou "em sua mente". Não tenho consciência disso como uma prática espiritual comum entre os cristãos carismáticos. Com certeza, existe uma prática de falar sozinho em línguas (e alguns defendem a noção das línguas como uma "linguagem íntima de oração"), mas a *oração*, na medida em que é dirigida a Deus, é essencialmente comunicativa. (Mesmo se alguém orasse silenciosamente em línguas, contanto que isso se trate de uma oração, por si só já é comunicativa.) Quanto ao registro de Husserl, a oração em línguas constitui outro caso limite interessante. Por um lado, de acordo com as premissas teológicas da oração carismática, meus pensamentos estão totalmente presentes para Deus (do mesmo modo que Husserl considera meus próprios pensamentos estarem totalmente presentes para mim). Quanto a isso, a oração em línguas poderia ser, de forma bem curiosa, um exemplo de pura expressão. Entretanto, por outro lado, permanece vocalizada, sendo, nesse caso, "marcada" pela indicação, nas palavras de Husserl.

e entendido por quem o ouvia. "Então, como os ouvimos, cada um de nós, em nossa própria língua materna?" (At 2:8). A *glossolalia* como *xenolalia* é um caso claro de fala comunicativa.

Os casos sugeridos na carta de Paulo aos Coríntios são um pouco mais complicados. Por um lado, Paulo parece castigar os coríntios pelo falar em línguas que não comunica o *sentido* propriamente dito. O apóstolo observa: "Sem dúvida, há diversos idiomas no mundo; todavia, nenhum deles é sem sentido. Portanto, se eu não entender o significado do que alguém está falando, serei estrangeiro para quem fala, e ele, estrangeiro para mim" (1Coríntios 14:10-11). Essa é a razão pela qual Paulo exige que o falar em línguas seja acompanhado de interpretação (ou tradução; 1Coríntios 14:13,27). Portanto, nesse contexto, o falar em línguas é comunicativo, podendo, nesse caso, ser situado no esquema de Husserl.

Entretanto, existem pistas nessa correspondência com os coríntios de uma compreensão diferente do falar em línguas, não como sendo a princípio comunicativo, mas como um testemunho, que não é propriamente "intencional", sem, porém, deixar de ser expressivo. Em primeiro lugar, Paulo sugere que "quem fala em língua não fala aos homens, mas a Deus. De fato, ninguém o entende; em espírito fala mistérios... Quem fala em língua a si mesmo se edifica" (1Co 14:2,4). Aqui, Paulo indica uma espécie de uso pessoal do falar em línguas, que não está necessariamente vinculado com os idiomas naturais existentes, mas que possivelmente seja mais parecido com uma fala extática religiosa.[18] Nesse caso, a função do falar em línguas não parece ser a princípio comunicativa. Em segundo lugar, mais à frente no capítulo, Paulo observa que "as línguas são um sinal" (14:22), no sentido de que os "sinais e maravilhas" dos apóstolos constituíam um testemunho da autoridade divina de sua mensagem. Nesses casos, os fenômenos milagrosos como as línguas não tinham como alvo somente (ou até mesmo principalmente) a penúltima finalidade de comunicar alguma coisa (ou curar alguém), mas a última finalidade de indicar a presença e a atividade do Espírito Santo dentro da comunidade de fé. Na verdade, a

---

[18]Na justificação carismática da prática, isto geralmente é associado (penso que de forma equivocada) à fala hiperbólica de Paulo sobre "línguas dos anjos" anteriormente na mesma carta (1Co 13:1).

196 PENSANDO EM LÍNGUAS

categoria dos "sinais e maravilhas" é proveitosa para a nossa discussão semiótica: tanto nos Evangelhos como em Atos, as obras milagrosas de Jesus e dos apóstolos — geralmente a cura divina — são descritas de forma persistente como *sinais*.[19] Os "sinais e maravilhas" eram um modo de confirmação que, em vez de comunicar uma "ideia" na consciência de um "falante", mesmo assim *expressava* alguma coisa, que é o poder e a graça que o Deus de Jesus Cristo demonstrou no Evangelho. Assim, esses sinais funcionavam como um modo de expressão sem estar vinculados a algum tipo de intenção autoral.

O meu parecer é que o caso do falar em línguas como signo funciona na mesma maneira e desestabiliza as distinções herméticas de Husserl. No caso das línguas como uma elocução extática (possivelmente sem interpretação), o *fato* desse tipo de elocução — apesar de não "comunicar" por não ser uma linguagem discernível — mesmo assim "diz" alguma coisa, testifica de uma realidade divina (p. ex. a presença do Espírito Santo na comunidade). Nesse sentido, podemos dizer que o falar em línguas é um tipo de fala que funciona como um *gesto*, mas o tipo de gesto que questiona a exclusão de Husserl com relação ao da esfera da expressão.[20] Podemos dizer que a glossolalia (entendida aqui como fala extática religiosa) é uma modalidade de *fala* que não emprega *palavras* (no sentido de Husserl), mas mesmo assim é uma forma de expressão. Já que o fenômeno do falar em línguas aponta para os limites dos esquemas fenomenológicos de Husserl, ele também pode indicar outro modo de análise linguística. Sugerirei mais adiante que a noção de "atos de fala" nos dará algumas ferramentas conceituais para refletir sobre a "obra" que o falar em línguas desempenha nessas situações, de

---

[19]Este é um tema central do Evangelho de João; veja João 2:11; 3:2; 4:54; 6:2-30; 7:31; 9:16; 10:41; 11:47; 12:18; 20:30. Em João 9, esses sinais são operados na *ausência* de Jesus, que não está presente na maior parte da narrativa, aparecendo somente na "cena" inicial e na "cena" final. Porém, ele afirma que o milagre que curou a vista do cego foi realizado "para que a obra de Deus se manifestasse na vida dele" (v. 3).

[20]É interessante observar que algumas pessoas até mesmo confirmaram algum tipo de línguas gestuais, ou o que às vezes é descrito como "glossolalia manual", segundo a qual o "falante" "fala" com sinais manuais. Para uma análise, veja J. L. Smith, "Glossolalia, Manual", em *The New International Dictionary of Pentecostal and Charismatic Movements*, ed. Stanley M. Burgess and Eduard M. Van der Maas (Grand Rapids: Zondervan, 2002), p. 677-678.

REPENSANDO OS LIMITES DA FALA **197**

tal modo que a teoria dos atos de fala pode ser considerada uma espécie de complemento da semiótica fenomenológica de Husserl.

Fica faltando ainda outra modalidade da prática glossolálica pentecostal contemporânea que ainda não analisei. Até agora me concentrei mais na prática *pública* do falar em línguas dentro das reuniões da igreja. Contudo, na prática atual, muitos pentecostais empregam o falar em línguas em uma oração *particular* (como uma "linguagem de oração"). Além de buscar apoio na citação de 1Coríntios 14, a prática geralmente se baseia em uma leitura da obra do Espírito Santo observada na passagem em que Paulo afirma que "o Espírito nos ajuda em nossa fraqueza, pois não sabemos como orar, mas o próprio Espírito intercede por nós com gemidos inexprimíveis" (Rm 8:26). Nessa particularidade discursiva, o cristão "ora em línguas" quando não tem palavras para expressar seus anseios, seus desejos ou suas aflições de forma adequada. A prática é profundamente catártica e representa uma espécie de disciplina espiritual. No esquema de Husserl que revelamos, pode-se sugerir que essa prática é comunicativa, na medida em que a oração é dirigida a Deus como "ouvinte". No entanto, a vocalização não é necessária para que uma oração seja ouvida. Portanto, gostaria de sugerir que essa prática é uma situação que pode se encaixar na categoria excepcional engendrada pelas distinções de Husserl, a prática trata de uma situação de fala não expressiva.

"Quem ora em línguas, ore para que a possa interpretar": hermenêutica

O que se conhece como hermenêutica — ou, de forma mais específica, a hermenêutica filosófica ou a fenomenologia hermenêutica — surge da tradição fenomenológica que vem do aluno mais importante de Husserl, Martin Heidegger, e de um dos alunos de Heidegger que se chama Hans-Georg Gadamer.[21] Essa tradição hermenêutica constitui

---

[21]Paul Ricœur é outra figura importante neste contexto, mas não me basearei na sua obra neste capítulo. Para uma introdução útil à hermenêutica filosófica, veja duas obras recentes: Jean Grondin, *Introdução à Hermenêutica Filosófica* (São Leopoldo, RS: Ed. Unisinos, 2003) e Jens Zimmerman, *Recovering Theological Hermeneutics:*

um dos — se não o maior — avanços mais importantes da filosofia da linguagem do século passado. Sua influência possivelmente se sente com mais força no que veio a ser conhecido como a "virada linguística": a afirmação fundamental (que agora passou a ser a posição reconhecida propriamente dita) de que nosso estar-no-mundo é fundamentalmente constituído pela linguagem, ou pelo menos por uma modalidade interpretativa.[22] Em outras palavras, não existe um "acesso" ingênuo, puro e simples ao "modo que as coisas são" que não implique um modo de *interpretar* o mundo por uma espécie de lente semiótica (embora a linguagem de uma "lente" ainda dê uma ideia falsa de que esse processo seja exterior ao ser humano).[23] Isso foi definido primeiramente e de modo mais forte por Heidegger, que observou que habitamos no mundo como criaturas interpretantes. Nós não abordamos as coisas no mundo como coisas "propriamente ditas", mas sim como coisas que *usamos*, coisas que servem "para" algo. Devido ao fato de abordarmos as entidades no mundo como coisas que servem "para" algo, sempre já as encontramos também como servindo "como" algo. Isso se parece com o axioma fundamental da hermenêutica: a estrutura do nosso modo de estar-no-mundo.[24] Nossa interpretação do mundo *como* objeto chega até nós *por meio do* mundo ou ambiente em que habitamos, na medida em que esse ambiente constitui um horizonte dentro do qual essas interpretações acontecem. Heidegger observa: "Sempre que algo é interpretado como objeto, a interpretação se

---

An Incarnational-Trinitarian Theory of Interpretation (Grand Rapids: Baker Academic, 2004).

[22]Veja Richard Rorty, ed., *The Linguistic Turn* (Chicago: University of Chicago Press, 1992), e Rorty, *A filosofia e o espelho da natureza* (Rio de Janeiro: Ed. Relume-Dumará, 1995).

[23]Volto a dizer que isto se refere à críticas de Husserl feita por Derrida em *Speech and Phenomena* sobre o livro *Investigações Lógicas*: Husserl afirma uma esfera de consciência pura sem condicionamentos; a ideia da crítica de Derrida é dizer que os signos conseguem penetrar até o inconsciente: podemos dizer que a consciência é condicionada semioticamente. Não se trata nem de um "quadro em branco" nem de um veículo puro.

[24]Veja Martin Heidegger, *Ser e tempo (Petrópolis: Ed. Vozes, 2015)*, p. 195-196. Explico com mais detalhes a hermenêutica de Heidegger em James K. A. Smith, *The Fall of Interpretation: Philosophical Foundations for a Creational Hermeneutic* (Downers Grove, IL: InterVarsity, 2000), p. 87-113.

baseará essencialmente em uma apropriação, uma visão e um conceito prévios. A interpretação nunca é uma apreensão isenta de algo que se apresenta a nós".[25] O mundo no qual sempre habitei constitui os horizontes de possibilidade para minha compreensão e interpretação do mundo e das coisas que estão nele.

Heidegger, do mesmo modo que Gadamer depois dele, estabeleceu o caráter hermenêutico da existência: nós nos envolvemos com o mundo a partir de um conjunto de pressupostos (ou "apropriações") que nos orientam *para* o mundo de certa maneira. Os dois foram filósofos da finitude de suma importância que reconheceram a situacionalidade do nosso conhecimento.[26] Outro tema relacionado que também é central na hermenêutica é o papel da tradição na constituição deste mundo: o ambiente que fornece as condições de possibilidade de compreensão do mundo nos é transmitido pela tradição (linguística, cultural, religiosa etc.). Portanto, em vez de ser uma pessoa sem história ou um ego sem corpo que encontra o mundo como um quadro em branco, abordo o mundo de forma tradicionalizada por conta de uma tradição (ou a uma pluralidade delas) que me prepara para entrar em contato com o mundo dentro de certos hábitos de interpretação.[27] Até as comunidades que fogem à tradição (como as comunidades "primitivistas" pentecostais e carismáticas) possuem uma tradição de rejeitar a tradição (do mesmo modo que Gadamer se refere ao preconceito do iluminismo contra o próprio preconceito).[28]

Por fim, além da situacionalidade e da tradicionalidade do estar-no-mundo da pessoa humana (o que Heidegger classificou como a interpretabilidade do Dasein),[29] a hermenêutica afirma a *ubiquidade* da interpretação. A interpretação não é uma atividade especializada na qual nos envolvemos quando lemos textos ou discernimos um

---

[25]Heidegger, *Ser e tempo*, p. 197.
[26]Veja, por exemplo, Hans-Georg Gadamer, *Verdade e método* (Petrópolis: Ed. Vozes, 2015), p. 276-307.
[27]Veja Gadamer, *Verdade e método*, p. 277-285.
[28]Gadamer, *Verdade e método*, p. 276.
[29]Martin Heidegger, *Interpretações fenomenológicas sobre Aristóteles: introdução sobre a pesquisa fenomenológica* (Petrópolis: Ed. Vozes, 2011).

200 PENSANDO EM LÍNGUAS

sumário jurídico. A interpretação é sinônimo de estar-no-mundo. A "experiência" é interpretativa. Como tal, ela constitui o aspecto fundamental e pré-teórico de pertencer à humanidade. "A interpretação não é realizada primordialmente como uma afirmação teórica, mas em uma ação de interesse atento... Não se pode concluir pela ausência de palavras que não há interpretação".[30] Interpretar faz parte da essência do ser humano; experimentar o mundo é interpretar o mundo.[31]

A hermenêutica possui um relacionamento complexo com a filosofia da linguagem. Por um lado, ela claramente se baseia em noções da linguagem, já que a interpretação sempre tem sido associada a fenômenos linguísticos (sejam falados ou escritos); por outro lado, a hermenêutica busca ampliar a nossa compreensão da interpretação para *além* dos simples fenômenos linguísticos (livros, elocuções etc.) para toda a gama de fenômenos que encontramos no mundo. No entanto, até mesmo com essa abrangência, o vínculo com a linguagem permanece, na medida em que o processo hermenêutico possui a tendência de passar a perceber o mundo como uma espécie de macrotexto.[32]

Então, de que modo poderia a hermenêutica proporcionar uma estrutura para pensar sobre a glossolalia? A relação entre a interpretação e o falar em línguas é incrível. Mesmo dentro do testemunho do Novo Testamento, a glossolalia está vinculada à questão da interpretação. A explicação de Paulo sobre ela é um campo rico de reflexão hermenêutica, considerando-se o fato do distinto interesse da hermenêutica na *compreensão*:

> Pois quem fala em língua não fala aos homens, mas a Deus. De fato, ninguém o entende; em espírito fala mistérios. Mas quem profetiza o faz para a edificação, encorajamento e consolação dos homens. Quem fala em língua a si mesmo se edifica, mas quem profetiza edifica a igreja. Gostaria que todos vocês falassem em línguas, mas prefiro que

---

[30]Heidegger, *Ser e tempo*, p. 200.
[31]Para uma reflexão mais completa sobre esses temas centrais da hermenêutica, veja Smith, *The Fall of Interpretation*, p. 149-159.
[32]Este último movimento não é essencial para a hermenêutica, mas é um processo que é comumente relacionado a ela.

profetizem. Quem profetiza é maior do que aquele que fala em línguas, a não ser que as interprete, para que a igreja seja edificada.

Agora, irmãos, se eu for visitá-los e falar em línguas, em que lhes serei útil, a não ser que lhes leve alguma revelação, ou conhecimento, ou profecia, ou doutrina? Até no caso de coisas inanimadas que produzem sons, tais como a flauta ou a cítara, como alguém reconhecerá o que está sendo tocado, se os sons não forem distintos? Além disso, se a trombeta não emitir um som claro, quem se preparará para a batalha? Assim acontece com vocês. Se não proferirem palavras compreensíveis com a língua, como alguém saberá o que está sendo dito? Vocês estarão simplesmente falando ao ar. Sem dúvida, há diversos idiomas no mundo; todavia, nenhum deles é sem sentido. Portanto, se eu não entender o significado do que alguém está falando, serei estrangeiro para quem fala, e ele, estrangeiro para mim. Assim acontece com vocês. Visto que estão ansiosos por terem dons espirituais, procurem crescer naqueles que trazem a edificação para a igreja. Por isso, quem fala em língua, ore para que a possa interpretar. (1Coríntios 13:2-13).

As línguas, nessa dissertação, estão necessariamente vinculadas. O interesse principal nelas é o da *compreensão* — uma conexão entre o falante e o ouvinte pela elocução, que exige a interpretação, ou tradução, da elocução em termos que podem ser recebidos pelo ouvinte.[33] Portanto, no que diz respeito ao dom de línguas como uma *fala comunicativa* (recordando uma categoria de Husserl), o *telos* dessa fala é a compreensão, o que exige que a elocução seja mediada pelas estruturas da interpretação. Quanto a isso, o interesse de Paulo de que o dom em línguas seja destinado à compreensão e o reconhecimento de que ele exige interpretação fazem de sua explicação uma

---

[33]Não é impróprio dizer que toda a interpretação constitui uma espécie de tradução mediante a qual uma elocução, uma afirmação ou um texto é "traduzido" em palavras que podem ser "recebidas" pelo ouvinte ou leitor finito, facilitando o que Gadamer chama de "milagre da compreensão" (*Verdade e Método*, p. 297). Para uma análise mais profunda das condições de recepção pelos intérpretes finitos, veja Smith, *Speech and Theology*, p. 153-176.

202 PENSANDO EM LÍNGUAS

espécie de proto-hermenêutica. Sua afirmação da atividade sobrenatural do Espírito Santo dentro da comunidade eclesial não o levou a aplicar algum tipo de canal mágico (ou gnóstico) para o conhecimento secreto; em vez disso, a sua explicação destaca o modo pelo qual até o que é milagroso age de acordo com as condições de finitude que caracterizam a experiência humana — mesmo naquela comunidade diferenciada pelo Espírito Santo que é a *ekklesia*.[34]

Entretanto, na prática e no entendimento pentecostal contemporâneo, geralmente se encontra um sentido de que as línguas (e a profecia) são entregas imediatas de Deus, sem mediação nem tradução. Em outras palavras, no imaginário popular, geralmente se pensa na glossolalia como algo que é verdadeiramente um discurso extático dado por Deus que não passa por nenhuma mediação que dispensa as condições de interpretação — uma espécie de veículo puro de Deus, sem a estática ou uma suposta distorção da mediação semiótica.[35] Um exame das conclusões da hermenêutica tem que desafiar e desencorajar essas afirmações: nenhuma revelação é recebida sem mediação. Qualquer noção que venha a divergir disso é um neognosticismo do tipo daquele que Paulo rejeitou categoricamente nas condições hermenêuticas especificadas em 1Coríntios 14.

Entretanto, acho que existe outra linha de pesquisa hermenêutica que é importante para se entender o fenômeno do dom de línguas. Um dos pontos centrais da hermenêutica filosófica consiste na apreciação do modo pelo qual o ambiente em que vivemos e a tradição fornecem as condições de possibilidade para a forma pela qual interpretamos a nossa experiência — eles estabelecem os horizontes para as nossas interpretações úteis. Isso não deve ser entendido como uma limitação ou empecilho, mas de forma positiva, como as condições de viabilidade

---

[34]Em *Speech and Technology*, afirmo que este modo de adaptação divina à finitude é exemplificado por excelência pela encarnação, e que ela constitui o modelo para todas as modalidades de revelação e de comunicação.

[35]Admito que muitos que pensam sobre o dom de línguas desse modo também tendem a pensar na Bíblia da mesma maneira, apesar da sua textualidade óbvia e do seu caráter semiótico. Para uma crítica desse modelo de interpretação "imediatista", veja Smith, *The Fall of Interpretation*, p. 37-60.

para se abrir um mundo de experiência. Entretanto, por assim dizer, os pressupostos ou "apropriações" que trazemos à nossa experiência realmente condicionam o nosso convívio com o mundo. Meu parecer é que uma comunidade que é aberta à possibilidade autêntica do falar em línguas tanto como a voz do Espírito Santo quanto como um sinal da presença de Deus possui um conjunto distinto de "apropriações" que dão acesso a um mundo de experiências de forma distinta. Em outras palavras, o papel do dom de línguas dentro de uma comunidade parece estar vinculado necessariamente com uma "cosmovisão" que evite o naturalismo reducionista e que aborde o mundo como um tipo de "sistema aberto" — como um local aberto à novidade de Deus.[36] Isso parece acarretar que a comunidade pentecostal deve habitar no seu mundo de forma diferente das outras pessoas. Espero explicar melhor essa diferença na parte final deste capítulo.

"Tudo seja feito para edificação": a teoria dos atos de fala

Possivelmente a evolução mais frutífera na filosofia da linguagem para se refletir sobre a glossolalia é a teoria da linguagem dos atos de fala desenvolvida por J. L. Austin e John Searle.[37] Essa obra surgiu das teorias inovadoras dos últimos anos de Wittgenstein (de *Investigações Filosóficas*).[38] Rejeitando a sua própria explicação anterior (no *Tratado Lógico-Filosófico*) da linguagem como algum tipo de "retrato" representativo do mundo, Wittgenstein começou a apreciar que a linguagem nem sempre — e talvez nem mesmo de forma principal — é uma "referência" ou uma representação de uma situação. Em vez disso, a linguagem é um meio de *ação*: as palavras, quando são usadas de formas diferentes, *fazem* coisas diferentes. Uma afirmação

---

[36]Para sugestões pioneiras sobre esta questão, de dentro da tradição pentecostal, veja Howard M. Ervin, "Hermeneutics: A Pentecostal Option", *Pneuma: Journal of the Society for Pentecostal Studies* 3, no. 2 (1981): p. 11-25.

[37]Veja J. L. Austin, *Quando dizer é fazer* (Rio de Janeiro: Civilização Brasileira, 2013) e Searle, *Expressão e significado: estudos na teoria dos atos de fala* (Rio de Janeiro: Ed. Martins Fontes, 2002).

[38]Para um panorama útil e acessível sobre o surgimento da teoria dos atos de fala, veja Kevin Vanhoozer, *Há um significado neste texto?* (São Paulo: Ed. Vida, 2005), p. 256.

ou uma frase ou elocução pode "executar coisas" ou "fazer coisas acontecerem", e a mesma frase ou elocução pode levar a vários efeitos quando o contexto (ou as "regras do jogo [da linguagem]") muda.[39]

É esse vínculo entre a linguagem e a ação que caracteriza a teoria dos atos de fala de Austin e Searle. Nas palavras de Searle, "a teoria da linguagem faz parte da teoria da ação simplesmente porque a fala é uma forma de comportamento governada por regras".[40] Então, um elemento útil da teoria dos atos de fala é a apreciação da linguagem como fenômeno social, governada por regras que são fixadas pela comunidade. Desse modo, a teoria dos atos de fala destaca a natureza *convencional* do uso da linguagem. É a comunidade social que cria as regras do "jogo de linguagem".[41]

O esclarecimento de Austin sobre os atos de fala destaca a natureza *performativa* das elocuções. Elas parecem mais com falas teatrais em um palco do que com pontos abstratos na geometria, isto é, os falantes são *agentes*, que falam para que algo seja feito. Além disso, o propósito deles com sua fala nem sempre consiste em transmitir um pensamento (como Husserl parece dar a entender); em vez disso, às vezes falamos para fazer com que algo aconteça, ou para provocar uma situação. Na maioria das vezes em que digo "eu amo você" para a minha esposa, a minha motivação principal para essa elocução não é a comunicação de uma unidade de conhecimento, mas sim um testemunho que tem o intuito de proporcionar um momento de bem-estar e intimidade. Quando digo que a amo nesses contextos, essa elocução não expressa uma ideia; ela tem o propósito de *fazer* algo mais. Quanto a isso, podemos sugerir que o retrato da linguagem proposto pela semiótica de Husserl tende a ser mais racionalista; isto é, tende

---

[39]Há uma tendência a existir uma premissa na teoria dos atos de fala que enuncia que a *frase* (em vez da *palavra*) é a unidade mais básica da linguagem. (Os teóricos dos atos de fala criticam a semiótica pelo erro de ela colocar a *palavra* como componente básico). No entanto, na análise breve que se segue, gostaria de sugerir que o caso do falar em línguas deve ser uma ocasião para colocar em análise essa valorização da frase como a unidade da linguagem que, por assim dizer, "faz com que as coisas aconteçam".

[40]Searle, *Speech Acts*, p. 17.

[41]Sobre os "jogos de linguagem", veja Ludwig Wittgenstein, *Investigações Filosóficas* (São Paulo: Ed. Vozes, 2014), §§23-43.

a ser reducionista, somente encarando a fala como um veículo de pensamentos. Em contrapartida, a teoria dos atos da fala possui uma compreensão mais profunda da linguagem e da fala que reconhece que a função da linguagem é mais ampla do que a troca de ideias de uma mente para outra. Nesse aspecto, e por levar em conta a comunidade, o meu parecer é que a teoria de atos de fala se encaixa mais com uma ontologia e uma antropologia mais encarnacional que reconhece que os seres humanos são criaturas multifacetadas, não somente "coisas pensantes" praticamente cartesianas. Isso também se encaixa com os elementos de uma cosmovisão pentecostal que foge ao reducionismo do racionalismo e dá a atenção aos aspectos multifacetados da corporificação comunitária. Em outras palavras, acho que o destaque de uma epistemologia afetiva e a valorização do envolvimento do corpo (como se vê no destaque à cura divina e ao culto com participação corporal, inclusive com o falar em línguas) deve levar os teóricos pentecostais a ver a teoria dos atos de fala como uma aliada útil, na medida em que reconhece os elementos multifacetados, corporificados, comunitários e performativos da linguagem.[42]

Portanto, a teoria dos atos de fala propõe uma explicação sobre o que a linguagem *faz*. De forma mais específica, tanto Austin quanto Searle distinguem três tipos diferentes de atos linguísticos:[43] (1) a *locução*, que inclui a elocução de fonemas e/ou frases; (2) a *ilocução*, que é o propósito que a pessoa deseja realizar por meio da elocução (p. ex. fazer uma promessa, dar uma instrução, fazer uma declaração etc.); e (3) a *perlocução*, que se refere ao efeito da elocução (e da ilocução) sobre o(s) ouvinte(s).[44] Esses atos geralmente se sobrepõem no mesmo

---

[42]Outros autores têm utilizado a teoria dos atos de fala ao analisar os temas e as comunidades carismáticas. Veja, por exemplo, Matthias Wenk, *Community-Forming Power: The Socio-Ethical Role of the Spirit in Luke-Acts,* Journal of Pentecostal Theology Supplement 19 (Sheffield: Sheffield Academic Press, 2000), e Amos Yong, "The Truth of Tongues Speech: A Rejoinder to Frank Macchia", *Journal of Pentecostal Theology,* n. 13 (October 1998): p. 107-115.

[43]Apesar de Searle observar que ele não aceita a distinção entre atos locutórios e ilocutórios (Searle, *Speech Acts*, p. 23, n.1).

[44]Para essa distinção tripla, veja Searle, *Speech Acts*, pp. 23-26, e Austin, *Quando dizer é fazer*, palestras 8-10.

206 PENSANDO EM LÍNGUAS

ato de fala; por exemplo, quando movo meus lábios e a minha língua para pronunciar os fonemas da palavra "Pare!" a meu filho, estou, nessa exclamação, falando uma palavra (uma locução), dando uma instrução (uma ilocução) e (tomara) causando uma mudança no comportamento do meu filho (uma perlocução). Entretanto, não existe uma identificação necessária entre esses três. Por exemplo, a mesma elocução fonêmica (p. ex. "O Sam fuma") pode, na realidade, constituir ilocuções diferentes, dependendo da atitude de quem fala. Por exemplo, se levanto o tom no final da elocução, a ilocução será uma pergunta: "O Sam fuma?". Se não tivesse levantado, a ilocução passaria a ser uma afirmação: "O Sam fuma".[45] Além disso, como observa Searle, "pode-se fazer uma elocução [ilocução] sem se fazer nenhum ato proposicional ou ilocutório. (Pode-se pronunciar palavras sem que se diga nada.)"[46] Nem todo som que sai da boca do ser humano é um ato de fala.

O que é importante observar nesse contexto é que o efeito perlocutório de um ato de fala pode não ter nenhum vínculo com o conteúdo proposicional de uma elocução. O que "se faz" por causa de uma locução não está necessariamente vinculado com o que "se diz" no ato. Searle relata um exemplo interessante:

> Digamos que eu seja um soldado americano na Segunda Guerra Mundial e eu tenha sido capturado por tropas italianas, e que ainda queira que elas acreditem que eu sou um soldado alemão para fazer com que me libertem. O que gostaria de fazer seria dizer a eles em alemão ou italiano que eu sou um soldado alemão. Entretanto, vamos

---

[45]Searle, *Speech Acts*, p. 24.

[46]Searle, *loc.cit.* Entretanto, levantarei mais adiante a questão se é legítimo que Searle limite os atos de fala, como ele parece fazer aqui, a algo que *diga* alguma coisa. Não seria o caso de dizer que, já que a fala *faz* coisas, ela possa pode coisas além de somente *transmitir ideias*? É lógico que eu acho que ainda precisamos distinguir os atos de fala da simples emissão de ruídos; só acho que se trata de uma distinção mais difícil de se fazer, e muito do que pode parecer barulho (pelo fato do viés frasal da teoria dos atos de fala) pode ser ainda considerado um ato de fala. Porém, na medida em que a teoria dos atos de fala se ocupa em distinguir os ruídos dos atos de fala, ela também pode proporcionar uma estrutura útil e fundamental para determinar a prática autêntica da glossolalia para a comunidade eclesial.

supor que eu não saiba alemão ou italiano o suficiente para fazer isso. Portanto eu, por assim dizer, tento representar dizendo-lhes que sou um soldado alemão recitando o pouco que sei de alemão para executar meu plano. Digamos que eu conheça somente um verso em alemão, que me lembro de um poema que eu tive que memorizar em uma aula de alemão do ensino médio. Portanto, eu, um preso de guerra norte-a-mericano, me dirijo aos italianos que me capturaram com a seguinte frase: *Kennst du das Land wo die Zitronen blühen?*[47]

Conforme Searle observa, quando eu digo: *Kennst du das Land*..., não tenho a intenção de perguntar se o ouvinte "conhece a terra onde os limoeiros florescem"; em vez disso, quero *causar um efeito* no ouvinte, que é fazê-lo acreditar que eu sou um soldado alemão. O conteúdo da elocução nesse caso é completamente irrelevante para o efeito perlocutório desejado. Na verdade, os aspectos guturais dos fonemas propriamente ditos que eu pronunciar serão mais importantes, os quais, sem dúvida, procurarei enunciar com a melhor caracterização possível. A teoria dos atos de fala traz uma explicação especial sobre o modo como a linguagem *funciona*, ou, de forma mais específica, que a linguagem consiste em uma esfera de ação que produz efeitos, ou, mais especificamente ainda, que a linguagem é uma esfera de ação que tem muito mais do que a simples tarefa de transmitir ideias de uma mente para a outra. Como tal, ela também faz jus a maneiras multiformes pelas quais a linguagem funciona em contextos diferentes e para inte-resses diferentes. Como Kevin Vanhoozer conclui: "Cada esfera da vida onde se usa a linguagem desenvolve seus próprios tipos relativamente estáveis de uso".[48]

Então, como a teoria de atos de fala serve para enriquecer a reflexão sobre o falar em línguas? Para levar isso em consideração, gostaria de excluir, neste momento, a *xenolalia*, já que claramente o dom de línguas que envolve a elocução de idiomas conhecidos (embora sem o conhecimento prévio do falante) funciona de acordo com as regras

---

[47]Searle, *Speech Acts*, p. 44.
[48]Vanhoozer, *Há um significado nesse texto?*, p. 246.

208 PENSANDO EM LÍNGUAS

estabelecidas desse idioma, sendo, dessa maneira, facilmente sujeita a análise padrão do ato de fala. Em vez disso, gostaria de abordar o caso "difícil" da fala extática religiosa, que não se identifica com nenhum idioma conhecido, nem se encaixa nas convenções desses idiomas.[49] Para fazer isso, analisarei um cenário comum nas comunidades pentecostais contemporâneas: a oração em línguas pronunciada quando as pessoas vão à frente da igreja. Considere o exemplo seguinte:

> No final de um culto de cura divina, o pastor convida toda a igreja para passar um tempo na frente do santuário — "no altar" — em um momento de oração. Os primeiros a serem convidados são aqueles que possuem a necessidade específica de cura divina, como uma demonstração de fé e para buscar a cura da parte de Deus. Logo depois, ele convida outras pessoas para as acompanharem, abraçando a cada um, impondo as mãos, perguntando qual o pedido de oração, e depois orando por eles para cura. Sete pessoas foram à frente para o momento da oração, e em volta delas ficaram cinco ou seis homens e mulheres intercedendo por elas. Em dois desses grupos, os intercessores começaram a orar "em línguas", em um tipo de fala extática que não se encaixa em nenhum idioma conhecido: "hack shukuna ash tuu kononai; mi upsukuna shili adonai etc."[50]

Será que a teoria dos atos de fala nos ajuda a entender o que se passa nesse contexto? Minha resposta é afirmativa. Não se trata de perguntar: "O que é que essa oração *quer dizer*?", mas, em vez disso:

---

[49]No entanto, deve-se observar que, até mesmo a fala extática em línguas demonstra se encaixar dentro de algum tipo de convenção ou de hábito de formulação fonêmica. Veja E. M. Pattison, "Behavioral Science Research on the Nature of Glossolalia", *Journal of the American Scientific Affiliation* (setembro de 1968). Identificar uma modalidade de fala em línguas como "extática" não implica negar que ela seja convencional, mas simplesmente negar que ela se encaixa nas convenções de algum idioma conhecido. Na verdade, se o falar extático em línguas não fosse convencional de alguma forma, não poderia ser considerado um ato de fala, já que a definição de ato de fala consiste na elocução governada por (algum tipo de) regras.

[50]Não levarei em conta neste contexto as considerações teológicas normativas sobre se essas práticas possuem respaldo no Novo Testamento.

"O que essa oração *realiza?*" Qual é a postura ilocutória daquele que ora e qual o efeito perlocutório sobre os que a ouvem, especialmente sobre a pessoa que busca a cura? O propósito da oração não reside tanto em *dizer*, mas sim em *fazer* alguma coisa. Vamos considerar primeiramente a postura ilocutória da pessoa que ora. Qual é o propósito da oração? Creio que podemos sugerir pelo menos dois atos linguísticos que acompanham essa elocução nesse contexto.[51] Em primeiro lugar, um ato de *oração* ou *súplica*:[52] a pessoa orando em línguas está tratando de fazer exatamente isto: orar, e orar a Deus, buscando, desse modo, expressar um desejo a Deus "com gemidos inexprimíveis" (Rm 8:26). Essa oração não tem a intenção de comunicar um conteúdo proposicional, mas de expressar uma profundidade na dependência de Deus, e, assim, uma humildade diante da presença divina. Ela também indica uma dependência do Espírito Santo em especial, já que se crê que o Espírito Santo é aquele que "intercede" por meio desses gemidos que não se encaixam nas condições dos idiomas conhecidos. Pode-se dizer que, nesse contexto, essa oração é uma espécie de prática sacramental de se esvaziar, reconhecendo o fracasso da linguagem em chegar ao nível dessa comunicação. A oração glossolálica é um meio de se tornar receptivo e de ser usado pelo Espírito Santo.

Em segundo lugar, a oração glossolálica possui uma dimensão perlocutória para os ouvintes, agindo em um sentido duplo: (1) com relação à oração, um dos ouvintes é Deus, e o efeito perlocutório *desejado* é que Deus efetue a cura; mas também (2) os outros ouvintes da elocução incluem a pessoa que está buscando a cura e as outras que

---

[51]O contexto é uma característica fundamental da teoria dos atos de fala, o efeito que o ato de fala realiza muda de acordo com esse contexto. A mesma coisa acontece com a elocução da sequência de fonemas "hack shukuna ash tuu kononai; mi upsukuna shill adonai". Na verdade, pode ser o caso de que no contexto sacramental do culto de oração, essa sequência "conta" como ato de fala, mas se algo parecido fosse balbuciado por uma criancinha, isso não seria classificado como tal. (No entanto, nem mesmo isso é tão certo assim, já que, como Agostinho sugeriu no livro 1 das *Confissões*, às vezes, as sequências de fonemas truncados e de grunhidos de um bebê possuem a intenção de ter efeitos perlocutórios (pedir que se traga uma garrafa ou um brinquedo etc.).

[52]Entre os atos ilocutórios que Searle cita como exemplo estão os verbos "pedir" e "exigir" (Searle, *Speech Acts*, p. 23). A oração é claramente um meio de pedir (ou até mesmo de reivindicar).

210 PENSANDO EM LÍNGUAS

estão intercedendo por ela. O meu parecer é que a elocução glossolálica também possui o efeito perlocutório de incentivar a fé no coração dos ouvintes (humanos) e encorajá-los a uma postura receptiva ao milagre. Em outras palavras, exatamente por meio da elocução de uma fala que não se encaixa nos padrões "normais" ou naturais, a pessoa que executa o ato de fala realiza em um nível linguístico o que se busca em um nível físico e corporal: uma "interrupção" do "normal" para dar lugar à cura. A oração, então, possui em geral o efeito perlocutório de incentivar a abertura a essas interrupções.[53]

Temos que observar que tanto essas ilocuções quanto essas perlocuções são produzidas por elocuções cujo conteúdo é basicamente irrelevante. Do mesmo modo que o norte-americano que diz em voz alta *Kennst du das Land...* para garantir sua identificação como soldado alemão, quem ora em línguas também pronuncia fonemas que não possuem nenhuma conexão essencial com os atos ilocutórios ou perlocutórios. Na verdade, essas palavras em voz alta não constituem proposições de nenhum tipo.

Portanto, o dom de línguas equivale a um tipo de ato de fala que pode ser esclarecido com base nas categorias da teoria dos atos de fala, mas, ao mesmo tempo, ele questiona uma das premissas fundamentais dessa teoria e pede uma revisão nesse aspecto. Na verdade, até mesmo para que o falar em línguas seja considerado um ato de fala é preciso reformular alguns pressupostos básicos de Austin e Searle. Conforme foi observado anteriormente, um dos axiomas básicos da teoria dos atos de fala é que a unidade básica da linguagem é a *frase*; em outras palavras, para Austin, uma elocução será considerada um ato de fala quando se encaixar nas regras do que é considerado *frase*.[54] A

---

[53]É claro que poderia haver uma infinidade de efeitos perlocutórios da oração glossolálica, e nem todos eles são bons. Por exemplo, a pessoa que faz essa oração em voz alta pode fazer isso para trazer o efeito perlocutório de garantir uma posição superior na comunidade religiosa, ou de "parecer espiritual" para aqueles que estão à sua volta. Provavelmente esses efeitos perlocutórios sejam tão comuns (ou mais comuns) como esses anteriormente descritos.

[54]Atos ilocutórios e proposicionais consistem, caracteristicamente, na elocução de palavras em frases em certos contextos, sob certas condições e com certas intenções" (Searle,

oração em línguas não se enquadra nessa exigência, mas a análise que acabamos de fazer do ato de fala da elocução glossolálica já produziu frutos filosóficos. Portanto, por que devemos supor, como Searle, que somente frases inteiras podem ter algum efeito quando são pronunciadas? Podemos explicar de uma outra forma: Searle propõe uma hipótese básica que acaba sendo "confirmada": "[A] falar uma linguagem equivale a se envolver em um comportamento governado por regras. Em resumo, [A'] falar equivale a agir seguindo regras". Ele considera a proposta A' como se simplesmente resumisse A. No entanto, isso não é necessariamente verdade. Será que não poderia haver uma modalidade de "conversa" (fala) que é governada por regras que fogem aos padrões das regras identificáveis das *linguagens* conhecidas? Parece que é possível afirmar A' e rejeitar A. Se alguém devesse reafirmar de forma adequada, invertendo a ordem, por assim dizer, a premissa A' nos termos de A, pode-se dizer simplesmente que "falar equivale a se envolver em uma forma de comportamento governada por regras"; a exigência de que necessariamente alguém tenha que estar falando uma linguagem (que Searle parece indicar que se trata de um idioma natural identificável) não tem fundamento.[55] Temos que reconhecer que a preocupação de Searle é distinguir as elocuções que contam como atos de fala de verbalizações que não passam de "ruído". O que

---

Speech Acts, p. 24-25). Aproveito o qualificador "caracteristicamente" como uma porta aberta para sugerir que pode ocorrer de outro modo, ainda que possamos conceder que *na maior parte dos casos* seja verdade.

[55]Isso levanta questões fascinantes que não podem ser explicadas de forma completa nesta obra. No entanto, logo depois da hipótese acima, Searle diz que seu propósito é "afirmar algumas regras segundo as quais *conversamos*" (Speech Actos, p. 22, destaque nosso). Porém, a quem ele se refere como "nós"? Uma análise posterior dá a entender que Searle assume uma postura bem estruturalista quanto a isso. Ao analisar a relação dos idiomas com os atos de fala, ele diz: "Os vários idiomas humanos, desde que sejam traduzíveis entre si, podem ser considerados execuções convencionais diferentes das mesmas regras subjacentes" (p. 39). Portanto, o ato de fala, em francês, *je promets*, e o ato de fala em português "eu prometo" são diferentes de acordo com as convenções da pronúncia, mas são as mesmas de acordo com as supostas "regras" universais para se fazer uma promessa. Portanto, embora Searle fale de convenção, ele não leva esse princípio até as últimas consequências. O "nós" de Searle parece denotar alguma comunidade linguística universal, uma ideia que acho que deve ser legitimamente questionada.

distingue as duas coisas é exatamente o caráter que essa frase tem de ser governada por regras. No entanto, não fica totalmente claro que a única forma de garantir que uma elocução é governada por regras seja exigir que ela se submeta às regras dos idiomas conhecidos.[56] Pode-se imaginar facilmente elocuções que são governadas por regras, mas que não podem ser associadas a nenhum idioma em particular. Por exemplo, os caçadores ou soldados em uma missão de reconhecimento podem criar um sistema de "avisos" que comunicam uma mudança de direção, a aproximação do perigo etc. Como tal, pode-se dizer que eles podem ser classificados como ilocuções ou perlocuções. O caso do dom de línguas analisado anteriormente sugere o mesmo e indica ainda outra forma pela qual a resistência da glossolalia às categorias filosóficas continua sendo construtiva.

A POLÍTICA DO FALAR EM LÍNGUAS: UMA LINGUAGEM DE RESISTÊNCIA

Nas primeiras seções deste capítulo, refletimos sobre o modo pelo qual o falar em línguas pode ser explicado por três correntes da filosofia da linguagem, bem como o modo pelo qual sua resistência às categorias estabelecidas aponta o caminho para a evolução dessa filosofia. Como uma espécie de elocução que se situa nos limites do que é considerado linguagem, o falar em línguas funciona como um "caso limite" instrutivo para a filosofia da linguagem. Entretanto, a filosofia da linguagem não é a única modalidade da análise filosófica que deve encarar o falar em línguas como assunto de interesse. Nesta seção final, quero analisar outra maneira pela qual o falar em línguas constitui uma linguagem de resistência que esclarece e é esclarecida por outro setor da filosofia, que é a filosofia social e política. A teoria de atos de fala traz uma transição para a nossa segunda consideração sobre o dom de línguas como instrumento de resistência. Como se trata de uma *ação*, uma das coisas

---

[56]Com certeza, com relação ao falar em línguas, se a glossolalia for entendida como xenolalia, fica fácil seguir essa exigência. Porém, se não houver uma margem legítima para a glossolalia como fala extática que não está vinculada aos idiomas conhecidos, então a explicação dos atos de fala precisa ser reformulada.

que o falar em línguas faz é exercer uma espécie de resistência aos detentores do poder, ou, quem sabe, podemos falar que a glossolalia consiste na linguagem das comunidades da fé que são marginalizadas pelos poderes constituídos, e essa fala pode ser indicativa de uma espécie de resistência escatológica a esses poderes.[57] Podemos dizer que o proletariado fala em línguas.

Essa explicação pode ser demonstrada historicamente (veja, por exemplo, Steve Land e outros na comunidade pentecostal pioneira),[58] mas quero refletir sobre isso a partir de uma perspectiva contemporânea, abordando algumas ideias das ciências sociais, combinadas com a teoria crítica de Herbert Marcuse e o neomarxismo de Michael Hardt e de Antonio Negri. Gostaria de sugerir que encontraremos certa confluência entre "Marx e o Espírito Santo".[59]

Em sua análise recente sobre o crescimento quase exponencial da pobreza urbana, concentrada em favelas que aumentam de forma parasitária nas megacidades do mundo, Mike Davis documenta o modo pelo qual isso se deve ao fato da globalização do capitalismo. Ele sugere que presenciamos "a triagem capitalista tardia da humanidade", um "resíduo global destituído do poder econômico estratégico do trabalho socializado, mas concentrado enormemente em um mundo comunitário carente ao redor dos bolsões fortificados da classe rica urbana".[60]

---

[57]No que se refere aos "poderes", veja o oitavo capítulo do livro de John Howard Yoder, *A política de Jesus* (São Leopoldo, RS: Ed. Sinodal, 1988) e o livro de Marva Dawn, *Powers, Weakness, and the Tabernacling of God* (Grand Rapids: Eerdmans, 2001).

[58]Mais recentemente, veja Gary B.McGee, "'The New World of Realities in Which We Live': How Speaking in Tongues Empowered Early Pentecostals", *Pneuma: Journal of the Society for Pentecostal Studies* 30 (2008): p. 108-135. Robert Beckford, seguindo o pensamento de Michael Dyson, sugere que, para os pentecostais afrodescendentes, "o falar em línguas pode ser experimentado como a fala de uma linguagem radical de igualdade". Robert Beckford, "Back to My Roots: Speaking in Tongues for a New *Ecclesia*", *The Bible in Transmission* (Summer 2000): p. 1. Cf. Beckford, *Dread and Pentecostal: A Political Theology for the Black Church in Britain* (London: SPCK, 2000), p. 171-173.

[59]Este é o título da seção final da tese de Mike Davis: Planet of the Slums: Urban Involution and the Informal Proletariat", *New Left Review* 26 (2004): p. 5-34.

[60]Davis, "Planet of the Slums", p. 27. A tese de Davis analisa as descobertas do relatório do Programa das Nações Unidas para os Assentamentos Humanos (ONU-HABITAT), *The Challenge of Slums: Global Report on Human Settlements, 2003* (London: UN-HABITAT, 2003).

214 PENSANDO EM LÍNGUAS

Entretanto, a extensão da fragilização impede as pessoas pobres nas cidades até mesmo de constituir uma 'classe em si mesma' significativa, quanto mais de criar uma classe potencialmente ativista que lute 'por si mesma'".[61] O discurso marxista de "agência histórica" parece algo deslocado e ilusório.

Entretanto, nesse aspecto, Davis observa uma mudança importante: "Marx montou o palco histórico para... o Espírito Santo".[62] De modo mais específico, ele sugere que o cristianismo pentecostal, especialmente na América Latina e na África subsaariana, agora ocupa "um espaço social análogo ao do socialismo e do anarquismo do início do século XX".[63] Quanto a isso, ele se baseia na análise anterior (que já foi questionada) de Robert Mapes Anderson, que declarou que a "intenção inconsciente" do pentecostalismo foi "revolucionária".[64] Descrito como "a primeira religião importante do mundo que brotou quase que exclusivamente do solo da favela urbana moderna", o pentecostalismo "tem crescido naquilo que possivelmente constitui o movimento urbano de classe baixa mais bem organizado do planeta".[65] Portanto, contrariando o que se poderia esperar em termos marxistas, Davis vê no pentecostalismo uma linha de resistência radical: "Como a maior parte da esquerda ainda não vai à favela, a escatologia do pentecostalismo resiste de forma admirável ao destino desumano da cidade do Terceiro Mundo alertada pelo relatório *Slums* [da ONU-HABITAT]".[66]

---

[61]Ibidem, p. 28. Davis observa que, "devido ao fato de que os migrantes rurais deslocados e os trabalhadores informais terem sido amplamente desalojados da força de trabalho temporário, ou reduzidos a serviços domésticos na casa dos ricos", eles "possuem pouco acesso à cultura do trabalho coletivo ou da luta de classes em larga escala" (p. 28).

[62]Ibidem, p. 30. Em meio à tese, Davis também sugere um papel paralelo para o "Islã populista", que não analisarei nesta obra.

[63]Davis, "Planet of the Slums", p. 30.

[64]Robert Mapes Anderson, *Vision of the Disinherited: The Making of American Pentecostalism* (Oxford: Oxford University Press, 1979), p. 222. Veja também Jean Comaroff, *Body of Power, Spirit of Resistance* (Chicago: University of Chicago Press, 1985). Para avisos úteis para que se evite o reducionismo de Anderson, veja A. G. Miller, "Pentecostalism as a Social Movement: Beyond the Theory of Deprivation", *Journal of Pentecostal Theology* 9 (1996): p. 97-114.

[65]Davis, op. cit., p. 31-32.

[66]Davis, "Planet of the Slums", p. 34.

Entretanto, o que isso tem a ver com o dom de línguas? Embora a glossolalia seja um dos fatores que diferenciam a fé e a prática pentecostal, trata-se de um fator central e especialmente simbólico. Gostaria de sugerir que, pelo menos em um certo nível ou por um certo ângulo, falar em línguas poderia ser visto com a linguagem dos que perderam tudo — ou a linguagem da "multidão"[67] — precisamente porque é uma modalidade de fala que pode ser a expressão que resiste aos poderes e às estruturas do capitalismo global e à sua distribuição injusta de riqueza. Em outras palavras, o falar em línguas equivale a um discurso que simboliza um desejo mais amplo e profundo de resistir e questionar as estruturas políticas e econômicas existentes. É a linguagem de uma comunidade de contracultura "exílica".[68]

Acho novamente que Marcuse pode nos ajudar com categorias para pensarmos sobre isso. Ao explicar a sociedade capitalista tardia (que agora foi globalizada), Marcuse descreve o modo pelo qual "o princípio da realidade" — e as suas regras correspondentes de racionalidade — se incorpora ao "princípio do desempenho": "sob o seu governo, a sociedade é estratificada segundo o desempenho econômico concorrente dos seus membros".[69] Por causa disso, os seres humanos são instrumentalizados e alienados do seu trabalho (a negação do princípio do prazer).[70] Mesmo o tempo de lazer, que é supostamente disponibilizado para o prazer, é colonizado pelo trabalho e gera uma indústria de entretenimentos.[71] Então, o que conta como "racional" é governado pelos interesses materiais da sociedade industrial e capitalista; na verdade, esse princípio do desempenho é o que determina o que é considerado "real". Porém, conforme observamos no terceiro

---

[67]A "multidão" é a palavra que Hardt e Negri usam para designar "o conjunto de todas as pessoas exploradas e subjugadas, uma multidão que é diametralmente oposta ao Império" (Michael Hardt e Antonio Negri, *Império* [Rio de Janeiro: Record, 2001], p. 393). Cf. sua análise mais atual e mais profunda em *Multidão: Guerra e democracia na era do império* (Rio de Janeiro: Record, 2005).

[68]Davis, op. cit., pp. 33.

[69]Herbert Marcuse, *Eros e civilização*, p. 58.

[70]Marcuse, *loc. cit.* Ele realmente sugere a possibilidade do "trabalho libidinal" que concordaria com o princípio do prazer (p. 59, n. 45)

[71] Marcuse, *Eros e civilização*, p. 60.

216 PENSANDO EM LÍNGUAS

capítulo, Marcuse também aponta uma brecha na armadura do princípio da realidade: o papel da imaginação ou da "fantasia" e sua habilidade de resistir às estruturas do princípio do desempenho (a versão do capitalismo tardio para o princípio da realidade). As "forças mentais" da imaginação e da fantasia "conservam-se essencialmente livres do princípio de realidade", logo, estão livres para olhar o mundo de outra maneira.[72] Observamos que, pelo fato de isso ter sido expresso pela imaginação, Marcuse via essa resistência e essas intimações revolucionárias na esfera da *arte*, e, mais especificamente, no surrealismo.[73] No entanto, será que não poderíamos também ver o falar em línguas como uma espécie de surrealismo linguístico? Se, de forma global, o pentecostalismo constitui a religião do pobre nas cidades (a "multidão"), Davis sugere que isso é porque ele resiste às estruturas injustas do capitalismo global, e a glossolalia é a linguagem dessa resistência, uma modalidade de fala que permanece "essencialmente livre do princípio da realidade" da lógica capitalista tardia (e, justamente por causa disso, é castigada como "louca").[74] É a linguagem da imaginação escatológica que imagina o futuro de outro modo: a língua estranha de um Reino vindouro.

---

[72]Ibidem, p. 131. Como em Marx, encontramos em Marcuse uma espécie de quase escatologia que visualiza (e espera por) uma "civilização não repressiva". Isso decisivamente não é "utópico". Na verdade, ele criticou o princípio da realidade por afastar essa esperança a favor de uma utopia impossível. (p. 27).

[73]Ibidem, p. 147.

[74]Gostaria de aventar a hipótese que reconhecidamente se baseia em informações: na medida em que as denominações pentecostais (como a Assembleia de Deus nos Estados Unidos) sobem a escada das classes sociais (John Ashcroft, ex-procurador geral do governo Bush, é membro da Assembleia de Deus), a prática de falar em línguas no culto congregacional vai diminuindo. Sugiro que isso acontece exatamente porque essa prática "estranha" não se encaixa na racionalidade (o princípio da realidade) da lógica capitalista; e, na medida em que essas congregações em mobilidade social buscam progredir pela lógica capitalista, elas vão descartando a linguagem da resistência.

EPÍLOGO

CONTRIBUIÇÕES PENTECOSTAIS PARA A FILOSOFIA CRISTÃ

JÁ TERMINAMOS O ESBOÇO DO DESENHO, convidando outros criadores a contribuir com os detalhes e acrescentar as cores de suas ricas paletas, ou até mesmo melhorá-lo. No espírito (que pode ser até mesmo o Espírito Santo) do "Conselho aos filósofos cristãos" de Plantinga, o meu objetivo foi encorajar e dar ousadia aos filósofos pentecostais para articular a compreensão especial implícita na prática pentecostal. Articulando-se no espaço aberto pelos epistemólogos reformados e de outros filósofos cristãos, os pentecostais podem propor sua própria parcela de contribuição às análises filosóficas atuais, trabalhando sem ter com que se envergonhar como pentecostais cujas imaginações se baseiam nos ritmos corporificados do culto e da espiritualidade pentecostal. Entretanto, enquanto espero que os pentecostais possam conquistar o seu lugar à mesa dos debates filosóficos mais amplos, também espero que eles não esqueçam as mesas simples e humildes "em casa". E se, *mirabile dictu*, os filósofos pentecostais conseguirem realizar frequentemente os seus sonhos elevados, ou pelo menos ter livre curso nas universidades, espero que continuem filósofos que também sirvam seus irmãos e irmãs pentecostais: santos que não têm muito tempo para a ontologia ou para a epistemologia, mas, mesmo assim, são capacitados pelo Espírito Santo para missões.

Que possamos ver a filosofia fiel e sábia como uma expressão desse ministério, que a nossa reflexão filosófica possa servir em prol dessa missão e que, pelo menos os que pensam em línguas possam ter um vislumbre do Reino de Deus.

ÍNDICE DE NOMES

Abraham, William, 173-179, 181, 182
Adeboye, Enoch, 96
Agostinho, 48, 103, 126, 161-162, 187, 209n.51
Althouse, Peter, 86
Anderson, Robert Mapes, 214
Archer, Kenneth J., 17n.5, 28n.32, 36n.5, 109n.32
Austin, J. L., 203, 204-205, 210

Bacote, Vincent, 81
Berger, Peter, 74n.45, 104
Blumhofer, Edith, 62n.11, 94n.5

Clayton, Philip, 81n.65, 144, 146n.11, 149, 150, 152, 159n.38, 160
Cox, Harvey, 81n.65

Dabney, D. Lyle, 16, 17n.5, 39
Damásio, Antnioó, 113
Davis, Mike, 88n.80, 213, 214n.65, 216

Deere, Jack, 78, 79n.59
Dennett, Daniel, 61n.6, 113, 143, 145n.9, 152, 153
Derrida, Jacques, 73n.42, 121n.56, 123n.61, 155, 167n.6, 184, 188n.9, 189n.12, 190n.13, 191, 192, 193n.16, 198n.23
Descartes, René, 97, 101, 172
Dooyeweerd, Herman, 39n.12, 116

Eakin, Paul John, 113

Flaubert, Gustave, 75-78

Gadamer, Hans-Georg, 73, 167, 184, 197, 199n.26
Griffin, David Ray, 142, 144-147, 148n.15, 149, 150, 152, 159n.38, 160
Gutiérrez, Gustavo, 17
Hardt, Michael, 213, 215n.67
Heidegger, Martin, 15, 38n.11, 67, 98n.15, 110n.35, 167, 168n.9, 172, 175n.22, 181, 184, 197-200

Hollenweger, Walter, 19n.9, 22n.15, 28, 39n.13
Husserl, Edmund, 172, 184, 187-197, 198n.23, 201, 204
Huyssteen, J. Wentzel van, 150

Jacobsen, Douglas, 20, 59n.1, 63n.13, 63n.14, 94n.2
Johns, Cheryl Bridges, 39n.13, 61

Kuyper, Abraham, 65

Land, Steven J., 9, 22n.15, 24, 27n.29, 63-64, 85n.71, 86, 94n.2, 103n.25, 213
Lubac, Henri de, 155-156
Lyotard, Jean-François, 98

Macchia, Frank, 10, 19n.10, 29, 49n.29, 125n.67, 155n.30, 188n.10
Marcuse, Herbert, 136-137, 213, 215-216
Milbank, John, 95n.8, 155, 156n.32
Moreland, J. P., 39n.14, 40n.14, 48n.26, 99n.17

Nañez, Rick M., 16n4, 96n.12, 99n.17
Negri, Antonio, 213, 215n.67
Newman, Francisco, 133-134

Olthuis, James H., 65-66
Overall, Christine, 29n.33, 109n.29, 111n.37

Paulo, 35, 51, 78, 115-119, 195, 197, 200-203
Peacocke, Arthur, 144, 145, 149, 150, 152, 156n.34
Pedro, 46n.23, 58-61, 72, 73, 93

Plantinga, Alvin 30, 33-34, 37n.7, 40-44, 45, 49-51, 62n.10, 67n.24, 89, 114n.49, 143, 148n.16, 166, 177, 217
Plantinga, Carl, , 119-120, 122-124, 128-130, 166
Polkinghorne, John, 149
Poloma, Margaret, 26n.24, 135, 136n.91

Rice, Andrew, 96
Roberts, Robert C., 100n.19, 112n.41, 128

Sanders, Cheryl J., 87
Scott, Ian, 115-118
Searle, John, 203, 204-206, 209n.52, 210-212
Smith, Christian, 85, 114

Taylor, Charles, 22, 25n.21, 45, 67-68, 95n.7, 100n.19, 180n.31

Vanhoozer, Kevin, 203n.38, 207
Velleman, David, 111, 112

Wacker, Grant, 93, 94, 95n.8
Ward, Graham, 156
Westphal, Merold, 37n.8, 43, 168n.9
Wittgenstein, Ludwig, 25, 36, 115, 171, 173, 203
Wolterstorff, Nicholas, 22n.16, 23n.17, 34n.3, 49n.31, 66n.21, 166

Yong, Amos, 10, 11, 29, 49n.28, 67, 68, 69n.34, 80n.63, 81n.66, 115n.50, 141n.2, 155n.31, 156n.33, 157, 158

ÍNDICE DE ASSUNTOS

Ação divina, 150
Afeição, afetividade, afeto, afetos, 63n.13, 64, 69, 75, 103, 104,107, 127n.72, 129
Antropologia filosófica, 48, 84, 97n.13, 102, 104, 107, 120, 125, 169-172; cognitivista, 171
Armadura de Saul, 17
Assembleia de Deus, 19, 39n.13, 88, 216n.72
Avivamento da rua Azusa, 18, 19, 139

Batalha espiritual, 47, 82

Causalidade narrativa, 118
Igreja de Deus (Cleveland, Tenn.), 19
Ciência cognitiva, 124n.63, 173n.16
Cognitivismo, 95, 100, 104, 123n.62, 179
Conceitos, 35, 38, 39, 76, 162, 170, 175n.22, 186
Conflito de interpretações, 60

Corporificação, 98, 99, 100, 102, 103, 105-107, 112, 130, 132, 157, 173n.16, 205
Correlacionismo, 149
Cosmologia, 81n.65, 82, 149
Cosmovisão, 24, 37, 47, 63, 66-68, 71, 74, 81, 97n.14, 136, 139, 164, 203; pentecostal, 22, 23, 30, 37, 45-47, 51, 52, 62, 64, 65, 69, 70, 72, 74, 79n.59, 80, 83, 84-86, 88, 89, 95, 132, 133, 138, 140, 160, 161, 205. *Veja também* imaginário social
Cristianismo mundial, 70n.36
Culto, 15, 24, 27, 30, 36n.5, 39, 40, 51, 52, 54, 56, 58, 64, 65n.19, 68, 69, 70, 71n.40, 72, 77, 79, 82, 85, 93, 94, 95, 97, 103, 104, 105, 106, 107, 108, 109n.30, 114n.47, 119, 120, 125, 126, 127, 129, 130, 131, 132, 133, 134n.87, 137, 138, 141, 142, 149, 155, 163, 167, 168, 170, 172, 178,

222 PENSANDO EM LÍNGUAS

181n.34, 205, 208, 209, 216n.74, 217

Cura, 28, 47, 48, 56-58, 70n.36, 77n.54, 79, 82, 83, 87, 100, 106, 138, 161, 195, 196, 205, 208, 209, 210

Dons espirituais, 20, 46, 78, 79, 201
Dualismo, 47n.25, 83, 105, 106, 107, 144, 146, 151, 155n.29

Emoção, 13, 14, 64, 112, 113n.45, 120-124, 126, 128-130, 133; e o cinema, 120, 128.
Emocionalismo, 63, 64n.15, 103
Epistemologia das virtudes, 116n.52
Epistemologia paulina, 117
Epistemologia reformada, 23, 49n.31, 166, 167, 181n.33
Escatologia, 85-87, 135, 214, 216n.72
Escola de Cleveland, 39n.13
Espíritos, 47, 80, 82, 144, 146
Espiritualidade pentecostal, 16n.4, 17-20, 22-28, 39, 47-49, 64, 69, 70n.36, 81, 83n.69, 84-88, 93, 97, 99n.17, 104, 106, 109-111, 118-120, 124, 125n.67, 126, 129-132, 135, 138, 140, 141, 143, 151, 152, 154, 155, 156n.34, 162, 165, 217;
impregnada nas práticas, 45, 50, 51, 173n.17;
como forma de vida (Wittgenstein), 25, 171, 172;
como interpretação, 60, 62, 63;
como sacramental, 69;
e cosmovisão pentecostal, 68;
relação com a filosofia pentecostal, 64, 101n.21;

relação com a teologia, 37, 64-65;
relação com a cosmovisão, 70-80
Estética pentecostal, 96, 120, 131, 133, 137
Experiência, 25, 26, 27, 30, 47, 48, 51n.33, 62n.11, 63n.13, 66, 68, 84, 85, 95, 96, 108-111, 112n.42, 114-131, 142, 154, 168-174

Falar em línguas. *Veja* Glossolalia
Fenomenologia, 46n.24, 48, 110, 172, 179, 180, 184, 185, 188, 197
Filosofia feminista, 29n.33, 48n.27, 64n.15, 101n.21, 109n.29, 111n.37
Fundamentalismo cognitivo, 123, 124

Glossolalia, 26, 30, 50, 87, 183-216; manual, 196n.20. *Veja também* Xenolalia

Hermenêutica sectária legítima,
Hermenêutica, 58-61, 197-202. *Veja também* hermenêutica sectária legítima
História da filosofia,
História, 28n.32, 84, 85, 94, 95, 105, 108-118; como conhecimento narrativo, 110-112, 116

Imaginação, 66-69, 85, 89, 96, 135-137, 180, 216. *Veja também* imaginação pneumatológica
Imaginação pneumatológica, 67-69
Imaginário social, 22, 45, 46, 67-70, 131, 132, 135, 140, 141, 143, 153-155, 159, 180n.31. *Veja também* cosmovisão
Inconsciente cognitivo, 123

ÍNDICE DE ASSUNTOS 223

Leis da natureza, 159n.38, 160-162
Liminaridade, 25, 27n.28, 110, 165, 183
Liturgia. *Veja* Culto

Milagres, 46, 47, 48n.27, 50, 146, 151-153, 161-165
Movimento carismático, 20, 21, 71, 79n.58
Música, 127n.72

Narrativa. *Veja* História
Naturalismo, 30, 74, 75, 77, 104, 139-162, 203; encantado, 142, 152, 159n.38; metafísico, 139, 140, 143; metodológico, 139, 143, 146n.11, 148n.15, 149, 161; variedades de, 146, 150.

Ontologia participativa, 141, 157, 158
Ortodoxia oriental, 141n.1

Pacifismo, 87
pentecostal (com p minúsculo), definição, 20
Pentecostalismo clássico, 20
Perspectivismo, 103, 104
Pragmatismo, 49n.28, 114
Pré-focalização afetiva, 130
Primitivismo, 46n.23, 79n.59
Profecia, 70n.36, 78, 79, 138, 147n.13, 201, 202
Psicanálise, 124-128

Racionalismo, crítica do, 47, 95, 97-100, 104-107, 165, 167-169, 172, 178, 180, 205

Semiótica, 162, 187, 196-198, 202, 204
Sobrenaturalismo, 131n.83, 140-156; anti-, 145; ingênuo, 140; intervencionista, 143, 145, 147, 150, 152; radical, 140, 160, 161; não intervencionista, 150, 154, 159n.38
Sociedade de Estudos Pentecostais, 10, 16n.3, 34n.1
Sociedade de Filósofos Cristãos, 33n.1, 34n.3, 40
Sociedade Teológica Canadense, 13

Tabernáculo Pentecostal Betel, 13, 27
Teísmo canônico, 173, 177-180
Teologia, 36-39, 63, 65; como gramática, 36-37; relação com a teologia, 36-38
Teologia da prosperidade, 84
Teologia filosófica, 166, 170
Teoria dos atos de fala, 184, 187, 197, 203-210
Terceira Onda, 20, 21, 46n.23, 109
Testemunho, 27-29, 43, 46, 48, 90-97, 107-114, 118, 119, 138, 194, 195, 200, 204
Tradição wesleyana, 19

Verstehen (entendimento), 67, 69, 102n.24, 110n.35

Xenolalia, 185n.2, 194, 195, 207, 212n.56. *Veja também* Glossolalia

Este livro foi impresso pela Assahi, em 2021,
para a Thomas Nelson Brasil. A fonte do miolo é
Caladea. O papel do miolo é pólen soft $80g/m^2$, e
o da capa é cartão $250g/m^2$.